MARTIN HONECKER

Profile – Krisen – Perspektiven
Zur Lage des Protestantismus

V&R

VANDENHOECK & RUPRECHT
IN GÖTTINGEN

BENSHEIMER HEFTE
Herausgegeben vom Evangelischen Bund
Heft 80

Die Deutsche Bibliothek – CIP-Einheitsaufnahme

Honecker, Martin:
Profile – Krisen – Perspektiven / Martin Honecker. –
Göttingen: Vandenhoeck und Ruprecht, 1997
  (Bensheimer Hefte; H. 80)
  ISBN 3-525-87169-4
NE: GT

Alle Rechte vorbehalten. Printed in Germany
Göttingen · Vandenhoeck & Ruprecht · 1997
Umschlaggestaltung: Reinhart Braun, Berlin
Herstellung: Ph. Reinheimer, Darmstadt
ISSN-Nr. 0522-9014
ISBN 3-525-87169-4

INHALT

Vorwort 7

Ortsbestimmung 9
Der gemeinsame christliche Grund 9
Kritik am Protestantismus 12

§ 1. Ursprung und Begriff des Protestantismus . . 17
1.1. Herkunft 17
1.2. Wandlungen des Protestantismus. Altprotestantismus und Neuprotestantismus 21
1.3. Bleibende Spannung 28

§ 2. Die Bibel im Protestantismus 30
2.1. Die Entstehung des reformatorischen Schriftprinzips 31
2.2. Einwände gegen das reformatorische Schriftverständnis und die Schriftlehre der altprotestantischen Orthodoxie 37
2.3. Die Bibelkritik der Aufklärung 39
2.4. Die Bibel im Pluralismus 44
2.5. Die Frage nach der „Mitte der Schrift" . . . 46

§ 3. Protestantische Freiheit 50
3.1. Protestantismus als „Religion der Freiheit" und Theologie der Befreiung 50
3.2. Der reformatorische Ansatz 55
3.3. Die Strittigkeit der Freiheit 58
3.4. Befreites Gewissen 62
3.5. Der theologische Grund der Freiheit . . . 65

§ 4. Protestantismus und Kirche 68
4.1. Evangelisches Kirchenverständnis 70
4.2. Der Konflikt mit dem Papsttum 75
4.3. Die Strittigkeit des Amtsverständnisses . . . 77
4.4. Die Krise des Amtes der Laien im Protestantismus 81
4.5. Die Versuchung des Konfessionalismus . . . 84

§ 5 Protestantismus und Bildung 90
5.1. Die Vielgestaltigkeit von Bildung und Kultur . . 90
5.2. Die reformatorische Begründung von
 Bildungsverantwortung 97
5.3. Neuprotestantische Ansätze 102
5.4. Familie und Ehe 104
5.5. Protestantische Kultur 109

§ 6 Protestantismus und Politik 113
6.1. Protestantismus als politisches Phänomen . . . 113
6.2. Die Unterscheidung der zwei Regimente und
 die Aufgabe der Obrigkeit 118
6.3. Nationalprotestantismus 125
6.4. Vom Nationalstaat zum Rechtsstaat, von der
 Obrigkeit zur Demokratie 130
6.5. Der politische Beruf des Protestantismus . . . 136

§ 7 Protestantismus und Wirtschaft 139
7.1. Die Fragestellung 139
7.2. Rückblick auf reformatorische Ansätze
 des Wirtschaftsethos 143
7.3. Das marktwirtschaftliche Konzept 146
7.4. Der soziale Protestantismus 149
7.5. Soziale Marktwirtschaft und Protestantismus . . 154
7.6. Zukunftsperspektiven 156

§ 8 Protestantismus in der Gesellschaft . . . 160
8.1. Die Wiederentdeckung der Zivilgesellschaft . . 160
8.2. Säkulare Gesellschaft 165
8.3. Volkskirche im Pluralismus 172
8.4. Verbandsprotestantismus 179
8.5. Die Rolle der Synode 184
8.6. Protestantismus und Öffentlichkeit 188

§ 9 Protestantismus in der Ökumene 192
9.1. Katholische Kritik am Protestantismus . . . 192
9.2. Protestantismus in Europa 196
9.3. Der Protestantismus und die Einheit der Kirchen 200
9.4. Einheitskonzepte und ökumenische
 Zielvorstellungen (aus Sicht des Protestantismus) 204

§ 10 Ende oder Zukunft des Protestantismus? . . 208
10.1. Gefährdungen des Protestantismus 210
10.2. Herausforderungen und Aufgaben
des Protestantismus 212
10.3. Kirchliche Strukturreformen 215
10.4. Die Krise des Pfarramtes 218
10.5. Das Studium der Theologie 220
10.6. Protestantische Wirklichkeit und
protestantisches Prinzip 221

Literatur und Belege 226

Personenregister 239

Sachregister 243

VORWORT

Der Vorschlag, ein Studienheft zum Thema Protestantismus zu verfassen, stammt von mir und wurde 1995 von Herrn Dr. Fleischmann-Bisten, Geschäftsführer des Evangelischen Bundes, sogleich unterstützend aufgenommen. Die Arbeit des Evangelischen Bundes steht heute unter dem Leitmotiv „Evangelisch und Ökumenisch". Das ist ebenso Anliegen des Protestantismus. So liegt es nahe, nach dem evangelischen Profil wie nach dem ökumenischen Auftrag des Protestantismus zu fragen. Zu der Rückfrage nach dem, was Protestantismus überhaupt ist, veranlaßten mich einige Beobachtungen. Festzustellen ist heute ein verbreitetes Defizit an Grundkenntnissen dessen, was denn „evangelisch" sei. Protestantismus ist freilich nicht (bloß) eine theologische Theorie, eine Dogmatik. Er ist immer zugleich Lebensform, gelebter Glaube und geprägte Kultur. Die Gefahr ist allerdings nicht zu übersehen, daß Protestantismus lediglich als Form der Moral und der Lebensführung in Erscheinung tritt und faßbar wird. Dem ist freilich nicht durch dogmatische Engführung, gar im Sinne eines strengen Konfessionalismus, Biblizismus oder Fundamentalismus zu begegnen. Entscheidend ist vielmehr, daß und wie Protestanten die eigenen Grundvoraussetzungen kennen und von ihrer Überzeugung Rechenschaft geben. Träger des Protestantismus sind somit in erster Linie Laien, evangelische Christen, welche das allgemeine Priestertum aller Glaubenden praktizieren. Weiterhin zeigt sich bis in Leistungsgremien hinein eine Orientierungsunsicherheit in evangelischen Kirchen.

Die durch die Wiedervereinigung Deutschlands und die europäische Integration noch deutlicher offenbar gewordenen Schwächen des Protestantismus und evangelischen Kirchentums sind jedoch nicht durch bloße Strukturreformen und organisatorische Veränderungen zu beheben. Dazu bedarf es vielmehr darüber hinaus einer leitenden Idee, einer Vorstellung vom „Wesen" des Protestantismus und vom ökumenischen und öffentlichen Auftrag evangelischen Glaubens.

Das Studienheft wurde bei der Erarbeitung im Umfang gekürzt und komprimiert. Wegen der Umfangsbeschränkung wurde außerdem auf einen Anmerkungsapparat und auf ausführliche Literaturhinweise verzichtet. Daher kann ich nur hoffen, daß die Kürzungen nicht zu sehr die Darstellung vereinfachen und der Reichtum und die Vielfalt protestantischen Erbes wenigstens in Umrissen erkennbar bleibt. Für die Unterstützung bei der Niederschrift des Textes danke ich meiner Mitarbeiterin Christel Finke, den studentischen Mitarbeitern Sabine Buhl und Jochen Ringel, vor allem aber Tobias Schlingensiepen, meinem wissenschaftlichen Mitarbeiter am Lehrstuhl für Sozialethik und Systematischer Theologie der Evangelisch-theologischen Fakultät der Universität Bonn. Dem Evangelischen Bund danke ich sodann für die Aufnahme des Themas in die Reihe der Bensheimer Hefte.

Professor Dr. Martin Honecker
Bonn, den 21. Juni 1997

ORTSBESTIMMUNG

Der gemeinsame christliche Grund

Ist die Absicht, sich heute auf das Wesen und die Eigenart des Protestantismus zu besinnen, nicht dem Versuch zu vergleichen, eine Mumie wiederzubeleben? Um diese Frage beantworten zu können, sind einige grundsätzliche Vorbemerkungen erforderlich:

Zunächst einmal ist festzustellen, daß es ein gemeinsames christliches Erbe und gemeinsame gegenwärtige Probleme der gesamten Christenheit gibt. Dieses gemeinsame Gut des Glaubens kann man nicht hoch genug schätzen. Bibel, Bekenntnisse, viele Lieder sind ökumenisches Gemeingut. Das ökumenische Projekt: „Gemeinsam den einen Glauben bekennen" orientiert sich an der Auslegung des Glaubensbekenntnisses von Nicäa-Konstantinopel (381). Neben einem gemeinchristlichen Verständnis des Glaubens gibt es auch kirchliche Handlungen, Wegzeichen des Glaubens, die allgemein christlich sind, vor allem Taufe und Abendmahl, unbeschadet aller Unterschiede bei der Auslegung und theologischen Interpretation dieser Sakramente. Von diesen ökumenischen Gemeinsamkeiten soll im folgenden nicht die Rede sein.

Ebensowenig werden die Herausforderungen in der Neuzeit erörtert, vor welche die gesamte Christenheit insgesamt gestellt ist. Solche Herausforderungen seien nur aufgezählt: An der Spitze der Herausforderungen steht der neuzeitliche Atheismus. Für viele Zeitgenossen, gerade auch in Europa, ist Gott allenfalls noch ein unbestimmtes Etwas, ein unbekanntes X. Der durchschnittliche Atheismus ist oftmals nicht einmal aggressiv und bestreitet noch nicht einmal ausdrücklich die Existenz Gottes; es gibt als Folge der Religionskritik der Aufklärung vielmehr eine selbstverständlich gewordene Gottvergessenheit und praktisch gelebte Gott-losigkeit. Die neuzeitliche Religionskritik übt außerdem Dogmenkritik. Die Trinitätslehre und Christologie, wie sie die Konzile von Nicäa (325), Konstantinopel (381) und Chalcedon (451) formulierten, sind modernem Denken fremd geworden. Begriffe wie Person, Natur, Präexistenz oder die klassische Fassung der Versöhnungslehre in der stellvertretenden Genugtuung Christi (satisfactio) sind weithin unverständlich geworden. Die Orientierung am Beispiel des Menschen Jesus von Nazareth als „Bruder" aller Menschen verdrängt die Vorstellungen vom ewigen Gottessohn und himmlischen Pantokrator. Die Dogmen- und Bibelkritik der Aufklärung stellt das tradierte dogmatisch-metaphysische Denken christlicher Lehre prinzipiell in Frage. Außerdem wird man sich mit der historischen Forschung des zeitlichen Abstands zur Zeit Jesu und zur Urchristenheit bewußt. *Hegel* faßte diese Einstellung in den Aphorismus: „In Schwaben sagt man von etwas längst Geschehenem: Es ist schon so lange her, daß es bald nicht mehr wahr ist. So ist Christus schon so lange für unsere Sünden gestorben, daß es bald nicht mehr wahr ist." Die großen Worte und Themen christlicher Dogmatik wie Erlösung und Sünde, Schöpfung und Vollendung der Welt, Heil und Versöhnung sind mitnichten ein spezifisch protestantisches Thema. Auch die Begegnung mit anderen Religionen fordert von allen Kirchen und Christen eine Neubesinnung auf den Ausschließlichkeitsanspruch des christlichen Glaubens und relativiert den Grundsatz: „Außerhalb der Kirche kein Heil" („extra ecclesiam nulla salus"). Die in der Moderne verschärft aufgebrochenen Zweifel an der Allmacht Gottes, die Theodizeefrage, die Rätsel des Bösen – man braucht beispielsweise nur den Namen „Auschwitz" zu nennen – betreffen alle Kirchen. Konfessionsspezifische Herausforderungen des Protestantismus sind solche theologischen Grundfragen somit nicht.

Und das gilt ebenso für die neuen Herausforderungen an die Ethik in der Neuzeit: Industrialisierung, der Umgang mit der Atomenergie, Genforschung, Biotechnik, Informationstechnologie sind universelle Themen.

Unter dem Leitwort Protestantismus soll deshalb in den folgenden Überlegungen nicht die Identität und Kontinuität der christlichen Botschaft als solche erörtert werden. Die gemeinchristlichen, die ökumenischen Fragen christlicher Dogmatik und Ethik geben dabei den übergreifenden Rahmen ab. Die Eigentümlichkeit, das Profil des Protestantismus im besonderen ist vielmehr das Thema, um das es geht. Die Kurzformel dafür lautet: „Wesen des Protestantismus". „Wesen" ist freilich ein höchst vielschichtiger, ja sogar ein schillernder Begriff: Wer vom „Wesen" des Christentums, des Protestantismus (oder auch Katholizismus) spricht, will das Wesentliche, das Sachliche erfassen. Das Wesen ist im Sinne der Idealtypen von *Max Weber* (1864-1920) eine Abstraktion von den disparaten, historisch gewordenen Einzelheiten; Wesen bezeichnet das Bemühen um eine Zusammenschau der Fülle des Einzelmaterials. Die Spannweite des Wesensbegriffs reicht von der Absicht, in den konkreten Erscheinungen das Allgemeine zu erfassen und zu ermitteln, bis hin zu dem Anspruch, dadurch einen wertenden Maßstab zu gewinnen. In der Reflexion auf das „Wesen" eines geschichtlichen Gebildes, wie es der Protestantismus darstellt, überschneiden sich folglich beschreibende und bewertende, deskriptive und normative Gesichtspunkte. „Wesen" meint sowohl eine Konzentration auf das Wesentliche, eine Abstraktion, als auch einen Maßstab der Kritik, als auch einen Entwicklungsbegriff, der die Gegenwart auf den Ursprung bezieht, als auch schließlich eine ideale Vorstellung. Subjektive Anschauung und objektivierende Darstellung, individuelle Aneignung und allgemeine Verbindlichkeit im Grundsätzlichen sind damit ineinander verflochten.

Die Bestimmung des „Wesens" des Protestantismus ist keine wertfreie Konstruktion unter Abwerfung alles historischen Ballasts. Wesen besagt deshalb Gesamtbild, Konzentration auf das Wesentliche, auf die Idee, wie Abstraktion, wie Maßstab und sogar Ideal. Das Fundamentale, das Ursprüngliche und das Maßgebliche lassen sich nicht eindeutig voneinander scheiden. Das „Wesen" eines geschichtlichen Phänomens ist nicht ohne subjektiven Blick zu erfassen. *Ernst Troeltsch* (1865-1923) konstatierte deshalb pointiert: „Wesensbestimmung ist Wesensgestaltung." Es geht also in diesen Überlegungen um die Erfassung des spezifisch Protestantischen. Das Spezifische ist jedoch nicht ohne Veranschaulichung und nicht ohne Erinnerung an Herkunft, Entstehung und Geschichte des Protestantismus herauszuarbeiten. Der Protestantismus ist zudem mehr als eine Lehre; er bietet eine Lebensform an, Gestaltung von Glaube und Lebensvollzug. Deswegen treten auch Grunddifferenzen zu anderen konfessionellen Lebensanschauungen ans Licht. Im Kirchen- und Amtsverständnis wie in der Orientierung der Ethik am persönlichen Gewissensurteil werden auch heute noch Unterschiede zwischen den Konfessionen sichtbar. Das Verhältnis von Protestantismus und Ökumene wird allerdings nur am Rande berührt. Diese Beschränkung hat zunächst einmal ihre Ursache in der Begrenztheit des Umfangs einer „Einführung" in den Protestantismus. Die Beschränkung hat aber auch sachliche Gründe. Denn gerade in der Ethik und Lebensanschauung laufen die Gegensätze oftmals quer durch die Konfessionskirchen: Fundamentalisten und Traditionalisten verteidigen, gelegentlich unerbittlich, traditionelle Lehraussagen, Lebensformen und Weltdeutungen, wohingegen Modernisierer und Progressive die Anpassung, die Akkommodation christlichen Glaubens und christlicher Lebensführung an heutige, zeitgenössische Überzeugungen, Lebensformen und an den gesellschaftlichen Konsens ebenso entschieden fordern und anstreben. Der Riß zwischen Standpunkten gegensätzlicher Überzeugungen verläuft in Theologie und Ethik darum durch die Konfessionskirchen selbst. Diese innerkirchliche und innertheologische Lage muß man sich als Hintergrund vergegenwärtigen, um nicht zu rasch konfessionelle Gegensätze zu konstruieren. An der Zeit sind in dieser Situation nämlich sowohl innerkirchliche Klärungen und Auseinandersetzungen wie zwischenkirchliche Verständigungen. Dazu soll die programmatische Besinnung auf Wesen und Auftrag des Protestantismus Klärendes beitragen: Sie fragt nach der Besonderheit des Protestantismus, die nicht zugunsten einer alle Unterschiede durch eine Einheitsfarbe übertünchenden Ökumene verwischt werden soll. Aber sie will gleichzeitig gerade angesichts innerkirchlicher und zwischenkirchlicher Kontroversen an dem *Lund*-Prinzip (von 1952) festhalten: „Christen und Kirchen sollen alle Dinge gemeinsam tun, die sie nicht aus Lehr-, Gewissens- oder Zweckmäßigkeitsgründen getrennt tun müssen."

Kritik am Protestantismus

Der Protestantismus befindet sich am Ende des 20. Jahrhunderts anscheinend in einer Krise. Sein Feuer scheint erloschen zu sein. Hat er noch eine Zukunft? Und wer kennt eigentlich noch seine Geschichte, sein Erbe? Eine Stimme sei zitiert: „Der viel beschworene Traditionsabbruch im Westen

Deutschlands und die mindestens vierzigjährige Traditionspause im Osten lassen befürchten, daß immer mehr Menschen die Wurzeln ihrer Überzeugungen, Werte und Einstellungen nicht mehr kennen. Dem einst protestantisch geprägten Kulturraum droht damit eine Identitätskrise, die Radikalismen und Vorstellungen von Beliebigkeit aller Art hervorbringt. Der geistig-geistlichen Entwurzelung auf protestantischer Seite steht anderseits ein seiner selbst durchaus bewußter Katholizismus gegenüber, für den sich ökumenische Dialoge künftig kaum mehr lohnen werden." Wenn man heute von Kirche spricht, dann denkt man häufig vor allem an Rom und an die katholische Kirche. Was ist jedoch überhaupt Protestantismus? Protestantismus ist keine Lehre, auch keine Organisation. Protestantismus ist eine Lebensform, ein Ethos. Protestantismus ist ferner von Hause aus kein theologischer Begriff, sondern zugleich ein Kulturbegriff. Von der Krise der Kultur und Politik ist damit gerade auch der Protestantismus in besonderer Weise mitbetroffen. *Krise* heißt freilich nicht notwendig Katastrophe, Untergang, sondern bedeutet im besonderen Sinne Nötigung zur Entscheidung und Klärung.

Inwiefern der Protestantismus in einer Situation der Krise ist, wird zu erörtern sein. Diese Krise hat zudem auch mit der Erschütterung des Fortschrittsgedankens zu tun. „Fortschritt" war und ist ein Grundbegriff neuzeitlicher Geschichtsphilosophie. Unter dem Aspekt des Fortschritts wurde der Protestantismus seit der Reformation und vor allem in der Aufklärung als die fortgeschrittene, modernere Form des Christentums und der Kirche verstanden. Verglichen mit der östlichen Orthodoxie und dem römischen Katholizismus galt der Protestantismus als progressiver, moderner, Reformen aufgeschlossener und der neuzeitlichen Entwicklung zugewandt. Die antike Vorstellung von Fortschritt, progressus, verstand den Fortschritt bis hin zur Neuzeit lediglich als Wachstum und Entwicklung. Der Kirchenvater *Augustin* sah im Fortschritt lediglich den Fortgang der Zeit. Das Ziel des irdischen Lebens, so *Augustin* mit der gesamten Alten Kirche, war das ewige Leben, die ewige Seligkeit, das Heil, ein jenseitiges Ziel. Im Blick auf dieses Ziel kann es folglich überhaupt keine Entwicklung geben.

Im 17./18. Jahrhundert ereignet sich ein qualitativer Sprung im Verständnis des Fortschritts. Mit der Emanzipation von der christlichen Geschichtsdeutung verbindet sich ein Geschichtsoptimismus. Die Ausrichtung der Geschichte auf das Jüngste Gericht wird abgelöst durch eine optimistische Sicht der Geschichte: Man erhofft sich eine Besserung und Vervollkommnung der Menschheit. Dies ist eine Säkularisierung christlicher Zukunftshoffnung, eine Beerbung der christlichen Eschatologie durch eine aufgeklärte Geschichtsphilosophie. In *Philipp Jakob Speners* (1635-1705) „Hoffnung auf künftige bessere Zeiten" nimmt der Pietismus teil an dieser Erwartung. Die Fortschrittsidee richtet sich zunächst vor allem auf die Vervollkommnung der Naturwissenschaften. Der explosionsartige Erkenntnisgewinn und Wissenszuwachs in Naturwissenschaft und Medizin nährt die Hoffnung, wissenschaftlicher Fortschritt könne Übel, Krankheiten, Not, Leiden und Tod überwinden. In *Condorcets* geschichtsphilosophischem Entwurf „Esquise d' un tableau historique des progrès de l'esprit humain" (1795) oder in Auguste *Comtes* (1798-1857) Begründung der Soziologie als Zukunftswissenschaft in der Philosophie des Positivismus gewinnt die Fortschrittsidee Gestalt. Es ist bezeichnend, daß diese Aufklärungsphilosophie schließlich im Konzept der sogenannten „Ideologen" gipfelte, die mit Hilfe der Naturwissenschaften eine objektive Gesellschaftstheorie begründen und entfalten wollten.

Den naturwissenschaftlichen Fortschrittsgedanken entsprach freilich zugleich ein anthropologischer und ethischer Begriff von *Perfektibilität*. Auch der Mensch ist bedürftig und fähig der sittlichen Verbesserung, der Befreiung zur Mündigkeit, der Emanzipation. *Kants* (1724-1804) berühmte Definition von Aufklärung spricht diese Überzeugung aus: „Aufklärung ist der Ausgang des Menschen aus seiner selbstverschuldeten Unmündigkeit. Unmündigkeit ist das Unvermögen, sich seines Verstandes ohne Leitung eines anderen zu bedienen. Selbstverschuldet ist diese Unmündigkeit, wenn die Ursache derselben nicht am Mangel des Verstandes, sondern der Entschließung und des Mutes liegt, sich seiner ohne Leitung eines anderen zu bedienen. Sapere aude! Habe Mut, dich dieses eigenen Verstandes zu bedienen! ist also der Wahlspruch der Aufklärung." Die Selbsttätigkeit und Selbstvervollkommnung der Menschen wird damit zur humanen Aufgabe. Man kann und muß von einer „Perfektibilität" der Seele sprechen. Kant kennt sogar einen philosophischen „Chiliasmus", die

Hoffnung auf ein irdisches Friedensreich. *Hegel* deutet ebenfalls die Weltgeschichte als „Fortschritt im Bewußtsein der Freiheit".

Mit der Vorstellung von einer sittlichen Perfektibilität des Menschen und vom geschichtlichen Fortschritt verbindet sich sodann die Erwartung einer „Perfektibilität des Christentums". Gerade der Protestantismus verstand sich als Träger des Fortschritts. Anders als orthodoxes und katholisches Christentum begreift er sich nicht primär als Hüter und Garant eines unversehrt zu bewahrenden Erbes, der Tradition, sondern war – und ist hoffentlich noch – offen für Innovationen. Im politischen Bereich etablierten sich im 19. Jahrhundert „Fortschrittsparteien". Einen weiteren Schub erhielt der Fortschrittsgedanke nochmals durch *Charles Darwin* und seine Theorie von der Entwicklung der Arten. Der Evolutionsgedanke scheint die Fortschrittsidee zu bestätigen und objektiv naturwissenschaftlich zu untermauern. Im 19. Jahrhundert ereignet sich zugleich ein Umschlag in der Bewertung des Fortschritts. *Sören Kierkegaard,* ein lutherischer Christ und Theologe, legt vehement Einspruch gegen den Fortschritts- und Entwicklungsgedanken ein. *Jakob Burckhardt* spricht vom „erbarmungslosen Fortschritt"; *Friedrich Nietzsche* betonte, Fortschritt sei „bloß eine moderne Idee, das heißt eine falsche Idee".

In der Tat wird Ende des 19. Jahrhunderts und im 20. Jahrhundert aus dem Zutrauen zum Erfolg des Fortschritts zunehmend Mißtrauen und Skepsis gegenüber dem Gelingen des Fortschritts. Von der kritischen Theorie wird dies in die These gefaßt, zum Fortschritt gehöre die „Tendenz zur Selbstvernichtung". Der Fortschritt wird aus einem Verbesserungsgedanken zur Verfallsidee. Fortschritt enthüllt sich als Verhängnis. Umweltschäden, die Gefährdungen durch Atomtechnik, Kernenergie, – genannt sei nur der Name Tschernobyl –, aber auch Menschenversuche im Dritten Reich, gesteigerte Überwachungs- und Kontrollmöglichkeiten durch Machthaber oder die Gentechnologie scheinen eine solche negative Bewertung des Fortschritts zu bestätigen. Nachdem bis zur Neuzeit nur von Einzelfortschritten in der Mehrzahl, von Fortschritten in Erkenntnis und Technik die Rede war, wurde in der Neuzeit Fortschritt zum Kollektivsingular. Die Orientierung der Lebenswelt am Ziel des Fortschritts wird prinzipiell zweifelhaft.

Die Krise des Fortschrittsgedankens und damit die Krise von neuzeitlicher Geschichtsdeutung und Aufklärung trifft den Protestantismus verschärft und scheinbar stärker als andere christliche Konfessionen. Auf dem Hintergrund allgemeiner geschichtlicher und gesellschaftlicher Umbrüche und Bewußtseinsänderungen ist es allein angemessen, von der Krise des Protestantismus im besonderen zu sprechen. Eine Bewertung des heutigen Protestantismus setzt freilich zunächst einmal eine Vergewisserung über den *Ursprung* des Protestantismus voraus. Erst der Rückblick auf die Geschichte macht Protestantismus verständlich. Mit der Besinnung auf die geschichtliche Herkunft verbindet sich zugleich die Frage nach Kennzeichen, Merkmalen des Protestantismus, nach seiner Besonderheit, nach dem „Proprium" des Protestantismus.

§ 1 URSPRUNG UND BEGRIFF DES PROTESTANTISMUS

1.1. Herkunft

Das Wort „Protestantismus" ist ursprünglich ein politischer und polemischer Begriff. Die Bezeichnung entstand 1529, als evangelische Reichsstände – fünf Fürsten und 14 Reichsstädte – sich des Instruments des Einspruchs, des „Vetos" bedienten und gegen die Aufhebung eines Reichstagsbeschlusses von 1526 „protestierten". Die Minderheit der „protestierenden" Reichsstände machte damals gegen die Mehrheit geltend, der Mehrheitsbeschluß verstoße zugleich „wider Gott, sein heiliges Wort, unser aller Seelenheil und gut Gewissen". Die protestierenden Stände betonten deshalb, in der Sache des Glaubens müsse ein „jeglicher für sich selbst vor Gott stehen und Rechenschaft geben". Denjenigen Ständen, die sich des – zulässigen – Rechtsmittels der Rechtsverwahrung, der „Protestation" bedienten, wurde der Name „Protestanten" angehängt. Die Protestierenden waren freilich keine Theologen und Kirchenleute, sondern weltliche Verantwortungsträger, Laien, Fürsten, Bürgermeister. Protestantismus ist von Hause aus ein weltlicher, ein politischer Begriff. Er benennt nicht einfach eine Lehre, eine Doktrin, eine Theorie, sondern bezeichnet eine Lebensform insgesamt, einschließlich Politik, Kultur und Ethos.

Es ist auf diesem Hintergrund verständlich, daß bewußt kirchliche Protestanten das Adjektiv „evangelisch" als Selbstbezeichnung vorziehen. Nun gründet unbestreitbar der Protestantismus, gerade auch als politische Gestalt, auf Erkenntnissen und Entscheidungen der Reformation. Der Reformator *Martin Luther* entdeckte die Botschaft von der Rechtfertigung des Sünders als Inbegriff, Summe des Evangeliums wieder und stellte sie neu ins Licht. Aus der Besinnung auf die Rechtfertigung als Mitte des Evangeliums folgte sodann eine grundsätzliche Kritik am spätmittelalterlichen System der Heilsvermittlung, am Verständnis von Kirche und Sakramenten, am Papsttum und am Mönchsstand. Das reformatorische Verständnis von Glaube und Gnade führte ferner zur Ausbildung eines evangelischen Kirchentums. Dabei spielt die Polemik gegen Rom und gegen den Papst eine zentrale Rolle. Protestantismus hat damit von vornherein eine antirömische, eine antikatholische Spitze. Die konfessionelle Teilung, die Glaubensspaltung wurde freilich erst nach Luthers Tod (1546) vom Konzil von Trient (1546-1563) endgültig besiegelt.

Grundlagen evangelischen Glaubens und reformatorischer Theologie wurden die großen Reformschriften *Luthers* aus dem Jahr 1520: In der Schrift „Von der Freiheit eines Christenmenschen" (mit dem Sendbrief an Papst Leo) legt *Luther* sein Verständnis von Freiheit und des Verhältnisses von Glaube und Liebe dar. Die Freiheitsschrift bildet eine Grundlage evangelischer Ethik. Die lateinisch geschriebene Programmschrift „De captivitate Babylonica ecclesiae" (Von der babylonischen Gefangenschaft der Kirche) unterzieht die sieben Sakramente der mittelalterlichen Kirche einer eingehenden und scharfen Kritik. Für eine biblisch begründete Sicht bleiben von den sieben Sakramenten nur zwei, Taufe und Abendmahl, als schriftgemäß übrig. Die Sakramentslehre und Sakramentspraxis der mittelalterlichen Kirche wird als schriftwidrig und mit dem Evangelium unvereinbar verworfen. In der Tat scheiden sich am Verständnis des Abendmahls, der Eucharistie und am Verständnis des sakramentalen Amtes bis heute evangelische und römisch-katholische Lehre und Theologie. Schließlich richtet die große reformatorische Schrift „An den christlichen Adel" einen umfassenden Appell an die weltlichen Repräsentanten der Christenheit zur Reform der Kirche. Die Adelsschrift übt ebenfalls Kritik am Papsttum, an der kurialen Praxis und/sowie an der Unbelehrbarkeit der römischen Kirche. Sie fordert deshalb den christlichen Laienstand, Kaiser und Adel dazu auf, zu einem rechten, freien Konzil einzuladen. Die Schrift ist klar strukturiert. Im ersten Teil werden die „drei Mauern" genannt, hinter denen sich Rom gegen alle Reformversuche abschirmt. Die erste Mauer ist der päpstliche Anspruch, wonach die weltliche Gewalt, repräsentiert durch den Kaiser, keine Macht über die geistliche Gewalt habe, sondern umgekehrt die weltliche Gewalt der geistlichen Gewalt untertan sein müsse. Die zweite Mauer beansprucht das Recht der Schriftauslegung exklusiv für das Lehramt des Papstes: Nicht die päpstliche Lehre und Praxis muß sich jedoch an der Schrift messen lassen, sondern allein der Papst sei legitimiert, die Schrift verbindlich und authentisch auszulegen. Und schließlich geht es bei der dritten Mauer um das Verhältnis von Konzil und Papst. Während die Konziliaristen das Konzil dem Papst überordnen, beansprucht der Papst, daß allein er ein Konzil einberufen könne und es zu leiten habe. Der zweite Teil der Adelsschrift erörtert die wichtigsten Themen, die auf einem Konzil zu behandeln sind. Der dritte Teil stellt in 26 Punkten konkrete Vorschläge zusammen. *Luther* greift dabei weithin spätmittelalterliche Reformforderungen auf, wie sie der Konziliarismus und Humanismus bereits erhoben hatten. Die Einzelforderungen *Luthers* sind somit keineswegs neu, sondern waren bekannt und gängig. Der Reformator überbietet sie freilich und konzentriert sie auf seine neue Sicht der Kirche. *Luthers* Forderung nach einer Reform des Glaubens und der Kirche scheiterte Ende der zwanziger Jahre des 16. Jahrhunderts und danach endgültig nach Luthers Tod.

Das neue evangelische Verständnis des Glaubens wurde dann in *Luthers* Katechismen, dem Kleinen und dem Großen Katechismus niedergelegt und ausformuliert. Der Katechismus als „Laienbibel" enthält das, was ein Christ für seine Seligkeit wissen muß. Es sind dies in Luthers Kleinem Katechismus die Zehn Gebote, das apostolische Glaubensbekenntnis und das Vaterunser und außerdem die Erklärung der beiden Sakramente Taufe und Abendmahl. Neben den Katechismen sind maßgeblich für evangelisches Verständnis des Glaubens die Bekenntnisse: Das Augsburgische Bekenntnis wurde 1530 öffentlich vor dem Kaiser verlesen und überreicht. Die „Apologie" verteidigt das Augsburgische Bekenntnis gegen theologische Kritik der Altgläubigen. Die Schmalkaldischen Artikel (1537) waren für das geplante Konzil verfaßt; sie sind neben den Katechismen das einzige von *Luther* selbst formulierte Bekenntnis, das in den lutherischen Bekenntnisschriften enthalten ist. Der Traktat über Macht und Primat des Papstes („Tractatus de potestate et primatu Papae") ergänzt das Augsburgische Bekenntnis, das Aussagen zum Papsttum erhält. Die 1580 zum Konkordienbuch zusammengefaßten Bekenntnisse werden vervollständigt durch die in zwei Fassungen aufgenommene Konkordienformel (1577), welche die nach Luthers Tod entstandenen innerlutherischen Streitigkeiten und theologischen Kontroversen beenden und beilegen sollte. Ergänzend zu den Katechismen und Bekenntnissen sind außerdem die evangelischen Lieder als Vermittlung evangelischer Glaubensüberzeugung zu nennen, von *Luther* beispielsweise die „protestantische Hymne": „Ein feste Burg ist unser Gott...".

Das evangelische Glaubens- und Kirchenverständnis formte sich im 16. Jahrhundert in einer doppelten Abgrenzung aus; wenn man so sagen will, nach „rechts" und nach „links". Nach „rechts" fordert die Reformation zunächst einmal eine Reform, die Reformation der bestehenden Kirche. Sie kommt dabei zur Ablehnung der mittelalterlichen Gnadenlehre und eines Kirchenverständnisses, das die Kirche als Mittlerin der Gnade beansprucht. Die Ablehnung der kirchlichen Gnadenvermittlung zieht eine Kritik des Papsttums, der Hierarchie, der Amtslehre und der darauf begründeten Autoritätsansprüche der Kirche nach sich. Das evangelische Verständnis des Glaubens hat weitreichende Folgen für eine Umformung des Kirchenverständnisses. Der reformatorische Neuansatz erfolgte zugleich mit einer Abgrenzung nach „links". Den „linken" Flügel der Reformation vertreten die sogenannten „Schwärmer", die Spiritualisten, die Täuferbewegung. Die Kirchen-, Gesellschafts- und Sozialkritik dieses linken Flügels der Reformation ist radikaler als die der Reformatoren. Mystische Tradition, die sich auf das „innere" Licht im Gläubigen beruft, impliziert eine Absage an das „äußere" Wort und an jegliche äußere Mitteilung der Gnade. Die römische Berufung auf kirchliche Autorität einerseits, die Verwerfung einer Verlagerung der Reformforderung in spiritualistische Aneignung andererseits, markieren die Abgrenzungen evangelischen Glaubensverständnisses.

Will man diesen ursprünglichen Ansatz evangelischer Überzeugung knapp benennen, so wird er traditionell formelhaft mit einem vierfachen „Allein" erfaßt. Allein die Berufung auf die Heilige Schrift, auf das „Wort Gottes" soll Glaubensartikel setzen („sola scriptura"). Das von der Schrift bezeugte Evangelium wird allein im Glauben („sola fide") erfaßt. Die Botschaft des Evangeliums verkündet allein Christus („solus Christus"). Der Inhalt dieser Botschaft ist allein die Gnade

(„sola gratia"). Man hat dieses Wechselverhältnis von Schrift und Gnadenzusage später im 19. Jahrhundert Formalprinzip („Schriftprinzip") und Materialprinzip („Rechtfertigungslehre") des Protestantismus genannt. Das vierfache „Allein" hat einen exklusiven, einen ausschließenden Sinn. Allein die Schrift – nicht ein Prinzip der Tradition, nicht ein kirchliches Lehramt – soll den Inhalt des Glaubens festlegen. Allein die Gnade – nicht die Leistungen, die frommen Werke des Menschen bewirken das Heil, die Gewißheit des Glaubens. Allein im Vertrauen des Glaubens kommt der Mensch zu Gott – nicht durch eigene Anstrengungen, Bemühungen und Erfolge. Allein an Christus – nicht an kirchlichen Autoritäten, nicht am Papst, auch nicht an Heiligen und Mittlergestalten hat sich evangelischer Glaube zu orientieren. Die leitende Frage für dieses „Allein" ist dabei: Was ist heilsnotwendig, was schafft Glaubensgewißheit, was bindet Gewissen? Ausgangspunkt war der Gegensatz zu Rom und die Verwerfung von frommen Leistungen, Gesetzeswerken und Menschensatzungen, welche die Kirche forderte. Von seinem Ursprung her sind evangelische Glaubensüberzeugung und Protestantismus nicht nur Lehre, Theorie, sondern zugleich Lebensführungspraxis, die einen weit ausgreifenden Entwurf der Lebensgestaltung einschließt.

1.2. Wandlungen des Protestantismus. Altprotestantismus und Neuprotestantismus

Das Wort „Protestanten" wurde zunächst von Kritikern polemisch verwendet. „Protestanten" sind Protestierer. In England wurde so die Bezeichnung „protestants" zunächst von Kritikern benutzt. Bis heute sind Protestanten anders als (römische) Katholiken, (östliche) Orthodoxe und Anglikaner in Lehre und Lebensstil. Unter der Königin Elisabeth I. wurde in England „protestant" zu einer Selbstbezeichnung. Um 1700 wird das Wort auch im Deutschen verwendet. Seit der Aufklärung wird protestantisch zur Selbstbezeichnung der aufgeklärten Evangelischen. Im deutschen Staatskirchenrecht findet sich das Wort „protestantisch" ohne irgendeinen polemischen Beiklang seit dem *Wöllner'schen* Religionsedikt (1788 in Preußen). Protestantismus wird insbesondere zum Begriff für eine Theologie und Kirche, die sich dem gemeinsamen reformatorischen Erbe verpflichtet weiß und eine *Union* der lutherischen und reformierten Kirche anstrebt und will; der Gegenbegriff ist in diesem Fall evangelisch-lutherisch oder calvinistisch, reformiert. Der preußische König Friedrich Wilhelm III. schätzte freilich das Wort „protestantisch" nicht, sondern verfügte 1817, statt protestantisch sei die Bezeichnung evangelische Kirche, evangelische Christen zu benutzen. Auch die Selbstbezeichnung Evangelische Kirche Deutschlands (EKD) ist bewußt gewählt. Im 19. Jahrhundert wurde nämlich allmählich „protestantisch" zum Kennzeichen der aufgeklärten, fortschrittlichen Richtung in der evangelischen Christenheit. Der Protestantenverein, 1863 gegründet, Protestantentage, seit 1865, und das Protestantenblatt verkörpern die Richtung eines evangelischen Liberalismus. Der 1886 gegründete „Evangelische Bund zur Wahrung der deutsch-protestantischen Interessen" spricht schon im Vereinsnamen seine Zielsetzung und Absicht an. Im Kulturkampf entstanden, setzt er sich mit dem römisch-katholischen Ultramontanismus auseinander. Das Wort „Protestanten" wurde damit weithin zur Bezeichnung einer innerkirchlichen, innerevangelischen Gruppierung und Partei. Diese Engführung ist heute kritisch zu erörtern.

Denn Wandlungen evangelischen Christentums, des Protestantismus sind zu berücksichtigen und ins Gedächtnis zu rufen. Neben dem Reformator Martin Luther sind als Begründer des Protestantismus wenigstens namentlich zu nennen: Philipp Melanchthon (1497-1560), der Zürcher Reformator Ulrich Zwingli (1484-1531), der Genfer Reformator Johannes Calvin (1509-1564) und weitere Reformatoren. Das Jahr 1555 mit dem Augsburger Religionsfrieden, der im Deutschen Reich konfessionelle Parität gewährte und die Konfessionalisierung der Territorien gemäß dem Grundsatz „cuius regio, eius religio" brachte, leitet zum konfessionellen Zeitalter über. Das konfessionelle Zeitalter ist einerseits das Zeitalter der Konfessionskriege mit dem dreißigjährigen Krieg (1618 - 1648), zum anderen die Zeit der altprotestantischen Orthodoxie und der Barockdogmatik. Das konfessionelle Zeitalter wird wiederum vom Pietismus und von der Aufklärung abgelöst. Der Pietismus legt statt auf die reine Lehre das Gewicht auf die Herzensfrömmigkeit. Bekannte deutsche Vertreter des Pietismus sind Philipp Jakob Spener, August Hermann

Francke und Nikolaus Ludwig Graf von Zinzendorf. Die Festlegung eines umfassenden und korrekten kirchlich-dogmatischen Lehrsystems, sowohl durch die altprotestantische Orthodoxie als auch vom tridentinischen und nachtridentinischen Katholizismus, wird durch die Praxis Pietatis des bekehrten Gläubigen relativiert. *Friedrich von Logau* charakterisiert das Bestehen auf persönliche Frömmigkeit und individuelle Glaubenshaltung so: „Lutherisch, päpstisch und calvinisch / diese Glauben alle drei / sind vorhanden, doch ist Zweifel, / wo das Christentum dann sei." Fast zeitgleich mit dem Pietismus kommt die Aufklärung auf und übt gleichfalls Kritik an der orthodoxen Lehre. Gegen die mit Autorität behauptete biblische Lehre und Offenbarung wird die Kritik der Vernunft ins Feld geführt. G. E. Lessing, J. G. Herder, aber auch *I. Kant* (mit seiner Schrift „Die Religion innerhalb der Grenzen der bloßen Vernunft") repräsentieren den aufgeklärten Protestantismus. Seit der Aufklärung wird diskutiert, ob mit ihr der Protestantismus nicht überhaupt in eine neue Epoche und Phase eingetreten sei. Die Theologie nach der Aufklärung im deutschen Idealismus und in der Romantik, beispielsweise Schleiermacher (1768-1834), der „Kirchenvater des 19. Jahrhunderts", sind in Zustimmung und Ablehnung von der Aufklärung bestimmt. Die Epochen des Protestantismus – altprotestantische Orthodoxie und konfessionelle Theologie, Pietismus, Aufklärung und theologischer Rationalismus – haben je auf ihre Weise den Protestantismus geprägt. Sie sind heute nicht einfach vergangene Stadien und Stufen, sondern noch gegenwärtig, sie überlagern und vermischen sich freilich. Der heutige Protestantismus ist ein vielseitiges und vielgestaltiges Gebilde, entstanden aus unterschiedlichen, teils zusammenfließenden, teils gegensätzlichen, sogar unvereinbaren Strömungen und Unterströmungen. Das macht es schwierig, das „Wesen" des Protestantismus eindeutig und präzise zu erfassen.

Eine vieldiskutierte Grundfrage ist dabei die Unterscheidung von Neuprotestantismus und Altprotestantismus. Die entscheidende Epochenschwelle bildet dabei die Aufklärung. Die begriffliche Unterscheidung von Altprotestantismus und Neuprotestantismus stammt von *Ernst Troeltsch,* der 1906 über: „Die Bedeutung des Protestantismus für die Entstehung der modernen Welt" einen Vortrag hielt. Die Unterscheidung zielt auf eine kategoriale Problembeschreibung. Den historischen Hintergrund bildete damals der Kulturkampf. Der Neuprotestantismus wird nicht nur vom Altprotestantismus abgehoben, sondern auch gegen den Katholizismus und Ultramontanismus abgegrenzt und verteidigt. Dabei ist der Modernitätsanspruch das ausschlaggebende Kriterium. *Martin Rade* kennzeichnete die Fragestellung neuprotestantischer Theologie als „Wissenschaft von der Kulturbedeutung der (protestantischen) Religion". Zur Begriffsklärung arbeitet *Troeltsch* zwei scharf voneinander zu unterscheidende „Idealtypen" heraus. Der Altprotestantismus ist nach ihm noch ganz mittelalterlich geprägt. Er verändere nur die Instanz, der wegen ihrer unanfechtbaren Autorität Gehorsam geschuldet wird. An die Stelle der Kirchenautorität tritt die Bibelautorität. Das supranaturalistische System mit seiner Begründung des Glaubens durch Wunder und übernatürliche Offenbarung bleibt hingegen insgesamt bestehen. Die traditionelle metaphysische Dogmatik, mit ihrer Gotteslehre, ihrem pessimistischen Weltbild, der Erbsündenlehre, der Lehre von der ewigen Verdammnis und vom Teufel und mit der darauf bezogenen Erlösungslehre, die Satisfaktionstheorie, bleiben dabei unangetastet. Reformation und konfessionelles Zeitalter gehören geistesgeschichtlich gesehen noch ins Mittelalter. Erst die Aufklärung ist die entscheidende Zäsur. Der Neuprotestantismus bricht erst mit der Bibel- und Dogmenkritik der Aufklärung an, mit dem Verständnis von Theologie als kritischer Wissenschaft. Die Theorie von einer „Vererbung" der Sünde mit ihrer pessimistischen Anthropologie und die darauf bezogene Erlösungslehre, wonach Christi stellvertretendes Strafleiden und Sühnetod die Sündenstrafen tilgt, wird jetzt als unsittlich abgelehnt. Die Individualitätskultur der Aufklärung stützt sich auf die Subjektivität des glaubenden Menschen. Sie setzt damit religiöse Subjektivität frei, fordert Toleranz und Glaubensfreiheit und bricht mit der mittelalterlichen Autoritätskultur. Zur grundlegenden Unterscheidung zwischen Altprotestantismus und Neuprotestantismus nimmt *Troeltsch* eine kontrastierende Differenzierung von Luthertum und Calvinismus hinzu: Die moderne Form des Protestantismus entstand im Calvinismus. Denn während der westliche Calvinismus modernitätsoffen ist, blieb das deutsche Luthertum rückwärtsgewandt und reaktionär. Diese historische Einordnung und Wertung von Luthertum und Calvinismus hat Kontroversen und heftigen Widerspruch ausgelöst. Dies ist hier nicht darzulegen.

Gibt es, das ist die weitere Frage bei *Troeltsch,* Einflüsse des Protestantismus, welche die Neuzeit verursacht haben? Er betrachtete deshalb eine Reihe von Phänomenen und Ausprägungen der Neuzeit: Kirchenverfassung, Familienordnung und Ehezucht, Rechtsleben, Strafrecht, Zivilrecht, Staatsauffassung, die Bewertung von Menschenrechten, Toleranz und Gewissensfreiheit, vor allem der von *Max Weber* behauptete unlösbare Zusammenhang von Calvinismus und Kapitalismus verändert die prinzipielle ethische und metaphysische Auffassung von der Gesellschaft. Eine neue Philosophie bildet sich und setzt sich durch. In der Kunst herrscht in protestantischen Gebieten nüchterne Sachlichkeit, allein schon wegen der reformatorischen Abschaffung des Gnadenbildes. Das Ergebnis ist doppeldeutig! Der Protestantismus ist zwar noch nicht Urheber der Neuzeit. Er wirkte zudem nicht als ausgeprägte Kulturpotenz – im Gegensatz zum gegenreformatorischen Katholizismus, der in der Kunst eine Barockkultur ausbildete, vor allem im Kirchenbau und in der Malerei. Die neuzeitliche Metaphysik der Individualität und das altprotestantische Heilsverständnis sind fundamental verschieden. Die moderne Welt- und Lebensanschauung ist optimistisch, fortschrittszugewandt. Sie beruft sich nicht auf Lehrsätze der Kirche, sondern auf das eigene Gefühl, das Erleben. „Neu-protestantisch" ist eine religiöse Metaphysik der Innerlichkeit, die Ablehnung kirchlicher Dogmen und supranationaler Frömmigkeit. E. *Troeltsch* stellt fest: „Aus der kirchlichen Kultur des Protestantismus kann kein direkter Weg in die kirchenfreie Kultur führen".

Damit ist die Frage nach der Identität und Kontinuität des Protestantismus gestellt: Inwiefern nimmt der Neuprotestantismus den reformatorischen Glauben unter den Bedingungen von Moderne und Aufklärung auf und gestaltet ihn um und neu? Oder ist der Neuprotestantismus nicht doch Abfall vom reformatorischen Erbe? Das ist eine vielerörterte und kontrovers beantwortete Frage. Die Lutherforscher *Karl Holl* und *Werner Elert* haben Troeltsch's Darstellung scharf widersprochen. Historisch steht fest, daß die Aufklärung an das Christentum im ganzen und an den Protestantismus im besonderen kritische Anfragen richtet: Die Bibelkritik bestritt die altprotestantische Schriftlehre mit der Verbalinspirationstheorie. Aufgeklärte Dogmenkritik lehnte die Erbsündenlehre und die Satisfaktionslehre in der Versöhnungslehre ab. Die Dogmengeschichte wird zur Dogmenkritik. „Die wahre Kritik des Dogmas ist seine Geschichte." *(David Friedrich Strauß)*. Die Historisierung von Bibel und Kirchenlehre relativiert zudem deren Geltungsanspruch und Autorität. Die Emanzipation von Staat und Gesellschaft aus kirchlicher Leitung führt sodann zum säkularen Staat mit der Bewertung der Toleranz als „oberstem Regal" der Herrscher, mit der Sicherung der Gewährleistung der Grundfreiheiten des Individuums in den Menschenrechten. Die geschlossene Societas Christiana endet; die Lebensgebiete gewinnen Selbständigkeit, Autonomie. Die Autonomie, „Eigengesetzlichkeit" von Wirtschaft, Kultur und Politik wird Programm. Im Sog der Fortschrittsidee werden nicht nur Hexenverfolgung und Ketzergerichtsbarkeit, sondern auch der Teufelsglaube abgeschafft: „Gott sei Lob und Ehr, der Teufel ist nicht mehr; ja, wo ist er denn geblieben? Die Vernunft hat ihn vertrieben." Eine Umformung des christlichen Denkens in der Neuzeit ist unverkennbar.

Dennoch sind gegen *E. Troeltsch* die Neuansätze der Reformation stärker zu betonen. Das reformatorische Verständnis der Kirche, die Ablehnung des Papsttums und eines besonderen Weihepriestertums, die Wiederentdeckung des Allgemeinen Priestertums aller Gläubigen bedeuten einen prinzipiellen Bruch gegenüber der mittelalterlichen Sicht wie mit dem tridentinischen Katholizismus. Auch in der Ethik bringt die Reformation einen Neuansatz. Ausgangspunkt der Ethik wird die Freiheit des Christen. Das Verhältnis von Glaube und Werken wird folglich neu bestimmt. In Erscheinung tritt dieser Neuansatz bei der Bewertung des weltlichen Berufs und im neuen Berufsethos. Das Verhältnis von Altprotestantismus und Neuprotestantismus ist viel komplexer und vielschichtiger als Ernst Troeltsch's Idealtypen.

Strittig ist auch Troeltsch's positive Wertung des Neuprotestantismus mit seiner Individualitätskultur, der Diesseitsorientierung, einer evolutionsorientierten Geschichtsanschauung, dem Fortschrittsoptimismus. Strittig ist also nicht nur die historische Interpretation, sondern auch die Zeitdeutung. In dieser Kontroverse geht es immer auch um die „Legitimität der Neuzeit".

Nach dem ersten Weltkrieg hat die Dialektische Theologie, eine „Theologie der Krise", den Neu- und Kulturprotestantismus entschieden abgelehnt. Die maßgeblichen Theologen – Karl Barth (1886-1968), Friedrich Gogarten (1887-1967), Emil Brunner (1899-1966) u.a. – sahen in ihm die Ursache theologischer Verirrung, kirchlicher Unentschlossenheit und gesellschaftlichen Versagens.

Dennoch bleibt er trotz der Kritik seit der Dialektischen Theologie eine ständige Anfrage an das Selbstverständnis des Protestantismus. Nachwirkungen sind nur anzudeuten: Die Neuzeit hat eine völlige Neubildung der Ethik gebracht. Verwiesen sei beispielhaft auf *Kant* (oder *David Hume*). Die Ethik wird autonom. Die Aufklärung führte zu einer Pluralisierung und Individualisierung der Lebensstile. Das Lebensgefühl wird diesseitig. Dieser Wirkungsgeschichte der Aufklärung, der Moderne kann sich keine christliche Konfession, am wenigsten der Protestantismus, entziehen. Es vollzieht sich eine Entdogmatisierung und Entkirchlichung des Glaubens. Damit stellen sich jedoch neue Anforderungen an die wissenschaftliche Theologie. Sie muß die Religionstheorie wie die theologische Wissenschaftstheorie neu fassen. „Religion" ist erst seit der Aufklärung und der Religionskritik des 18. Jahrhunderts ein theologisch fundamentales Thema. Theologie hat sich als Wissenschaft diskursiv und argumentativ zu bewähren und kann sich nicht einfach auf unanfechtbare Autoritäten berufen (z. B. Bibel, kirchliches Lehramt). Es gibt außerdem keine Tabus in der theologischen Forschung. Schließlich bedarf es einer kulturpraktischen Sozialethik, welche die Profanität der Welt akzeptiert und ernst nimmt und sich produktiv zur Säkularität der Gesellschaft verhält. Aufgabe der Christen und Kirche ist nach protestantischer Sicht eine Humanisierung der Gesellschaft, aber nicht das Bemühen, die Gesellschaft zu rechristianisieren. Humanität, nicht Wiedergewinnung von Christen durch Mission, nicht dogmatische Vereinheitlichung und Normierung sind Grundforderungen. Die Fragestellung des Neuprotestantismus ist nicht beantwortet und überwunden. In Formeln wie denen *Dietrich Bonhoeffers* von der „mündigen Welt" oder einem „nichtreligiösen Christentum" werden untergründig neuprotestantische Themen weitertradiert.

1.3. Bleibende Spannung

Seit der Aufklärung und dem Aufkommen neuprotestantischer Fragestellungen entstanden in der evangelischen Theologie Frontstellungen und ein Spannungsverhältnis. Im 19. Jahrhundert wurde dieser Gegensatz durch die theologischen Schulen des Rationalismus und Supranaturalismus bestimmt. Der theologische Rationalismus wurde von der Aufklärung und vor allem von *Kant* geprägt. Er orientiert sich an den natürlichen Kräften und vernünftigen Einsichten des Menschen und beansprucht deswegen, theologische Aussagen rational zu überprüfen, bestreitet folglich den Offenbarungs- und Geheimnischarakter des Glaubens. Übernatürliche Offenbarungen und nicht rational begründbare Wunder werden der Kritik unterzogen. Vor allem Offenbarung und Wunder sind kritisch zu prüfen. Die in der Bibel sich findenden Aussagen über außergewöhnliche und übernatürliche Eingriffe Gottes werden mit Hilfe einer „Akkomodation", der Anpassung an das Vorstellungsvermögen der damaligen Zeit, erklärt. Der Supranaturalismus hält dagegen an den übernatürlichen Wissens- und Offenbarungsansprüchen der Bibel gegen die Aufklärung fest. Zwischen 1780 und 1830 bemühte er sich, gegen die prinzipielle Kritik der Aufklärung am übernatürlichen Ursprung und Charakter christlichen Glaubens festzuhalten. Die göttliche Herkunft von Glaube und Offenbarung soll apologetisch bewiesen werden.

Zwischen den Alternativen Rationalismus, d.h. Auflösung des Glaubens in bloße, reine Vernunft, und Supranaturalismus, Verteidigung des supranaturalen Wunders, sucht die Theologie des 19. Jahrhundert weithin einen Mittelweg. *Friedrich Daniel Ernst Schleiermacher* mit seiner „Glaubenslehre", die Schleiermacherschule, gelegentlich „Vermittlungstheologie" genannt, oder *Richard Rothe* (1799-1867) sind bestrebt, beides zusammenzuhalten, Glaube und Verstand, Offenbarung und Vernunft.

Die Spannung besteht bis heute. Man spricht freilich nicht mehr von Rationalismus und Supranaturalismus. Auf der einen Seite steht vielmehr eine kritische theologische Wissenschaft, vor allem die historisch-kritische Bibelauslegung. Das Entmythologisierungsprogramm *Rudolf Bultmanns* (1889-1976) hat diese kritische Bibelauslegung bekannt gemacht.

Auf der anderen Seite verficht ein protestantischer Fundamentalismus, der zunächst in den USA entstand, die Irrtumslosigkeit der Schrift. Entstanden ist der Fundamentalismus aus Bewegungen im englischsprachigen Raum des 19. Jahrhunderts, die das Weltende, die Wiederkunft Christi erwarteten (Milleniarismus). Als Protestbewegung hat er auch nicht nur religiöse Ursachen, sondern zugleich gesellschaftliche Gründe. Er artikuliert angesichts der Verunsicherungen, der Veränderungen in der Neuzeit und der Ungewißheiten der Aufklärung Protest gegen Intellektuelle und Modernisierer. Im Islam, im Judentum, im Hinduismus finden sich vergleichbare fundamentalistische Bewegungen. Sie verschließen sich kritischen Einwänden und praktizieren Intoleranz und Dialogverweigerung. Auch im protestantischen Fundamentalismus brechen „Bibelgläubige" die Kommunikation mit Andersdenkenden ab. In ihm tritt freilich speziell eine Krise des protestantischen Schriftverständnisses zu Tage.

§ 2 DIE BIBEL IM PROTESTANTISMUS

Nach evangelischer Überzeugung und protestantischem Selbstverständnis ist allein die Bibel Maßstab und Norm des Glaubens. Diese These nennt man: das „evangelische" Schriftprinzip. Volkstümlich lautet der Anspruch so: „Gottes Wort und Luthers Lehr vergehen nie und nimmer mehr". Das Prinzip „allein die Schrift" kann positivistisch verstanden werden gemäß dem Diktum: „Quod illis est papa, nobis est Scriptura". („Was für die Katholiken der Papst ist, ist für uns die Bibel.") Aber infolge der Spannung zwischen kritischer Bibelwissenschaft und einfachem „naivem" Schriftgebrauch läßt sich diese These nicht aufrechterhalten. Die altprotestantische Orthodoxie setzte Schrift und Wort Gottes in eins. Die Schrift ist das Erkenntnisprinzip („principium cognoscendi") der Theologie schlechthin. *David Hollaz* (Examen acroamaticum, 1725) lehrte: Das erste und allumfassende Prinzip der Theologie ist, „was Gott offenbart hat, ist unfehlbar wahr". Daraus folgt als weiterer Grundsatz: „Das relative und für die gegenwärtige Zeit erste Prinzip der Theologie ist: Was die Heilige Schrift lehrt, das ist unfehlbar gewiß." Die Schrift ist in allen ihren Aussagen infolgedessen unfehlbar. Bibel, Wort Gottes und Offenbarung sind identisch. Das ist bis heute der Standpunkt des Fundamentalismus. Theologie wird dadurch zu einem System von Schriftaussagen.

Die *Bibelkritik* hat diese Gleichsetzung der Schrift mit dem Wort Gottes zerbrochen. Die Bibel ist nicht das Wort Gottes, sie enthält nur *im* Menschenwort das Gotteswort, wenn und sofern die Schrift das *Evangelium* bezeugt. Damit ist jedoch die Erkenntnisgrundlage des (Alt-)Protestantismus in Frage gestellt. Notwendig wird dadurch die Aufgabe der Schriftauslegung, der Hermeneutik. An welchen Kriterien und Maßstäben hat sich die Schriftauslegung zu orientieren?

Zum Problem der richtigen Schriftauslegung, der Bibelhermeneutik tritt heute erschwerend eine verbreitete Unkenntnis der Bibel, eine Bibelvergessenheit hinzu. Die Bibelkenntnis wird damit Sache der Spezialisten, der Exegeten. Nach reformatorischem Verständnis ist dagegen die Bibelkenntnis für Glaube und Urteilsbildung jedes Protestanten unerläßlich.
Auch die Veränderung des Bibelgebrauchs infolge der historisch-kritischen Exegese wie die Schriftvergessenheit, die zudem durch den Übergang von einer Schriftkultur durch mediale Vermittlung anhand von Bildern mitbedingt und mitgeprägt wird, ist zu beachten. Ehe dieses Problem aufgegriffen werden kann, ist knapp die Entstehung des reformatorischen Schriftprinzips zu skizzieren.

2.1. Die Entstehung des reformatorischen Schriftprinzips

Bibel und Reformation gehören von Anfang an zusammen. Ohne Bibel ist die Reformation undenkbar. *Luther* berief sich bei seiner Kritik am Lehramt der Kirche, am Papst, und an den kirchlichen Traditionen auf die alleinige Autorität der Schrift. Gottes Wort soll Artikel des Glaubens stellen, und sonst niemand, auch kein Engel (Schmalkaldische Artikel). Ausgebreitet wurde die reformatorische Bewegung durch Luthers Übersetzung der Bibel in die deutsche Sprache und durch die Schriftvermittlung in der volkssprachigen Predigt. Bibelauslegung und Bibelverbreitung sind somit im 16. Jahrhundert Kennzeichen der reformatorischen Bewegung. Theologie wird reformatorisch zur Schriftauslegung. Alle Arbeit reformatorischer Theologie und Predigt gründet in der Schrift. Die Schrift *allein* bezeugt das Evangelium, verkündet Gottes Zuwendung zum Menschen. Die Bibelauslegung machte überdies die Reformation volkstümlich. Luther ist als Bibelübersetzer bekannt geworden, auch wenn er damals keineswegs der einzige und alleinige Übersetzer der Bibel war. Der Rückgriff auf die Ursprachen (Griechisch und Hebräisch) ist von Luther für die evangelische Theologie und Kirche verbindlich gemacht worden; für die römisch-katholische Kirche blieb hingegen der lateinische Text der Vulgata maßgeblich.
Die Überzeugung vom Vorrang der Heiligen Schrift als Glaubensautorität in der Kirche hat Luther freilich bereits

übernommen und vorgefunden. Eine formale Berufung auf das sola scriptura findet sich schon im spätmittelalterlichen Nominalismus (z.B. Ockham, Wyclif, Hus). Die Präferenz für die Schriftautorität ist also bei Luther zunächst einmal schulmäßiges Erbe. Zudem lautete Luthers amtlicher Lehrauftrag dahingehend, daß er als Professor zur Bibelexegese verpflichtet war. Die Orientierung an der Schrift als solcher ist also noch nicht spezifisch reformatorisch, „protestantisch"; reformatorisch ist vielmehr die Betonung der exklusiven, alleinigen Geltung der Schrift, vor allem gegenüber der Autorität der Kirche. Was Luther ferner vorfand, war die Theorie vom vierfachen Schriftsinn: Die Schrift hat einen historischen, buchstäblichen und einen geistlichen Sinn. Man macht sich diesen vierfachen Schriftsinn am besten an einem Beispiel klar, am Wort: Jerusalem. Jerusalem buchstäblich, grammatisch verstanden, ist eine Stadt im Land Israel; Jerusalem geistlich, allegorisch gedeutet, ist die Mutter der Glaubenden; Jerusalem moralisch verstanden, ist ein Vorbild moralischer Integrität; Jerusalem eschatologisch (anagogisch = emporführend) verstanden, ist die künftige himmlische Stadt. Die Schrift wurde herkömmlich gerade nicht nur buchstäblich, historisch, sondern auch geistlich, allegorisch ausgelegt. Luthers Schriftverständnis entwickelte sich allmählich. Im Frühjahr 1517 zeichnet sich erstmals bei *Luther* die Konzentration auf den historischen Sinn ab, den er mit dem „was Christum treibet" gleichsetzt. Ausgebildet hat *Luther* sein Verständnis von Schrift jedoch erst allmählich in den Jahren 1517-1521, in den theologischen Kontroversen nach den Ablaßthesen. Thematisch und zusammenfassend dargelegt hat er sein „Schriftprinzip" erst 1521 in einer wenig beachteten Schrift: „Auf das überchristliche, übergeistliche und überkünstliche Buch Bock Emsers zu Leibzig Antwort". Hierin wendet sich Luther gegen Emsers Auffassung, wonach die Väter verständlicher seien als die Schrift und folglich innerhalb der Schrift zwischen einem buchstäblichen und einem geistlichen Sinn zu unterscheiden sei. Dagegen setzt *Luther* das Argument von der Klarheit und Suffizienz der Schrift. Im Mai 1518 formulierte *Luther* noch recht konventionell:

„Ich bezeuge, daß ich durchaus nichts sagen oder festhalten will, außer was zuerst in der Heiligen Schrift, dann in den Kirchenvätern, die von der römischen Kirche und bis jetzt beibehalten sind, und in dem kanonischen Recht und den päpstlichen Erlassen enthalten ist und aus ihnen belegt werden kann. Insofern aber etwas aus ihnen nicht bewiesen oder widerlegt werden kann, will ich das als eine Frage ansehen, über die sich nach dem Urteil der Vernunft und nach der Erfahrung disputieren läßt, doch so, daß darin das Urteil aller meiner Oberen allezeit vorbehalten bleibt."

1518 beruft sich *Luther* selbst noch gegen scholastische Lehrmeinungen *neben* der Bibel gleichermaßen auf die Kirchenväter, unter denen Augustin einen besonderen Rang einnimmt. In den Auseinandersetzungen mit Kardinal Cajetan in Augsburg 1518 und vor allem in der Leipziger Disputation mit Eck konzentrierte sich dann die Streitfrage auf die kirchliche, vor allem die päpstliche Autorität. *Luther* stellt seitdem die Autorität der Schrift eindeutig über die Autorität des Papstes und der Konzile: Auch Päpste und Konzile sind irrtumsfähige Menschen. Nur die Autorität der Schrift ist unanfechtbar. Im Nachhinein ergänzt *Luther* im Druck seine 13. These gegen Eck: „Überall da, wo das Wort Gottes gepredigt und geglaubt wird, ist der wahre Glaube, jener unbewegliche Fels; wo aber der Glaube ist, da ist die Kirche; wo die Kirche ist, da ist die Braut Christi; wo die Braut Christi ist, da ist alles, was dem Bräutigam gehört. So hat der Glaube alles bei sich, was auf den Glauben folgt, die Schlüssel, die Sakramente, die Gewalt und alles andere."

In den großen reformatorischen Schriften aus den Jahren 1519/1520 zieht *Luther* sodann stillschweigend die Folgerungen aus dieser Einsicht: Nur diejenigen Sakramente sind anzuerkennen, die eine ausdrückliche Einsetzung in der Schrift haben (De captivitate Babylonica 1520). *Luther* vertritt außerdem seit 1520 die These von der Selbstevidenz der Schrift: Die Schrift ist die Instanz theologischen Urteils schlechthin, weil sie „selber durch sich selber die allergewisseste, die leichteste, zugänglichste, die allerverständlichste, die sich selbst auslegt, die alle Worte bewahrt, urteilt und erleuchtet", ist („ut sit per sese certissima, facillima, apertissima, sui ipsius interpres, omnium omnia probans, iudicans et illuminans"). Die Stichformel lautet: „Die Schrift legt sich selbst aus". Die Schrift allein soll Königin sein. Alle theologischen Aussagen sind auf die heilige Schrift als das erste Prinzip der Wahrheit zu beziehen und zu begründen. *Luther* wehrt und verwahrt sich mit diesem Verweis auf die Vorgegebenheit der

Schrift gegen einen Subjektivismus. Den Enthusiasmus der Spiritualisten vergleicht er mit dem Schwärmertum des Papsttums (Schmalkaldische Artikel). Die Reformation begann keineswegs mit einer programmatischen Schrifttheorie. *Luthers* theologische Äußerungen zu Würde und Autorität der Schrift finden sich daher zunächst in polemischen Zusammenhängen: Auf der einen Seite will er dabei der Berufung Roms auf die lehramtliche Autorität und den Traditionsbeweis widersprechen; auf der anderen Seite lehnt er ebenso die Berufung auf das innere Licht ab.

In der Auseinandersetzung mit Erasmus 1525 („De servo arbitrio") unterscheidet *Luther* sodann zwischen „äußerer Klarheit" und „innerer Klarheit". Die äußere Klarheit der Schrift besteht darin, daß die für das Heil entscheidenden Sachverhalte für jeden Verständigen offen zu Tage liegen. Jeder Christ kann sich durch die Schrift sein eigenes Urteil über das zum Heil Erforderliche bilden. *Luther* betont die „Sache der Schrift": Die Sache der Schrift sind Christus und die Rechtfertigung. Gegen Erasmus schreibt er: „Entferne Christus aus den biblischen Schriften, was wirst du noch weiter in ihnen finden?" Die innere Gewißheit des Glaubens ist die nur durch den Heiligen Geist zu erlangende persönliche innere Gewißheit, daß die äußere Wahrheit der Schrift auch mir gilt und mich erfaßt (vgl. *Luthers* Auslegung des dritten Glaubensartikels: „Ich glaube, daß ich nicht aus eigener Vernunft noch Kraft an Jesus Christus, meinen Herrn, glauben oder zu ihm kommen kann, sondern der Heilige Geist hat mich durchs Evangelium berufen"). Folglich hat jeder Christ, nicht nur das kirchliche Lehramt, die Befähigung, über die zutreffende Auslegung der Schrift zu urteilen. Die Bibel gehört in die Hand des Laien, jedes Christen. Es gibt nämlich keinen Glauben, keine Gnade, keine innere Erfahrung des Heiligen Geistes, kein Heil, keine Rechtfertigung ohne das äußere Wort („verbum externum").

In der praktischen Gottesdienstreform hat *Luther* dieses, sein Schriftverständnis umgesetzt und angewandt: Dies beginnt bei den Sakramenten (Kritik der Meßopferlehre, des Transsubstantiationsdogmas, des Entzugs des Laienkelchs als unbiblisch, Reduktion der Siebenzahl der Sakramente auf die zwei von Christus eingesetzten, Taufe und Abendmahl) und führt zur Umgestaltung des Gottesdienstes insgesamt (Predigt als Mittelpunkt). Dabei leitend ist die Unterscheidung vom Handeln Gottes, Werk Gottes (opus dei) und Werk des Menschen (opus hominis). Mit dem Schriftverständnis untrennbar verbunden ist neben der reformatorischen Anschauung vom Gottesdienst insofern das Allgemeine Priestertum aller Glaubenden. Die Bibel kennt nach reformatorischer Überzeugung keinen qualitativen Unterschied zwischen Priester und Laien; vor Gott sind alle Christen gleich; sie haben in derselben Weise Zugang zum Heil und in der gleichen Weise das Recht zur eigenen theologischen Urteilsbildung. Die Gabe des Geistes befähigt sie zum geistlichen Urteilsvermögen, „alles nach dem gläubigen Verstand der Schrift zu richten". Dahinter steht die Überzeugung von der äußeren Klarheit der Schrift (so der Titel der Schrift an die Gemeinde von Leisnig „Daß eine christliche Versammlung oder Gemeinde Macht und Recht habe, alle Lehre zu urteilen und Lehrer zu berufen, ein- oder abzusetzen, Grund und Ursach aus der Schrift").

Die grundlegende und normative Bedeutung der Heiligen Schrift für reformatorische Theologie und Predigt ist für das 16. Jahrhundert unverkennbar und evident. Die Autorität der Schrift steht *über* allen anderen menschlichen und kirchlichen Autoritäten. Gottes Wort wird allen unmittelbar durch die Schrift bezeugt. Gottes Wort ist freilich als Evangelium zugleich Anrede, also aktuelles Geschehen. Das Evangelium ist mündliches Wort, Geschrei. Zwar wird erst im Glauben die Schrift richtig gehört; aber der Glaube kommt allein aus dem Hören der Schrift. Die Schrift also ist Grundlage (principium) und maßgebliche Norm (norma normans) für Theologie und Kirche.

Auch wenn die lutherischen Bekenntnisse keinen eigenen Artikel über die Heilige Schrift enthalten, so ist die Bibel doch die Regel und Richtschnur, an der alle Lehre zu messen ist. Sie ist der einzige Probierstein. Die Schrift ist der „Heilsbrunnen", der „reine, lautere Brunnen Israels". Sie ist damit am Heil orientiert. Zum Verständnis der Schrift leiten die Katechismen als „Laienbibel" an. Reformatorisches Christentum war Katechismuschristentum.

Erst der Pietismus hat mit Philipp Jakob Spener die Wendung vom Katechismuschristentum zum Bibelchristentum gebracht. Die Wendung vom Katechismus zur Bibel, die im Pietismus begangen wird und die Bibel als Erbauungsbuch der

Laien wiederentdeckte, ist verbunden mit der Umgestaltung des reformatorischen „allein die Schrift" in ein Prinzip der „ganzen Schrift" („tota scriptura"). Die verbalinspirierte Schrift wird in der altprotestantischen Orthodoxie so zur Grundlage evangelischer Theologie. Der verbalinspirierte Kanon bildet eine Lehreinheit; historische Differenzierungen, gar Kritik sind unzulässig. An die Stelle der Ausrichtung der Schrift auf die Mitteilung von Sünde und Gnade tritt freilich vornehmlich ein Verständnis der Schrift als historischer Bericht und Lehrnorm. Ein derartiges Schriftverständnis ist freilich nicht evangelisch, nicht protestantisch: „Man wird sogar sagen müssen, daß ein abstraktes Verständnis des Schriftprinzips wesentlich inhumaner ist als Traditionsprinzip und Schwärmerei; denn kann hier der einzelne sich im Gehorsam gegen die Schrift noch verbunden wissen mit der Gemeinschaft der Kirche oder Gemeinschaft des Geistes, so ist der Fundamentalist schutzlos der Autorität der Bibel als des Gesetzes ausgeliefert" *(Walter Mostert)*.

Ferner wird mit der *Aufklärung* ein weiteres Problem der protestantischen Berufung auf die Schrift offenbar: Viele neuzeitliche Themen, gerade auch ethische Themen, kommen in der Bibel noch nicht vor. Auf Lebensfragen der modernen Welt gibt die Bibel keine unmittelbaren direkten Antworten. Was für die Ethik gilt, gilt dann ebenfalls für manche Fragen der Dogmatik, wie den neuzeitlichen Atheismus, das Verhältnis von Schöpfungsglaube und naturwissenschaftlicher Erklärung der Weltentstehung, Gottes Vorsehung und der Kausalitätsbegriff u. a. Die Berufung auf die Schrift allein reicht auch hier nicht aus.

An solchen Einsichten scheitert die altprotestantische Lehre von der Irrtumslosigkeit und Selbstgenügsamkeit der Schrift. Die *altprotestantische Orthodoxie* war außerdem bestrebt, das Schriftprinzip wissenschaftlich zu sichern, unangreifbar zu machen und die Autorität der Schrift historisch zu beweisen. Sie setzt Schrift und Wort Gottes schlechthin in eins. Nochmals sei an *David Hollaz'* Satz erinnert: „Was Gott offenbart hat, das ist unfehlbar wahr." Gott ist die Wahrheit. Das relative Prinzip der Theologie ist daher: „Was die heilige Schrift lehrt, das ist unfehlbar gewiß." Die Bibel vermittelt metaphysisch und historisch Gottes Wahrheit. Deshalb muß sie als solche und im ganzen unfehlbar und irrtumsfrei sein.

Denn sie ist vom Heiligen Geist eingegeben. Mit Hilfe der Verbalinspirationslehre sollte sichergestellt werden, daß jedes Wort, jeder Buchstabe der Bibel vom Heiligen Geist eingegeben, diktiert wurde. Die Schrift bildet außerdem eine Lehreinheit. Unterschiede oder gar Widersprüche zwischen den einzelnen biblischen Autoren darf und kann es aufgrund der göttlichen Herkunft der Schrift nicht geben. Sie müssen wegerklärt werden. Die Herkunft der Bibel von Gott selbst gibt die Begründung für die Eigenschaften der Schrift: Absolute Verbindlichkeit (auctoritas), Klarheit oder Evidenz (claritas oder perspicuitas), Vollgenügsamkeit (sufficientia) und Heilswirksamkeit (efficacia). Die Prämisse der Verbalinspiriertheit und Irrtumslosigkeit (inerrancy) der Bibel ist bis heute die Grundlage des Fundamentalismus, der deswegen jede Form der Bibelkritik und damit die historisch-kritische Exegese grundsätzlich ablehnt.

In Erinnerung zu rufen ist an dieser Stelle nochmals, daß Luthers Ausgangspunkt zunächst das lebendige Wort des Evangeliums (viva vox evangelii), das gepredigte, verkündigte Schriftzeugnis, das Evangelium als Verheißung (promissio), Zusage Gottes, nicht eine bloß formale Autorität der Bibel als Schrift war. Historisch-kritische Schriftauslegung und Kritik treffen allerdings auch das reformatorische Schriftverständnis an entscheidender Stelle.

2.2. Einwände gegen das reformatorische Schriftverständnis und die Schriftlehre der altprotestantischen Orthodoxie

Luther hat in der Polemik gegen Rom und die Schwärmer das „Allein die Schrift" und den Grundsatz von der Selbstevidenz der Schrift entdeckt. Von Anfang an begegnete dieser Ansatz grundsätzlichen Einwänden. Die Standardkritik katholischer Theologen lautete, die Berufung auf die Schrift sei eine „wächserne Nase", die sich jeder nach Belieben zurechtformen könne. Dabei spielten zwei Argumente eine Rolle:

(Einmal) Das Schriftprinzip sei inhaltlich nicht zu halten. Das „Allein" (sola) sei historisch schlicht unzutreffend. Denn es zeige sich, daß grundlegende theologische Sachverhalte nicht „allein" aus der Schrift zu entnehmen seien. So sei beispielsweise die Taufe von Kleinkindern, von Säuglingen nicht aus der Schrift zu belegen. Das apostolische Glaubensbekenntnis, das in Luthers Katechismen zentral ist, sei eine Tradition, die von der Kirche überliefert wurde. In der Tat hat das Apostolicum, das aus dem römischen Taufbekenntnis entstanden ist, seine abschließende Fassung erst im 4. Jahrhundert nach dem Konzil von Nicäa (325) erhalten. Schließlich beruhe der Kanon der biblischen Schriften selbst auf einer Entscheidung der Kirche und sei somit selbst ein wichtiges Stück kirchlicher Tradition. Das Konzil von Trient hat deshalb die dogmatische Entscheidung getroffen, für die katholische Lehre Schrift *und* Tradition als gleichwertige Quellen anzuerkennen. In der Tat ist das „katholische" Argument richtig, wonach auch die Schrift ein Stück kirchlicher Tradition ist. Außerdem berufen sich die reformatorischen Kirchen ebenfalls auf Traditionen: Die Bekenntnisse und Bekenntnisschriften, gottesdienstliche Formulare und Kirchenordnungen tradieren immer auch Überliefertes. Die Streitfrage ist dann nicht, ob „allein die Schrift" kirchlich verwendet werden darf oder auch noch weitere kirchliche Überlieferungen. Die zwischen evangelischer und katholischer Kirche und Theologie strittige Frage ist vielmehr, welches die *maßgebliche* Tradition und die entscheidende Tradition ist, an der alle anderen Traditionen zu messen sind, die Schrift oder spätere kirchliche Traditionen.

(Sodann) Gewichtiger noch als die Frage, ob zwei *Quellen* Schrift und Tradition verbindlich sein sollen, ist die entscheidende Frage nach der Norm und Instanz der Lehrentscheidung. Evangelisch lautet der Grundsatz, die Schrift sei ihr eigener Ausleger. Katholisch ist das kirchliche Lehramt letzte Auslegungsinstanz, repräsentiert durch die Autorität des Papstes. Die letzte Norm des katholischen Glaubens ist das Lehramt. Das Erste Vatikanische Konzil 1870/71 hat definiert, daß bei feierlichen Lehrentscheidungen des Papstes, welche Glauben und Moral, Sittlichkeit (mores) betreffen, diese Lehrentscheidungen aus sich heraus unfehlbar und unveränderbar, irreformabel sind. Solche Lehrentscheidungen schaffen Dogmen, die der Katholik im Glauben zu akzeptieren hat. Die Alternative lautet dann: Schrift *oder* unfehlbares Lehramt. Das Schriftverständnis ist an dieser Stelle vom Kirchenverständnis abhängig.

Überdies hat die Reformation, unter Berufung auf Martin Luther, betont, daß allein der Heilige Geist das Wort wirksam macht, die innere Gewißheit des Glaubens schafft. Das

Schriftzeugnis wird erst durch das Wirken des Heiligen Geistes zum Wort Gottes. Die Göttlichkeit der Schrift erweist sich im inneren Zeugnis des heiligen Geistes („testimonium spiritus sancti internum"). Ein solcher Wahrheitserweis erweist sich am Gewissen, oder in der Erfahrung, im Gefühl, im Erkennen, im Geist des glaubenden Menschen. Man hat solche Berufung auf die Selbstevidenz der Schrift im Glauben gelegentlich „die Achillesferse des protestantischen Systems" genannt. Ist also verglichen mit dem Subjektivismus protestantischer Schriftauslegung nicht die Objektivität verbindlicher lehramtlicher Auslegung und Festlegung, Definition vorzuziehen?

2.3. Die Bibelkritik der Aufklärung

Für die Reformatoren gab es keinen Zweifel an der historischen Glaubwürdigkeit der Bibel. *Luther* übte durchaus immer wieder Sachkritik. Er wertete den Jakobusbrief gegenüber den Briefen des Apostels Paulus ab und nannte ihn eine „stroherne Epistel". Das liebste Evangelium ist für Luther das Johannesevangelium. Die Johannesoffenbarung rückt er hingegen an den Rand. Aber dies sind theologische Entscheidungen und Wertungen. Die Aufklärung hingegen unterzieht, im Unterschied zu der Orthodoxie und zum Altprotestantismus, die Bibel einer *historischen* Kritik. Die Bibel ist nicht mehr „heiliges" Buch in dem Sinne, daß es prinzipiell von der historischen und philosophischen Kritik ausgenommen werden müßte und könnte. An den Anfängen der Bibelkritik steht *Baruch Spinozas* „Theologisch-politischer Traktat" (1670), *Gotthold Ephraim Lessings* Auseinandersetzung mit dem Hauptpastor Goeze, dem er „Bibliolatrie" vorwarf und *Johann Salomo Semlers* (1725-1791) Kanonkritik („Von freier Untersuchung des Kanons", 1771-1774). *Lessing* veröffentlichte 1777 aus dem Nachlaß von *Hermann Samuel Reimarus* „Fragmente eines Ungenannten". Das kürzeste und radikalste der Fragmente ist das fünfte Fragment „Über die Auferstehungsgeschichte", in der Reimarus (1694-1768) die literarische Überlieferung der Auferstehung Jesu kritisch untersucht und destruiert. *Lessing* zieht daraus die prinzipielle Folgerung: „Kurz: der Buchstabe ist nicht der Geist; und die Bibel ist nicht die Religion. Folglich sind Einwürfe gegen den Buchstaben, und gegen die Bibel, nicht eben auch Einwürfe gegen den Geist und die Religion". Die Religion war vielmehr, ehe die Bibel war. „Die Religion ist nicht wahr, weil die Evangelisten und Apostel sie lehrten: sondern sie lehrten sie, weil sie wahr ist. Aus ihrer inneren Wahrheit müssen die schriftlichen Überlieferungen erklärt werden, und alle schriftlichen Überlieferungen können ihr keine innere Wahrheit geben, wenn sie keine hat". Im Text „Beweis des Geistes und der Kraft" (1777) postuliert *Lessing:* „Zufällige Geschichtswahrheiten können der Beweis von notwendigen Vernunftwahrheiten nie werden". Der historische Beweis für die Wahrheit der christlichen Religion ist nicht zu führen. Damit ist ein Einfallstor in die Bibel als uneinnehmbare Bastion evangelischen Glaubens geöffnet. Kritische Vernunft und historische Kritik unterhöhlen das biblische Fundament. Es wird brüchig und schwankend.

Die Bibelkritik der Aufklärung hat jeden bloßen Schriftpositivismus prinzipiell erschüttert. Man kann heute nicht mehr einfach behaupten, etwas sei deshalb schon wahr, weil es in der Bibel stehe. Es ist vielmehr von einer „Krise des Schriftprinzips" zu reden *(Wolfhart Pannenberg).* Aufgezählt seien nur einige, nicht zu übersehende Einsichten: Textkritik weist nach, daß auch in der Bibel Textvarianten, Abschreibefehler u.a. zu finden sind, die es verbieten, von einem fixierten verbalinspirierten Text auszugehen. Literarkritik hat vorliterarische Überlieferungen und Schichten aufgedeckt (z.B. in den Mosesbüchern: Priesterschrift, Jahwist, Elohist). Zwischen den verschiedenen biblischen Autoren bestehen Gegensätze und Widersprüche. Historische Ereignisse werden unterschiedlich berichtet und interpretiert. Überliefertes gilt als unglaubhaft. Die Frage nach dem historischen Jesus war ursprünglich vor allem Kritik am kirchlichen Christusdogma. Die Verfasserschaft biblischer Schriften wird strittig und zweifelhaft (z.B. Mose kann die fünf Bücher Mose nicht selbst geschrieben haben). Historische Auslegung macht ferner den geschichtlichen Abstand zwischen Damals und Heute bewußt und läßt uns das Ferne, das Fremde der biblischen Umwelt und Zeit wahrnehmen. Eine kritische Untersuchung des Kanons zeigt außerdem, daß und wie die Zusammenstellung unterschiedlicher Schriften im Alten Testament und im Neuen Testament

Ergebnis von Entscheidungen in der Gemeinde, als kirchliche Entscheidung also „Tradition" war. Die Unanfechtbarkeit, kurzum: die Autorität der Bibel wird strittig und zweifelhaft. Die bloße Berufung auf die Bibel, ein Schriftpositivismus gemäß dem Grundsatz: „So steht es in der Bibel", reicht zur theologischen Begründung nicht mehr aus. Die Auflösung der Lehre von der Schrift ist eine Ursache für die Grundlagenkrise des heutigen Protestantismus.

Luther konnte die „Sache" der Schrift (die „res scripturae"), nach ihm: Christus, mit der Schrift gleichsetzen, weil er drei Voraussetzungen machte:

(a) Der Wortsinn der Schrift ist mit dem historischen Sinn identisch. Für uns rückt hingegen beides auseinander: Die Evangelien übermitteln uns lediglich ihr Bild, ihr Kerygma von Jesus; aber dieses Bild muß keineswegs identisch sein mit den tatsächlichen Ereignissen und wirklichen Vorgängen. Wir lesen die Bibel eben kritisch wie andere Überlieferungen auch.

(b) Jede kritische Lektüre der Bibel macht sodann den historischen Abstand bewußt. Die Welt und die Fragen, in der Jesus und Paulus lebten, werden dadurch der Gegenwart fremd. Es sei lediglich an *Rudolf Bultmanns* Forderung nach einer Entmythologisierung des urchristlichen Kerygmas erinnert, nach einer existentialen Deutung (auf menschliches Dasein bezogene Auslegung) und an seine Kritik des Wundergedankens, Dämonenglaubens. Eine tiefe Kluft zwischen der israelitischen und urchristlichen Gedankenwelt auf der einen Seite, dem modernen Denken auf der anderen Seite tut sich auf.

(c) Sodann arbeitet die Exegese Widersprüche zwischen den einzelnen Schriften des Alten und des Neuen Testaments und auch innerhalb einer einzelnen neutestamentlichen Schrift heraus. Die Bibel insgesamt bietet keine geschlossene, einheitliche, widerspruchsfreie inhaltliche Lehre. Sie bildet keine Lehreinheit; sie ist vielmehr ein vielstimmiges, manchmal auch mißtönendes Zeugnis, polyphon, auch dissonant. Aus dem einheitlichen biblischen Gewand wird ein Patchwork ganz verschiedenartiger Schriften.

Damit ist heute als Auswirkung der historisch-kritischen Bibelauslegung eine dreifache Unterscheidung erforderlich:

(1.) Die Unterscheidung von Gottes Wort und Schrift, Bibel ist uns aufgegeben. Die Bibel ist nicht als solche bereits „heilige Schrift".

(2.) Die Bibel bedarf für heutiges Verstehen der Auslegung. Interpretation der Bibel ist eine unausweichliche hermeneutische Aufgabe. (Entmythologisierung ist nur die negative Seite der vergegenwärtigenden Interpretation, weil sie Mißverständnisse und Mißdeutungen zu vermeiden sucht.)
(3.) Die Bibel bloß formal verwendet vermag weder christliche Überzeugung noch Gemeinschaft im Glauben zu begründen.

Hinter diese Einsichten der kirchlichen Exegese und der Aufklärung kann gegenwärtiger Protestantismus nicht zurückgehen. Sie bringen allerdings theologische Verlegenheiten mit sich und sind Anlaß für eine Grundlagenkrise evangelischer Theologie. Diese Grundlagenkrise hat bereits *G.W.F. Hegel* zugespitzt so beschrieben: „Aus der Schrift sind ... exegetisch durch die Theologen die entgegengesetztesten Meinungen bewiesen, und so ist die sogenannte heilige Schrift zur wächsernen Nase gemacht worden. Alle Ketzereien haben sich gemeinsam mit der Kirche auf die Heilige Schrift berufen." *Ernst Käsemann* spitzte im 20. Jahrhundert diese These besonders griffig zu: Der neutestamentliche Kanon in seiner vorfindlichen Gestalt begründet nach ihm nicht die Einheit der Kirche, sondern die Vielzahl der Konfessionen. *Hegel* sagte sogar: „Auch der Teufel zitiert die Bibel, aber das macht eben noch nicht den Theologen", und denkt bei diesem Satz an Matthäus 4, die Versuchungsgeschichte vor Augen. *David Friedrich Strauß* formulierte 1840: „Die subjektive Kritik des Einzelnen ist ein Brunnenrohr, das jeder Knabe eine Weile zuhalten kann: die Kritik, wie sie im Laufe der Jahrhunderte sich objektiv vollzieht, stürzt als brausender Strom heran, gegen den alle Schleusen und Dämme nichts vermögen."

Einige Beispiele mögen diese Behauptungen erläutern:
(a) Das biblische Weltbild ist überholt (es war das ptolemäische, geozentrische Weltbild). Die Bibel ist jedoch kein Lehrbuch, Kompendium der Naturwissenschaften, auch nicht der Staatslehre usw. Der Konflikt zwischen der Evolutionstheorie Darwins und der biblischen Schöpfungsvorstellung belegt dies. Zu erinnern ist auch an Kontroversen um Präadamiten (Menschen vor Adam), um die biblische Zeitrechnung, um die Kugelgestalt der Erde, die Bestreitung der Denkbarkeit von „Antipoden". Naturwissenschaftliche Erklärung und biblischer Schöpfungsglaube haben unterschiedliche Perspekti-

ven. Was bedeutet dies aber für eine theologische Begründung der Schöpfungslehre? Das Verhältnis von Wunder und Kausalität ist zudem in diesem Zusammenhang zu erörtern.

(b) Die historische Exegese hat die Verschiedenheit von Altem Testament und Neuem Testament bewußt gemacht. Juden lesen das „Alte" Testament als ihre Bibel vom Talmud her, insofern anders als Christen. Der Nachweis eines expliziten Christuszeugnis des AT ist mit historisch-kritischer Exegese nicht zu erbringen. Die sogenannten messianischen Weissagungen des AT eignen sich nicht zum Beweis der Messianität Jesu. Das Verhältnis von AT und NT ist im christlich-jüdischen Gespräch sachlich strittig.

(c) Auf viele moderne Fragen findet sich in der Bibel gar keine Antwort (z.B. Bio- und Gentechnik; Kernenergie; Organverpflanzung; moderner Staat, Menschenrechte und Demokratie; aber auch gesellschaftlicher Pluralismus und neuzeitliche Wirtschaft). Eine rein biblizistische Argumentation ist oftmals mitnichten überzeugend.

(d) Im Dialog zwischen Protestantismus und römischem Katholizismus ist deshalb das Verhältnis von Tradition und Schrift wiederum neu zu bedenken. Genügt die Berufung auf „allein die Schrift", auf deren „Alleingenügsamkeit"? Und wenn die Schrift der Auslegung bedarf, ist dann nicht ein kirchliches Lehramt unverzichtbar, das die Schrift authentisch, verbindlich auslegt? Ist nicht sogar das Neue Testament in manchen Teilen selbst schon katholisch: Die Pastoralbriefe und Lukas berufen sich auf die Autorität eines Amtes, auf den Maßstab der Tradition, der Überlieferung, auf eine Bevollmächtigung durch Ordination. Katholische Exegeten sehen darin eine Kontinuität zwischen dem Frühkatholizismus im Neuen Testament und altkirchlichem Bischofsamt und Traditionsprinzip. Nicht nur der Protestantismus kann sich also zurecht auf die Schrift berufen.

(e) Nicht einmal im Blick auf den „Hauptartikel" der Rechtfertigungslehre ist das Neue Testament *rein* evangelisch. Er ist auch „katholisch". Zu denken ist an das Verhältnis von Glauben und Werken. Neben Paulus steht Jakobus im Neuen Testament. Das Matthäusevangelium betont nicht das „Allein aus Gnaden", sondern das Tun der Werke und das Gericht nach den Werken (Matthäus 25). Paulus selbst lehrt sogar ein Gericht nach den Werken. Darf man deshalb als evangelischer

Christ um des „sola gratia" willen, statt der Berufung auf das Schriftzeugnis insgesamt, das Ganze der Schrift, sich auf Paulus allein berufen (solus Paulus)?

(f) Für das Verständnis von Kirche, Amt, Heil und Werke, aber auch im Blick auf Eschatologie (die Vorstellung von der Naherwartung, der Parusie, der Wiederkunft Christi) finden sich im Neuen Testament widersprüchliche Aussagen. Solche Unterschiede betreffen sogar den Grund des Heils, die Person Jesu selbst. Sie werden ausgetragen in Debatten um die Bedeutung des historischen Jesus für den Glauben, um die Wirklichkeit der Auferstehung, um das Judesein Jesu; kurzum: um das Verhältnis von Geschichte und Glaube.

Genug der Beispiele! Sie veranschaulichen in der Tat eine „Krise", eine Infragestellung des Schriftprinzips. Nimmt man hinzu, daß die historisch-kritische Schriftauslegung neuerdings von anderen Auslegungsmethoden ebenfalls in Frage gestellt wird, wird die Diskussionslage noch komplizierter.

2.4. Die Bibel im Pluralismus

David Friedrich Strauß stellte 1840 fest (Die christliche Glaubenslehre, Band I): „Auf wissenschaftlichem Boden steht heut zu Tage der orthodox protestantische Theologe dem rechtgläubigen katholischen ungleich näher, als dem Rationalisten oder gar dem speculativen Theologen seiner eigenen Confession." Es ist kein Zufall, daß die Kontroverse zwischen Altprotestantismus und Neuprotestantismus gerade am Verständnis der Schrift aufbricht und ausgetragen wird. Fundamentalistische und historisch-kritische Bibelauslegung sind gegensätzlich und unvereinbar. Dazu kommen andere Formen der Bibelauslegung. Ein Votum des Theologischen Ausschusses der Arnoldshainer Konferenz „Das Buch Gottes. Elf Zugänge zur Bibel", 1992 nennt neben der fundamentalistischen und der historisch-kritischen Bibelauslegung ferner eine tiefenpsychologische, das Bibliodrama, sozialgeschichtliche und materialistische, feministische, narrative Bibelauslegung. Im jüdisch-christlichen Dialog hat sich eine eigene Weise des Umgangs mit der Bibel gebildet. Musik und bildende Kunst, aber auch die Literatur erschließen eigene Zugänge zur Bibel. Ein besonderes Thema ist der Bibelgebrauch in ökumenischen

Kontexten. Je nach Gesprächspartner, Katholiken, Orthodoxe, Freikirchen werden nämlich immer wieder verschiedene Bibelstellen herangezogen und diese außerdem unterschiedlich gewichtet. Der Biblizismus im ökumenischen Dialog dient also unterschiedlichen Legitimationszwecken. Die historisch-kritische Auslegung hat heute ihr Deutungsmonopol verloren. Sie hat auch ihre Grenzen. Sie schafft Distanz zur Bibel, betont das Fremde. Es kann sogar ein Mißverständnis entstehen, „als wäre die Bibel ohne solide historische Kenntnisse gar nicht mehr zugänglich" (Das Buch Gottes). Im Gegensatz zur historischen Exegese fordern manche eine „pneumatische Exegese", eine „geistliche" Schriftauslegung. Man spricht von „nachkritischer" Exegese. Das Votum will zwar gegen deren prinzipielle Ablehnung „an der historisch-kritischen Methode um der geschichtlichen Wahrheit willen festhalten". Aber es sieht auch, daß keine Methode der Bibelauslegung als solche theologische Maßstäbe für ein angemessenes Urteil sicherstellt. Evangelischer Glaube ist nämlich in seinem Kern Vertrauen, nicht Überzeugung von historischer Richtigkeit (keine „fides historica"). Denn das Evangelium, nicht die Exegese, ist Grund des Glaubens und der Glaubensgemeinschaft. Insoweit hat die wissenschaftliche Bibelauslegung keine konstitutive Bedeutung für Glaube und theologische Erkenntnis, so unentbehrlich sie auch zur Kontrolle und Korrektur ist. Die Frage nach der „Mitte der Schrift", nach dem „Kanon im Kanon", läßt sich nicht von der wissenschaftlichen Exegese allein her klären. Es gilt kein „allein die Exegese".

Ist dieser Sachverhalt zutreffend, dann wird der Umgang mit und der Zugang zur Bibel für ein protestantisches Verständnis Sache der persönlichen Überzeugung und der intellektuellen Redlichkeit. Eine „Kultur der Bibel" setzt allerdings voraus, daß die Bibel gelesen wird. Bibelkenntnis ermöglicht erst einen selbständigen Umgang mit der Bibel. Wenn die Bibel selbständig gelesen wird und nicht eine kirchliche Lehrautorität oder die exegetische Wissenschaft den Umgang mit der Bibel normieren, wird die Bibellektüre pluralistisch. Pluralismus heißt aber oft: Relativierung biblischer Überlieferung. Ein inhaltlich und formal einheitliches evangelisches „Schriftprinzip" ist offensichtlich dann nicht mehr Konsens. Der Umgang mit der Bibel wird zu einer Sache persönlicher Überzeugung. Ob es dann noch sinnvoll ist, in theologischen

Ausschüssen oder anderen Gremien festzulegen, wie die Bibel richtig zu lesen sei, also wie die biblischen Aussagen zu Kreuz, Auferstehung, Abendmahl oder christliche Hoffnung von evangelischen Christen verbindlich zu verstehen seien, ist dann zu diskutieren. Keine kollektive Bibelauslegung noch ein Ersatz des päpstlichen Lehramtes durch die Lehrautorität der Exegeten entspricht protestantischem Selbstverständnis. *Martin Luther* berief sich auf den Apostel Paulus, als er dem Papst und der Autorität der römischen Kirche das Laienurteil entgegensetzte. Jedem Christen sei die Verheißung gegeben, daß sie alle von Gott gelehrt seien (Johannes 6,45). Dies schafft einen Geist der Freiheit, alles Tun und Lassen in der Kirche „nach unserm gläubigen Verstand der Schrift zu richten".

Der einzelne Bibelleser, ob er nun gebildet oder schlicht sei, wird in der Reformation neu ins Recht gesetzt. Der Verlust einer uniformen Bibelauslegung hat zur positiven Kehrseite eine vielfältigere, manchmal erbaulichere, manchmal weniger erbauliche aktualisierende Deutung der Bibel. Damit diese Auslegung nicht in Willkür sich verkehrt, bedarf es jedoch einerseits der Kontrolle durch genaue und sachkundige historisch-kritische Exegese, andererseits der Besinnung auf das Gemeinsame des evangelischen Glaubens, auf das wesentlich Christliche.

2.5. Die Frage nach der „Mitte der Schrift"

Die Darstellung der sogenannten Krise des Schriftprinzips war bislang Analyse und sollte noch keine abschließende Bewertung geben. Aus dieser Analyse sind abschließend noch *Folgerungen* zu ziehen. Das Verhältnis von Protestantismus und Bibel ist seit der Aufklärung und infolge der historisch-kritischen Schriftauslegung schwieriger und vielschichtiger geworden. Zunächst ist nochmals festzuhalten, daß ein bloßer Biblizismus, ein Schriftpositivismus heute in der wissenschaftlichen Theologie nicht mehr ausreicht. Die Behauptung, Theologie spreche nur das biblische Zeugnis nach, ist schief und unzureichend. Notwendig sind historische Kenntnis, systematische Reflexion und Urteilsvermögen, Kenntnis der Gegenwart und humanwissenschaftliche Einsichten. Die Aufgaben theologischer Begründung und Interpretation insgesamt

sind daher anspruchsvoller geworden. Für Theologie und Kirche seien darum drei Aufgaben genannt:
(a) Die *Laienkompetenz* in der Bibelauslegung ist im Protestantismus wiederzugewinnen. In der Reformationszeit war die Berufung auf die Bibel das Recht jedes Christen. Die wissenschaftliche Exegese droht hingegen die richtige Auslegung zum Privileg der Spezialisten, der Experten zu machen. Ein Laie ist gegenüber dem Urteil des Fachmanns oftmals hilflos. Er kann ja nicht selbst kontrollieren und widersprechen. Eine Folge der spezialisierten Bibelauslegung ist auch eine Bibelvergessenheit der Laien. Viele Protestanten kennen ihre Bibel gar nicht mehr. Deshalb ist es so wichtig, daß die Bibel vom Laien, von jedem Christen gelesen, gekannt und benutzt wird. Dazu sind nicht besondere Fachkenntnisse vorauszusetzen, sondern es geht um die Bibel als Quelle, Ursprung des Glaubens.
(b) Wer die Laienkompetenz respektieren will, muß sich auf das *Wesentliche*, das Zentrale konzentrieren. Die Bibel ist Quelle des Glaubens, „Heilsbrunnen", nicht eine allumfassende Lehrnorm, ein Lehrsystem oder ein Kodex von Gesetzesvorschriften. Evangelium und Glaube bilden daher die Mitte der Schrift. Das war und ist eine reformatorische Einsicht und Grundüberzeugung. Sie gilt heute nach wie vor und unverändert. *Luther* betonte, was „Christum treibet", das Evangelium, sei der Inhalt der Schrift. Dieser Inhalt ist jedem zugänglich. Der Katechismus als „Laienbibel" leistet dabei Verstehenshilfe. Ist dem aber so, dann ist die persönliche Erfahrung, die eigene Glaubenserfahrung, das Getroffensein des *Gewissens* das Kriterium der inneren Wahrheit des Bibelzeugnisses. In diesem Sinne gehören Glaube und Wort untrennbar zusammen. Allein in der eigenen, persönlichen Erfahrung wird das Bibelwort richtig vernommen. Das besagt abgrenzend: Problematisch ist jede offizielle Festlegung auf Bibelworte oder eine Bibelauslegung, sei diese fundamentalistisch oder synodal beschlossen. Die Berufung auf Bibelzitate in kirchlichen Texten ist gelegentlich fragwürdig. Sie dienen manchmal bloß einer Legitimation – und wirken unter Umständen sogar wie vor 1989 Marxzitate in kommunistischen Erklärungen. Letzte Autorität ist nämlich nicht das bloße Bibelzitat, sondern die eigene Gewissensüberzeugung; das ist protestantisch. Die Bibel bezeugt und beschreibt das Kommen

Gottes zum glaubenden Menschen. Sie ist deshalb das Buch des Glaubenden. Kirchliche Gremien und Instanzen sind hingegen immer wieder in der Versuchung und Gefahr, die Berufung auf das Schriftzeugnis instrumental einzusetzen und damit die Autorität der Bibel für eigene Zwecke und Ansichten zu benutzen (schlimmstenfalls zu versuchen, mit Hilfe der Bibel andere Menschen zu manipulieren).

(c) Ein der Reformation verpflichteter Protestant wird auch im Umgang mit der Bibel *wahrhaftig, intellektuell* redlich bleiben. Gerade darum wird er zwischen der Schrift, der Bibel und dem Evangelium unterscheiden. Die Bibel an sich ist nicht Wort Gottes, sie bezeugt nur Gottes Wirken und Gottes Reden. Die Unterscheidung von Schrift und Wort Gottes nötigt deshalb zu drei Fundamentalunterscheidungen:

(1.) *Gotteswort und Menschenwort.* Gottes Wort begegnet uns stets nur in menschlichen Worten. Die biblischen Schriften als solche sind menschliches Zeugnis. Sie sind deshalb irrtumsfähig. Die biblischen Texte sind daher auch nicht von vornherein einer kritischen Auslegung entzogen, wie der Koran. Anders als im Islam ist im Christentum nicht ein unantastbares, unfehlbares Buch, der Koran, die Grundlage, sondern eine Person, Jesus Christus. Der Glaube verdankt sich der Menschwerdung Gottes, nicht der Buchwerdung.

(2.) *Gesetz und Evangelium.* Gottes Wort ist Wort des lebendigmachenden Gottes, und das heißt Verheißung, Zusage (promissio), nicht primär moralische Forderung, „Gesetz". Das Gesetz, das auch von Gott stammt, ist Forderung. Forderungen sind zu erfüllen. Der Verheißung, dem Evangelium, das Kommen Gottes ohne Bedingungen, allein aus Gnade (sola gratia) zuspricht, entspricht dagegen allein der Glaube. Für *Luther* ist deshalb die Unterscheidung von Gesetz und Evangelium „die höchste Kunst in der Christenheit". Die Wahrheit des Glaubens kann folglich allein in Freiheit empfangen werden. Evangelium ist wahrmachendes und freimachendes Wort.

(3.) *Buchstabe und Geist.* Mit dieser Unterscheidung, die auf den Apostel Paulus (2. Korinther 3) und den Kirchenvater *Augustin* zurückgeht, ist nicht die Unterscheidung von Materiellem und Spirituellem, von Leib und Geist angesprochen (so lautete *Origenes* Begründung der Allegorese, der geistlichen Schriftauslegung). Vielmehr geht es um Gottes Leben schaffendes Wirken (um das opus dei). Gottes Wort schafft Leben, indem es Glauben wirkt. Ohne „Schrift" entsteht kein Leben. Aber wenn die Schrift Buchstabe bleibt, bleibt sie totes Wort, ja wird sogar zum tötenden Wort. Ohne Buchstabe gibt es wiederum keinen Geist. Aber der Buchstabe allein bewirkt kein Leben. Das lebendige Wort des Evangeliums (die viva vox evangelii) bedient sich der Bibel als Mittel des Geistwirkens Gottes.

Beim Thema Protestantismus und Bibel geht es insgesamt nicht vordringlich um einen historischen Rückblick oder um eine Problemanzeige, sondern um das Protestantische selbst, um das „Wesen" evangelischen Glaubens. Ohne das „Allein die Schrift" ist auch ein „Allein Christus", „Allein der Glaube", „Allein die Gnade" nicht möglich. Damit sei abschließend die Frage festgehalten: Was ist das unaufgebbare Evangelium, auf das sich der evangelische Christ beruft? Es sind dies das Erste Gebot, der gekreuzigte und auferweckte Christus, die Erwartung des Heiligen Geistes, also der Inhalt der drei Glaubensartikel. Das ist die Summe evangelischen Glaubens. Da freilich Glaube vom Aberglaube und Kleinglaube bedroht ist, ist ein Protestant gerade im Umgang mit der Bibel auf die „Ehrfurcht vor der Wahrheit" verpflichtet (so *Erich Gräßer* in Aufnahme von *Albert Schweitzers* Bibelverständnis). Protestantisches Selbstverständnis fordert nicht das Opfer der Vernunft (das sacrificium intellectus). Evangelischer Glaube und protestantische Frömmigkeit sind vielmehr denkende Frömmigkeit und Suche nach der Wahrheit. Wahrheit kann aber jeweils nur in Freiheit erkannt und angenommen werden.

§ 3 PROTESTANTISCHE FREIHEIT

3.1. Protestantismus als „Religion der Freiheit" und Theologie der Befreiung

Der Philosoph *Georg Friedrich Wilhelm Hegel* nannte den Protestantismus „Religion der Freiheit". Nach *Hegel* ist die christliche Religion die absolute Religion. Die Reformation ist aus dem „Verderben der Kirche" hervorgegangen. Das Verderben der Kirche hat sich aus ihr selbst heraus entwickelt. Es äußerte sich in einer Veräußerlichung des Glaubens. Die Veräußerlichung zeigt sich in der Überbewertung kirchlicher Autorität, im Wunderglauben, im Ablaßwesen, welches das Innerlichste, die Seele „auf die äußerlichste, leichtsinnigste Weise" mit Gott zu versöhnen anbietet, nämlich „mit bloßem Gelde zu kaufen" – *Hegel* spielt dabei auf den Ablaß an. Gegen diese Veräußerlichung hat „die alte und durch und durch bewahrte Innigkeit des deutschen Volkes" es vermocht, „aus dem einfachen, schlichten Herzen diesen Umsturz zu vollbringen". Während anderwärts – in Ostindien, Amerika – andere Völker neue äußere Güter und Herrschaft zu gewinnen suchten, entdeckte *Luther* „die unendliche Subjektivität, d.i. die wahrhafte Geistigkeit", wonach Christus auf keinerlei äußerliche Weise gegenwärtig und wirklich ist, sondern nur „im Glauben und im Genusse" die Versöhnung mit Gott erlebt wird. Es ist das „Herz, die empfindende Geistigkeit des Menschen, die in den Besitz der Wahrheit kommen kann und kommen soll, und diese Subjektivität ist die aller Menschen". Indem der subjektive Geist zu sich selbst in der Wahrheit kommt, ist die christliche Freiheit „wirklich geworden". Die Reformation hat damit „das neue, das letzte Panier aufgetan, um welches die Völker sich sammeln, die Fahne des freien Geistes". „Dies ist der wesentliche Inhalt der Reformation; der Mensch ist durch sich selbst bestimmt, frei zu sein". *Hegel* sieht daher im Protestantismus den Gipfelpunkt des Christentums. Freiheit und Wahrheit sind in ihm versöhnt. Die Weltgeschichte ist „Fortschritt im Bewußtsein der Freiheit". Im Protestantismus vollendet sich dieser Prozeß. Er kann sagen: „So wird zuletzt das Prinzip des religiösen und des sittlichen Gewissens ein und dasselbe in dem protestantischen Gewissen: – der freie Geist in seiner Vernünftigkeit und Wahrheit sich wissend". Ein Grundthema ist hier angeschlagen, das Verhältnis von innerer und äußerer Freiheit. Die Deutung der Reformation durch einen protestantischen Philosophen des Idealismus hat vielfachen Widerspruch erfahren – nicht nur durch Katholiken. *Hegel* sieht nämlich in der protestantischen Religion der Freiheit den Abschluß und Endpunkt der sittlichen und religiösen Entwicklung.

Was ist dies freilich für eine Freiheit, die *Hegel* vor Augen hat? *Hegel* sieht die Freiheit in der „Innerlichkeit" einer Gemütsverfassung beheimatet. *Goethe* verwandte seit 1787 den Plural „Innerlichkeiten", um die „innere Natur" eines Menschen zu kennzeichnen. Innerlichkeit tritt freilich nach *Hegel* in einem Verhalten nach außen. Sie äußert sich. Die Vermittlung von Innerem und Äußerem, von Subjektivität und Allgemeinem ist eines der großen Themen seiner Philosophie. Kronzeuge für dieses Verständnis von Freiheit als Vereinigung von Freiheit und Wahrheit im freien Geist des Menschen ist für *Hegel Luther*. *Luther* hat nämlich die Religion der Freiheit entdeckt.

Genau dieses Verständnis von Freiheit als Form der Subjektivität trifft auf Widerspruch. Sowohl *Luther* als auch das Denken des deutschen Idealismus werden für Fehlentwicklungen des deutschen Geistes insgesamt haftbar und verantwortlich gemacht. Bereits im 19. Jahrhundert wurde der deutsche Rückzug auf die Innerlichkeit beklagt, auf die Privatsphäre angeprangert und als Ursache der deutschen Provinzialität namhaft gemacht. *Thomas Mann* hat solche geistesgeschichtlichen Analysen zu einer umfassenden und prinzipiellen Kritik an Luther und am Luthertum ausgestaltet. 1933 beschrieb er die deutsche Entwicklung als den „Weg des deutschen Bürgertums ... von der Revolution zur Enttäuschung, zum Pessimismus und einer resignierten, machtgeschützten Innerlichkeit". Nach *Thomas Mann* verkörpert daher der Reformator mit seinem Verständnis von falscher Innerlichkeit und der Ablehnung äußerer Ordnung die unpolitische Haltung des Deutschen. Das protestantische Freiheitsverständnis beruht so auf einem verfehlten Freiheitsbegriff. Dieses Freiheitsverständnis ist die Ursache der nationalsozialistischen Diktatur. Im Blick auf die „Größe Martin Luthers", der mit seiner Bibelübersetzung erst die deutsche Sprache geschaffen hat, hebt *Thomas Mann* sehr kritisch hervor, Luther habe doch nichts von politischer Freiheit gewußt. *Thomas Mann* urteilt:

„Er war ein Freiheitsheld, – aber im deutschen Stil, denn er verstand nichts von Freiheit. Ich meine jetzt nicht die Freiheit des Christenmenschen, sondern die politische Freiheit, die Freiheit des Staatsbürgers – die ließ ihn nicht nur kalt, sondern ihre Regungen und Ansprüche waren ihm in tiefster Seele zuwider. Vierhundert Jahre nach ihm sprach der erste Präsident der Deutschen Republik, ein Sozialdemokrat, das Wort: ›Ich hasse die Revolution wie die Sünde‹. Das war echt lutherisch, echt deutsch. So haßte Luther den Bauernaufstand, der, evangelisch inspiriert, wie er war, wenn er gesiegt hätte, der ganzen deutschen Geschichte eine glücklichere Wendung, die Wendung zur Freiheit, hätte geben können, in dem aber Luther nichts als eine wüste Kompromittierung seines Werkes der geistlichen Befreiung sah und den er darum bespie und verfluchte, wie nur er es konnte. Wie tolle Hunde hieß er die Bauern totschlagen und rief den Fürsten zu, jetzt könne man mit Schlachten und Würgen von Bauernvieh sich das Himmelreich erwerben. Für den traurigen Ausgang dieses ersten Versuchs einer deutschen Revolution, den Sieg der Fürsten, nebst allen seinen Konsequenzen, trägt Luther, der deutsche Volksmann, ein gut Teil Verantwortung.".

Thomas Mann konzentriert die Kritik an der Reformation und an Martin Luther auf die Thematik von Innerlichkeit und Freiheit.

Der katholische Philosoph *Max Scheler* polemisierte gleichfalls gegen die Unterscheidung von innerlichem und äußerlichem Menschen bei Luther und veröffentlichte 1919 dazu eine Schrift mit dem bezeichnenden Titel: „Von zwei deutschen Krankheiten". *Scheler* nennt das Wort „Innerlichkeit" „eine der unerträglichsten Wortbildungen neudeutschen Sprachgebrauchs". Die Berufung auf die Sphäre der „reinen Innerlichkeit" diene als Deckmantel für eine ganze „Reihe menschlicher Mängel, Schwächen, ja Laster ...". Das Lob der Innerlichkeit wird als eine „große Lebenslüge" der Deutschen entlarvt. Diese „Lebenslüge" ist nach *Scheler* „zum größten Teil schon in Luther selbst gegründet". Denn ein Vergleich des vorprotestantischen Deutschlands mit dem protestantischen Deutschland zeige, daß die Reformation die Harmonie von Äußerem und Innerem zerstört hat. Luther hat die Seele mit Christus vereint gesehen, während der fleischliche Leib „seufzend schmachtet und sich im ›Schweinekoben‹ des Irdischen herumwälzt" (*Luthers* Worte). Der Passivismus und Quietismus des deutschen Luthertums, die wilhelminische Verbindung von Imperialismus nach außen und Gemüt nach innen, *Kants* Dualismus von homo noumenon und homo phaenomenon, *Schleiermachers* Sonderung der „Religion von der Moral" (in den Reden über die Religion an die Gebildeten unter ihren Verächtern) – das alles läßt letztlich sich auf Luther zurückführen.

Und schließlich hat der Philosoph *Herbert Marcuse* wirksame und weitreichende Kritik an Luthers Autoritätsvorstellung geübt. Luthers Grundfehler sei die Behauptung gewesen, geistliche Freiheit sei mit gesellschaftlicher Unfreiheit, mit „wirklicher" Unfreiheit vereinbar. Zur Wirkung von Luthers Freiheitsverständnis stellt *Marcuse* fest:

„In Luthers Schrift von der Freiheit eines Christenmenschen sind alle Elemente zum ersten Mal beisammen, die den spezifisch bürgerlichen Freiheitsbegriff konstituieren und zur ideologischen Grundlage der spezifisch bürgerlichen Autoritätsgestaltung werden: Zuweisung der Freiheit an die ›innere‹ Sphäre der Person, an den ›innerlichen Menschen‹ bei gleichzeitiger Unterwerfung des ›äußerlichen Menschen‹ unter das System der weltlichen Obrigkeiten; Transzendierung dieses Systems irdischer Autoritäten durch die private Autonomie und Vernunft. Trennung von Person und Werk (Person und Amt) mit ›doppelter Moral‹; Rechtfertigung der wirklichen Unfreiheit und Ungleichheit als Folge der ›inneren‹ Freiheit und Gleichheit."

Auch die „Theologie der Befreiung" fordert eine ganzheitliche Sicht von Freiheit. Sie ist im sozio-kulturellen Kontext Lateinamerikas entstanden und proklamiert eine umfassende Befreiung von allen Arten der Unfreiheit, von dependencia. Die Befreiung hat eine spirituelle, eine soziale, eine ökonomische, eine politische und auch kulturelle Dimension. Ein solcher Befreiungsbegriff ist umfassend. Entsprechend vielschichtig und vieldeutig ist die Auffassung von Theologie der Befreiung selbst; im Grunde kann man sogar von Befreiungstheologien nur im Plural sprechen. Von einer Aufnahme spiritueller Erfahrungen der Armen über marxistische Kapitalismuskritik oder kulturelle Rezeption lateinamerikanischen Erbes bis hin zur Forderung nach politischer Rebellion reicht im einzelnen die Programmatik. Deshalb ist nur nach dem Gemeinsamen des befreiungstheologischen Ansatzes zu fragen. Die theologischen und pastoralen Reformimpulse des Zweiten Vatikanischen Konzils sollen von ihm in die Situation der Ungerechtigkeit, Verelendung und Unterdrückung Lateinamerikas praktisch umgesetzt werden. Leitmotive wie „Kirche der Armen", „Kirche des Volkes", „integrale Entwicklung" verbinden sich Ende der 60er Jahre mit einem innerkirchlichen Aufbruch und einem politischen Umbruch in Lateinamerika. Auf diesem geistesgeschichtlichen Hintergrund nachkonziliarer theologischer Reflexion, marxistischer Gesellschaftstheorie mit der Abhängigkeits- und Dependenztheorie und kultureller Neubesinnung entsteht ein neues Paradigma von Theologie. Die Theologie der Befreiung versteht sich (a) als eine neue Art, Theologie zu treiben. Sie sieht ihren Ausgangspunkt in der historischen Praxis, nicht in der Reflexion. Das prägt ihre Methode, welche die „Zeichen der Zeit" beachten will und den Dreischritt Sehen – Urteilen – Handeln anwendet. Auf eine kritische sozialwissenschaftliche Analyse folgt eine theologische Bewertung, die mit Hilfe von Schrift und Tradition urteilt; die Praxis pastoralen, sozialen, kulturellen und politischen Handelns ist das Ziel. (b) Der Befreiungsbegriff soll „integral" verstanden werden. Eschatologisches Heil und politischer Freiheitskampf spielen ineinander. Heilsgeschehen und Profangeschichte verbinden sich, zumal die drei Bedeutungsebenen von sozialer, kulturell-geschichtlicher und der theologischen Befreiung „sakramental" ineinander übergehen angesichts einer Situation struktureller Ungerechtigkeit. (c) Ein zentrales Thema ist die innerkatholische Auseinandersetzung um das Kirchenverständnis, um eine „Kirche der Armen", eine „Kirche des Volkes", um die Autorität der Hierarchie und um die Hinwendung zur Volksreligiosität (Indigenisation).

Eine Darstellung der verschiedenen Strömungen und Anliegen der Befreiungstheologien und deren Diskussion ist in diesem Zusammenhang nicht möglich. Dazu sind Konzepte, Argumente, aber auch kritische Einwände zu umfangreich und umfassend. Die kritische Anfrage ist vielmehr lediglich, ob nicht eine „Theologie der Befreiung" das reformatorische Freiheitsverständnis inzwischen beerbt und damit „aufgehoben" hat. Wäre dem so, dann wäre die protestantische Freiheit nur noch von historischem Interesse und von antiquarischer Bedeutung; eine ökumenische, in diesem Sinne durchaus „katholische" Befreiungstheologie hätte den Protestantismus in sich aufgesogen und beerbt. Um diese Frage zu klären, sind zunächst einige historische Hinweise erforderlich.

3.2. Der reformatorische Ansatz

Bislang wurde lediglich die Polemik gegen und die Kritik an Luthers Freiheitsverständnis betrachtet. Nun gilt es, die reformatorische Stimme selbst zu Gehör zu bringen. Der grundlegende Text ist dabei *Luthers* kurze Schrift „Von der Freiheit eines Christenmenschen", 1520, mit dem vorangestellten Sendbrief an Papst Leo X. Im Sendbrief macht Luther nochmals dem Papst ein Angebot zur Verständigung; das Wort Gottes, das alle Freiheit lehrt, soll und darf nicht gefangen sein. Nach diesem Verständigungsangebot entfaltet *Luther* im Freiheitstraktat im Anschluß an den Apostel Paulus (1. Korinther 9,19) eine Doppelthese:

„Ein Christenmensch ist ein freier Herr über alle Dinge und niemandem untertan. Ein Christenmensch ist ein dienstbarer Knecht aller Dinge und jedermann untertan."

Eine derartige Dialektik von Freiheit und Dienstbarkeit begründet *Luther* zunächst mit dem Verweis auf eine doppelte Natur des Menschen. Nach der Seele ist der Mensch ein geistlicher, neuer, innerlicher Mensch, nach Fleisch und Blut wird er ein leiblicher, alter und äußerlicher Mensch genannt. Diese anthropologische Unterscheidung ist alt und traditionell. Sie findet sich vorchristlich schon bei *Platon;* der Apostel Paulus bediente sich gleichfalls ihrer (2. Korinther 4,16; Galater 5,17). *Augustin* nahm sie auf. Die Mystik kennt sie. Sie ist also *Luther* vorgegeben. *Luther* nimmt diese Unterscheidung freilich so auf, daß er mit ihrer Hilfe seine Schrift gliedert. Im ersten Teil geht es um die *innere Freiheit*, um den Glauben, um Christus und um das Evangelium, den Grund des Glaubens. Im zweiten Teil geht es um das Handeln des *äußeren Menschen*, um die dem Christen in der Welt gestellten Aufgaben. Den Menschen frei, fromm und vor Gott gerecht machen kann nämlich kein äußerliches Werk, keine Anstrengung des Menschen. Allein das Wort Gottes, das Evangelium, die Predigt von Christus macht die Seele, das Herz wahrhaft frei. Die Annahme dieses Wortes erfolgt im Glauben. Dazu ist in der Schrift zwischen Gebot oder Gesetz Gottes und Verheißungen oder Zusagen zu unterscheiden. Die Gebote fordern, geben aber nicht die Kraft zur Erfüllung. Allein das Evangelium macht frei und ermächtigt das Herz zum Tun des Guten. In einem eindrücklichen Bild, einem Vergleich, veranschaulicht *Luther* die Vereinigung der Seele mit Christus und seinem Wort mit dem Verhältnis von Braut und Bräutigam. Er spricht hier von einem fröhlichen Wechsel und Streit, in welchem die Gerechtigkeit Christi dem Sünder zugeeignet wird. Eine Folge dieser Beziehung des Glaubens zu Christus durch das Wort ist die Unmittelbarkeit des Gottesverhältnisses. Der Glaubende bedarf keiner Mittlerinstanz. Für *Luther* folgt aus seinem Verständnis des Glaubens unter Berufung auf 1. Petrus 2,9 das Allgemeine Priestertum aller Glaubenden. In der Christenheit gibt es keinen qualitativen Unterschied zwischen Priestern und Laien. Das Evangelium macht Herz und Gewissen frei. Evangelium ist Ruf zur Freiheit.

Im zweiten Teil hebt *Luther* diese innere Freiheit des Glaubens ab von den *äußeren Verpflichtungen* jedes Christen. Der Christ wird zwar allein durch den Glauben innerlich frei; da er aber in der Welt lebt, muß ein Christ sich selbst beherrschen lernen. Vor allem lebt der Mensch nicht als vereinzeltes Individuum, sondern steht in Gemeinschaft mit anderen. Im Zusammenleben mit anderen ist es ihm geboten, gute Werke zu tun. Gut sind seine Werke, wenn sie dem Nächsten nützen. Aber ein solches selbstloses Tun der Liebe kann nur ein freies Herz vollbringen. *Luther* zitiert als Beleg dafür „zwei Sprüche": „Gute fromme Werke machen nimmer mehr einen guten frommen Mann, sondern ein guter frommer Mann vollbringt gute Werke. Böse Werke machen nimmer mehr einen bösen Mann, sondern ein böser Mann macht böse Werke.

Also, daß aller Wege die Person muß gut und fromm sein vor allen guten Werken und gute Werke folgen und ausgehen von der frommen guten Person." Das ist der Sinn der Aussage, der Glaube in Erfüllung des ersten Gebotes sei das eigentliche gute Werk. Denn das Vertrauen zu Gottes Tun erweckt die Spontaneität der Liebe. Spontane Liebe ist *sehende* Liebe. Sie nimmt wahr, wessen der Mitmensch bedarf. *Luther* präzisiert daher seine Eingangsthese am Ende der Freiheitsschrift: „Ein Christenmensch lebt nicht sich selbst, sondern in Christus und seinem Nächsten, in Christus durch den Glauben, im Nächsten durch die Liebe. Durch den Glauben fährt er über sich in Gott, aus Gott fährt er wieder unter sich durch die Liebe, und bleibt doch immer in Gott und göttlicher Liebe." Die Unterscheidung von innerlichem und äußerlichem Menschen hat am Ende mit der Unterscheidung von Glaube und Liebe zu tun. Nur deswegen kann *Luther* so betont erklären: „Siehe, das ist die rechte, geistliche, christliche Freiheit, die das Herz frei macht von allen Sünden, Gesetzen und Geboten, welche alle andere Freiheit übertrifft wie der Himmel die Erde." Bei dieser Feststellung wird allerdings nicht bestritten, daß es eben auch noch andere Freiheiten gibt. *Luthers* Grundthese zielt also eben nicht auf eine Bereichstrennung von Innerlichkeit und äußerlichem Leben, von Freiheit des inneren und Knechtschaft des äußeren Menschen. Vielmehr wird von ein- und demselben Menschen Gegensätzliches gesagt. Die Gegensätzlichkeit will einen Unterschied einüben, nämlich die Fundamentaldifferenz zwischen Gott und Welt, zwischen Gottes Werk (opus dei) und dem Werk des Menschen (opus hominis). *Luther* geht gerade nicht davon aus, daß der Mensch in sich selbst, im letzten Kern frei ist. Gerade im Kern, im nucleus ist der Mensch in sich selbst gefangen, in sich verkrümmt („homo incurvatus in se ipsum"). Die Betonung der Seele als Ort des Glaubens empfiehlt nicht die Flucht oder den Rückzug in die Innerlichkeit, sondern hat seine Ursache in der Sünde des Menschen. Deshalb kommt, pointiert gesagt, allein Gott absolute Freiheit zu. *Luther* bedient sich der Unterscheidung von inwendigem und äußerlichem Menschen, um anthropologisch den „Wirklichkeitsbezug und Erfahrungsgehalt des Evangeliums" zu veranschaulichen *(E. Jüngel)*. Das innere Freiwerden der Person durch den Glauben ist insofern die Voraussetzung für die Äußerungen, das Aussichheraustreten der

Liebe. Die eingangs zitierte Kritik an *Luther,* der die deutsche Misere falsch verstandener Innerlichkeit verursacht habe, blendet den *theologischen* Gehalt von *Luthers* Freiheitsschrift aus. Wird die Fundamentaldifferenz von Gott und Welt nicht beachtet und bedacht, so wird in der Tat die Innerlichkeit zur bloßen Fluchtburg aus der sich selbst und damit dem Bösen überlassenen Welt. Vergessen wird dabei, daß Freiheit immer umstritten ist.

3.3. Die Strittigkeit der Freiheit

Die Parole Freiheit klingt zunächst eindeutig. Sie ist es freilich gerade nicht. Das war schon zu Luthers Zeiten so. *Gottfried Maron* hat historisch Luthers Freiheitsverständnis mit den anderen Freiheitsmodellen seiner Zeit verglichen. Papst und Klerus forderten die Freiheit der Kirche, die libertas ecclesiae. Sie verlangten für die geistliche Gewalt, vor allem für den Papst, daß sie von niemandem gerichtet wird und niemand untertan sein soll. *Papst Gregor VII.* lehrte: Der Papst wird von niemand gerichtet, er richtet aber alle. Es ging dabei vor allem um Privilegien der Kleriker, um Immunitäten. Im 16. Jahrhundert wurde ferner um politische Freiheit gekämpft. Es gab ein Ringen um *ständische* Freiheiten. Die Bauern forderten unter Berufung auf das alte Recht ihnen zustehende Freiheiten. *Ulrich von Hutten* kämpfte für die *nationale* Freiheit. Unabhängig und neben dem politischen Ringen um Freiheit steht die *philosophische* Freiheitsdiskussion. Dabei geht es um das Vermögen des Menschen, um den freien Willen („liberum arbitrium"). Zwischen Luther und Erasmus war dies der Streitpunkt in der Auseinandersetzung um den „unfreien" Willen. Und schließlich brach ein schwärmerisches Verständnis von Freiheit auf. *Thomas Müntzer* (1490-1525) verkörpert dieses Verständnis von Freiheit als Ereignis eschatologischer Befreiung in der Gegenwart. Er verkündete: „Das Volk wird frei werden, und Gott will allein Herr darüber sein."

Von allen diesen Freiheitsauffassungen unterscheidet sich *Luther* charakteristisch: (1.) Christliche Freiheit ist für *Luther* nicht die libertas ecclesiae, Freiheit der Kirche, sondern Freiheit Christi. Freiheit ist Geschenk Christi. (2.) Christliche Freiheit ist nicht ständisch-politische Freiheit, sondern geistliche Freiheit. (3.) Diese Freiheit verdankt sich dem Wort, sie ist nicht psychologische Freiheit und auch nicht als psychologische Freiheit „innere" Freiheit. (4.) Sie ist auch keine absolute, umfassende Freiheit, wie dies im Anspruch der Schwärmer und Enthusiasten gefordert wird. (5.) Schließlich legitimiert sie aber auch nicht äußere Unterdrückung. Sie begründet keinen Staatsabsolutismus. Die Unterscheidung von weltlicher und geistlicher Freiheit und Gerechtigkeit, von iustitia civilis und iustitia spiritualis, die in der reformatorischen Unterscheidung des weltlichen Regiments und des geistlichen Regiments als vor Gott und vor Welt angelegt ist, ermöglicht und nötigt auch zu Differenzierungen im Freiheitsverständnis.

Man kann die Schichten im Begriff und Verständnis von Freiheit mit den Schalen einer Zwiebel vergleichen. Die äußerste Schale bildet die politische Freiheit. Die Antike hat erstmals diese Freiheit entdeckt. Der „freie" Mann unterscheidet sich vom „Unfreien", vom Sklaven. Ursprünglich hatte Freiheit, eleutheria (griechisch), libertas (lateinisch) keine philosophische Bedeutung. Frei ist, wer politisch unabhängig ist. Autarkeia, Unabhängigkeit und Autonomia, Selbstbestimmung sind Synonyme zu Freiheit. Der Freie ist unabhängig vom äußeren Zwang. Die Stoa entdeckte etwas später dann Freiheit als philosophisches Thema. Sie reflektierte die Willensfreiheit, die Handlungsfreiheit, die Wahlmöglichkeit (wie schon Aristoteles). Freiheit ist, philosophisch betrachtet, innere Unabhängigkeit. Die Frage der Handlungsfreiheit wird in der Philosophiegeschichte unter den Stichworten Determinismus und Indeterminismus erörtert. Die Stoa betonte insbesondere Freiheit als Kraft der Selbstbeherrschung, als Herrschaft des Menschen über seine Affekte. Von dieser psychologischen und philosophischen Freiheitsauffassung nochmals zu unterscheiden ist die theologische (oder auch eine metaphysische, transzendentale) Sicht. Wie kann ein Mensch überhaupt frei sein und frei werden? Das ist die Fragestellung des Neuen Testaments. In dieser Frage geht es um die Zuordnung von Gnade Gottes und Entscheidung des Menschen, von Allmacht und Allwirksamkeit Gottes einerseits, Freiheit des Menschen andererseits. Die tieferen grundsätzlichen theologischen Überlegungen zur Allmacht, zur absoluten Macht Gottes („potentia absoluta dei") und zum unfreien Willen des Menschen („servum arbitrium") haben hier ihren Sinn. Im Neuen Testament erinnert das Johannesevangelium an die Unfreiheit des Sünders und an die Befreiung durch das Wort Jesu (Johannes 8,31-38). Die Wahrheit wird die Jünger Jesu frei machen (Johannes 8,32). Der Apostel Paulus verkündet in derselben Weise Freiheit als Befreiung von Sünde und Gesetz. Christus hat zur Freiheit befreit. Die Christen sollen in der Freiheit bestehen und nicht unter das Joch der Knechtschaft zurückkehren (Galater 5,1). Sie sind zur Freiheit berufen; Freiheit soll aber nicht zum Freibrief für das „Fleisch" (die Selbstsucht) benutzt werden; in der Liebe diene vielmehr einer dem anderen (Galater 5,13). Freiheit ist darum, wo der Geist des Herrn ist (2 Korinther 3,17). Martin Luther steht mit seiner theologischen Deutung von Freiheit in der Linie von Paulus und Augustin. Zusammenfassend kann man typisierend drei Auffassungen von Freiheit unterscheiden:

1. Die äußere Freiheit bezieht sich auf das Verhältnis und meint „tun, was man will". Sie betrifft vor allem die politische Dimension. 2. Im Bezug des Menschen zu sich selbst bedeutet Freiheit „Wollenkönnen". Sie ist sittliche oder psychologische Freiheit. 3. Schließlich bezeichnet Freiheit die anthropologische Grundverfassung. Philosophisch ist sie transzendentale Freiheit, theologisch „Geschenk der Freiheit", die Freiheitserfahrung des Glaubens. Die unterschiedlichen Dimensionen oder Formen der Freiheit hängen zwar miteinander zusammen; sie sind dennoch gleichwohl voneinander zu unterscheiden. Denn den verschiedenen Ebenen der Freiheit entsprechen unterschiedliche Instanzen der Freiheit, die Freiheit gewähren und denen gegenüber der Mensch frei ist. *Politische* Freiheit bezieht sich auf Staat und Recht; die *Willensfreiheit* betrifft das Selbst der Person; die geistliche, *theologische* Freiheit stellt vor eine letzte Instanz, vor Gott.

Was ist nun protestantische Freiheit? Nur innere Freiheit? Oder auch eine Form äußerer, politischer Freiheit?

Die Sachlage ist allerdings komplizierter als die Unterscheidung der drei Ebenen erkennen läßt. Diametral einander konfrontiert werden nämlich heute ein libertäres und ein kommunikatives Freiheitsverständnis. Eine zugespitzt liberalistische Sicht versteht Freiheit rein individualistisch. Freiheit ist individuelle Selbstbestimmung. Eine derartig radikal individualistische Auffassung sieht Freiheit deshalb nur vom Einzelnen her und seinem Recht auf Selbstverwirklichung. Die Gemeinschaftsbezogenheit des Einzelnen bleibt ausgeklammert. Dagegen hebt eine kommunikative oder kommunitäre Sicht auf die Zusammengehörigkeit von Individuum und Gemeinschaft ab. Das ist die Fragestellung unterschiedlicher Vertreter einer politischen Philosophie des *Kommunitarismus* im englischsprachigen Raum. Christliches Verständnis von Freiheit kann nur kommunikativ oder kommunitär sein. Denn ein Christ gehört als Glied zum Leib Christi. Taufe und Abendmahl stellen in die Gemeinschaft der Christen. Luthers Dialektik von Freiheit im Glauben und Dienstbarkeit in der Liebe ist somit Ausdruck eines kommunikativen Freiheitsverständnisses.

Noch schwieriger wird die Klärung des strittigen Sachverhalts, wenn man überdies den „Irrtum der negativen Freiheit" *(Charles Taylor)* bedenkt. Die rein individualistische Sicht versteht nämlich Freiheit als Abwesenheit von Zwang. Während negative Freiheit politisch ausschließlich im Sinne der Unabhängigkeit des Individuums von der Einmischung anderer definiert wird, stellen Theorien „positiver Freiheit" diese in den Kontext des gemeinschaftlichen Lebens. Nun sind die Konzepte positiver Freiheit ihrerseits wiederum sehr unterschiedlich. Sie können eine harte und strenge kollektive Kontrolle des gemeinschaftlichen Lebens fordern und vertreten (wie z.B. Jean Jacques Rousseau und Karl Marx). Die Freiheit wird dadurch sozialer Kontrolle unterworfen und mit kollektiver Selbstregierung identifiziert. An der Spannung zwischen negativer und positiver Freiheit zeigt sich wiederum, daß das Verständnis von Freiheit nicht lediglich eine Frage der Abwesenheit äußerer Hindernisse und von außen kommender Zwänge ist, sondern gerade auch eine Frage der inneren Motive. „Hintergrundkonzeptionen", (so der Philosoph *Charles Taylor*) sind für Begründung und Prägung von Motivationen grundlegend. Jede Zuschreibung von Freiheit ist erst vor einem Hintergrundverständnis plausibel, welches *Ziele* benennt und die Zuordnung von Freiheit und Unfreiheit verknüpft mit der Enttäuschung oder Erwartung von Zielen, die sich ein Mensch setzt. *Taylors* Diagnose, wonach eine extrem negative Auffassung von Freiheit unhaltbar und falsch ist, ist auch theologisch relevant. *Taylor* benutzt dabei drei Kriterien: Einmal ist zu prüfen, ob ein Möglichkeitskonzept oder Verwirklichungskonzept zugrunde liegt. Das Möglichkeitskonzept der Freiheit sieht diese abstrakt, losgelöst von den realen Gegebenheiten. Eine Durchsetzung von Freiheit ist jedoch abhängig von realen Vorgegebenheiten. Sodann sind die *Motive*, welche die Freiheitsforderung hervorbringen, zu prüfen. *Warum* wollen Menschen überhaupt frei werden, was veranlaßt sie dazu? Und schließlich genügt nicht schon das individuelle Verlangen nach Freiheit, sondern es muß eine Außenbeurteilung des Subjekts erlaubt sein: Der einzige Maßstab kann nicht nur das sein, was ein Individuum selbst will, sondern es muß auch gefragt werden, was ein Tun und Wollen für Wirkungen nach außen hat. Das Streben nach Freiheit ist eben nicht nur ein hoher und schützenswerter Wert – das soll nicht bestritten werden! –, sondern auch Zeichen einer Not. Erst Unfreiheit treibt das Verlangen nach Freiheit hervor. Aber die Gewährung negativer Freiheit, aufgrund deren niemand zu etwas gezwungen wird, beseitigt nicht die Not der Freiheit. Gerade in einer freien Gesellschaft und freien Wirtschaft erfahren Menschen nach wie vor die negativen Auswirkungen individueller Freiheit (Man denke an das Phänomen Arbeitslosigkeit!). Die bloße „Freisetzung" in die Freiheit schafft deswegen noch keine Orientierung.

Auch in der evangelischen Theologie wird heute über die Alternative von „kommunikativer" und persönlicher individueller Freiheit gestritten (vgl. die Diskussion zwischen *Friedrich-Wilhelm Graf* und *Wolfgang Huber*).

Im Angesicht solcher aktueller Kontroversen behält das reformatorische Verständnis von Freiheit seine Bedeutung, ja gewinnt erst sein eigentliches Profil. Es ist nicht von vornherein als bürgerlich, bourgeois, überholt abzutun. Gerade in seiner Spannung zwischen Freiheit und Dienst der Liebe ist der Sinn einer „protestantischen" Freiheit erneut zu bedenken.

3.4. Befreites Gewissen

Der Glaube macht den Christen frei. Protestantische Freiheit ist deshalb inhaltlich Gewissensfreiheit. Statt vom Gewissen kann Luther genauso vom Herzen sprechen. Der Glaube befreit. Reformatorische Theologie ist also ebenfalls eine Form von Befreiungstheologie! „Das Gewissen ist befreit geworden, das heißt überreich frei werden." Man kann Luthers Religion „Gewissensreligion" *(Karl Holl)* und protestantische Freiheit „Gewissensfreiheit" nennen. Aber man muß wissen, was man damit sagt. Luther berief sich in Worms vor Kaiser und Reich auf sein Gewissen. Seine Antwort auf die Aufforderung des Kaisers zu widerrufen, lautet:

„Da eure Majestät und eure Herrlichkeiten eine schlichte Antwort von mir heischen, so will ich eine solche ohne alle Hörner und Zähne geben: Wenn ich nicht durch Zeugnisse der Schrift und klare Vernunftgründe überzeugt werde – denn weder dem Papst noch den Konzilien glaube ich, da es am Tage ist, daß sie sich öfter geirrt und sich selbst widersprochen haben –, so bin ich durch die Stellen der Heiligen Schrift, die ich angeführt habe, überwunden in meinem Gewissen und gefangen in dem Worte Gottes (capta conscientia in verbo Dei). Daher kann und will ich nichts widerrufen, weil wider das Gewissen zu tun weder sicher noch heilsam ist (cum contra conscientiam agere neque tutum neque integrum sit)." Letzte Urteilsinstanz ist also für ihn das Gewissen. Darin stimmt er hinsichtlich der verpflichtenden Bindungskraft auch eines „irrenden Gewissens" mit der katholischen mittelalterlichen Lehre überein. *Hegel* nennt später – gut protestantisch – das Gewissen ein „Heiligtum", das anzutasten Frevel wäre. *Gewissen* bezeichnet das Personenzentrum. Es ist nicht nur urteilende, scharfsinnige Vernunft, Rationalität. Man kann Gewissen anthropologisch „Urteilskraft des Gemüts" nennen. Aber das Gewissen ist dennoch gerade keine irrationale Größe. Es genügt nicht, zu sagen, „mein Gewissen sagt mir, aber Gründe kann ich nicht nennen". Luther hat in Worms sehr wohl Gründe für sein Gewissensurteil genannt. Es sind zwei Gründe, die Zeugnisse der Schrift und klare Vernunftgründe. Die bloße Behauptung, das Gewissen fordere etwas, genügt nicht. Man ist bei einer Berufung auf das Gewissen rechenschaftspflichtig, hat Gründe zu nennen. Außerdem sieht Luther das Gewissen im theologischen Zusammenhang. Das Gewissen ist nicht eine im Innersten verborgene „innere" Stimme. Gewissen ist gar nicht in erster Linie ein Bewußtseinsphänomen. Es steht in existentiellen Bezügen. Ein relationales Verständnis, ein Beziehungsverhältnis des Gewissens ist protestantisch. Luther sieht das Gewissen von Gesetz oder Evangelium bestimmt. „Das Gesetz macht ein blödes Gewissen, Christus ein fröhliches seliges Gewissen." Er weiß: „Ohne fröhliches Gewissen und ohne ein unbeschwertes Herz (das heißt ohne Vergebung der Schuld) kann niemand selig werden." Christus schenkt das „befreite" und „fröhliche" Gewissen, das getröstete, friedsame, stille, mutige, sichere Gewissen. Die Anklagemacht des Gesetzes und der Teufel machen hingegen das Gewissen „blöde", verzagt, erschrocken, furchtsam, schuldig. „Bei schlechtem Gewissen fürchtet man sich auch vor einem rauschenden Blatt." „Ein böses Gewissen ist die Hölle selbst, und ein gutes Gewissen ist das Paradies und Himmelreich." Das Gewissen ist der Ort der Gottesbegegnung und Gotteserfahrung. „Wie das Gewissen ist, so ist Gott." Im Gewissen wird Gottes endgültiges Gericht erfahren und vorweggenommen. „Wie sich das Gewissen gegen Gott hält, so ist es. Glaubst du, daß er gnädig sei, so ist er gnädig; fürchtest du dich vor ihm als vor einem schrecklichen Richter, so ist ers auch."

Statt vom Gewissen zu sprechen kann *Luther* auch das Wort „Herz" verwenden. In seiner Auslegung des dritten Glaubensartikels wird das Herz, der Wandel des Herzens, zu dem Ort, an dem der heilige Geist wirkt. „Der Glaube fordert das Herz, nicht den Verstand." Im Gewissen wie im Herzen waltet nicht nur der Verstand, sondern hier erweisen sich die Affekte als mächtig, und es herrschen die Affekte. Protestantische Anthropologie sieht den Menschen somit nicht nur als rational kalkulierendes, vernünftiges Wesen. Es ist kein Zufall, daß *Luther* seine Anschauung vom Gewissen insbesondere in der Auseinandersetzung um die Gültigkeit der Mönchsgelübde entwickelt hat. In der lateinischen Schrift „Von den Mönchsgelübden" („De votis monasticis", 1520) betont er erstmals die evangelische Freiheit als Gewissensfreiheit: „Es gibt eine christliche Freiheit oder eine evangelische Freiheit des Gewissens, die das Gewissen von Werken befreit, nicht daß diese unterbleiben, sondern daß man nicht auf sie vertraut. Das Gewissen ist nicht eine Kraft zum Handeln, ein moralischer Antrieb, sondern urteilende Kraft, welche über Werke urteilt." Der *moralische* Auftrag des Gewissens ist nach reformatorischer Sicht sogar nachgeordnet, zweitrangig. Zuerst muß das Gewissen „*theologisch*", durch den Glauben befreit werden, ehe es „moralisch" handlungsfähig ist. Das ist die Pointe der reformatorischen Neubestimmung des Gewissens:

„Es gibt eine Freiheit vom Gesetz, den Sünden, dem Tod, der Macht des Teufels, Gottes Zorn, dem letzten Urteil. Wo? Im Gewissen. Da bin ich nämlich gerecht (gerechtfertigt), weil Christus ein Befreier ist und freimacht, nicht fleischlich, politisch, teuflisch, sondern theologisch (d.h. vor Gott), und das heißt: nur im Gewissen."

Die Erinnerung an Luthers Aussage – „nur im Gewissen" – macht deutlich, daß es nach wie vor ein spezifisch „evangelisches", ein protestantisches Verständnis von Gewissen und Freiheit geben kann. Der protestantische Mensch sieht sich im Gewissen unmittelbar vor Gott gestellt. Deshalb, und nur deshalb, ist die christliche Freiheit von der weltlichen, politischen Freiheit zu unterscheiden. Solche Unterscheidung bedeutet jedoch keineswegs Gleichgültigkeit gegenüber der äußeren Freiheit. Der Protestantismus ist nicht emanzipationsfeindlich. Aber die Beseitigung von rechtlicher, politischer oder geistiger Unfreiheit und der Abbau von Benachteiligungen und Diskriminierung ist eine Aufgabe der Vernunft und des politischen Handelns. Das Wissen um die Unverfügbarkeit der inneren Freiheit des Glaubens macht die rechtliche Sicherung von Grundfreiheiten und Grundrechten nicht überflüssig. Grundfreiheiten als solche vermitteln allerdings nicht die „evangelische" Freiheit. Der Protestantismus hat sicherlich in der Geschichte beim Eintreten und bei der Verwirklichung der Grundfreiheiten immer wieder versagt. Dieses geschichtliche Versagen hat aber seinen Grund mitnichten im „Wesen" des Protestantismus. Das Ziel evangelischer Freiheit des Gewissens ist gerade nicht uneingeschränkte und schrankenlose Selbstbestimmung und Selbstverwirklichung, sondern Selbstverantwortung.

3.5. Der theologische Grund der Freiheit

Abschließend ist nochmals das theologische Verständnis von Freiheit herauszuarbeiten. Das Entscheidende ist gesagt. Ein Christ ist ein freier Herr im Glauben und ein freier Knecht in der Liebe. „Du bist aller Dinge frei bei Gott durch den Glauben; aber bei den Menschen bist du jedermanns Diener durch die Liebe." Das reformatorische Verhältnis von Glaube und Liebe ist darin begründet. Prägnant lautet eine Kurzformel *Luthers*: „Der Glaube ist der Täter, die Liebe ist die

Tat." Statt von Glaube und Liebe kann man auch von Glaube und Werken sprechen. Liebe tut Werke. Welche Werke tut freilich die Liebe? Die reformatorische Bewertung der „Guten Werke" ist eine der schwierigsten Lehrgegenstände. Denn die Reformation hat eine mittelalterliche Frömmigkeit und Theologie bekämpft, die das Heil des Menschen abhängig machte von dessen eigener Leistung, vom Vollbringen guter Werke, vom selbsterworbenen Verdienst des Menschen. Die Reformation verwarf leidenschaftlich jede Form von Werkgerechtigkeit. Es gilt das „allein aus Gnaden", „allein aus Glauben". Mit diesem Argument wurden fromme Leistungen, Bußwerke, Ablaß, Wallfahrten, aber auch das Almosengeben als verdienstliche Leistung beseitigt. Gute Werke tragen nichts zum Heil aus. Ja, das Vertrauen auf die eigene Leistung, auf das eigene Werk ist der Seligkeit sogar abträglich, ihr schädlich. Wie soll sich dann ein evangelischer Christ in der Lebensführung verhalten? Soll er keine „guten" Werke mehr tun? Seine guten Werke tragen doch nichts zum Heil bei, das allein der Glaube schenkt. Ein falsches Verständnis des Verhältnisses von Glaube und Werken führt freilich wiederum zum fragwürdigen Rückzug auf die Innerlichkeit. Reformatorische Theologie hat darum einerseits jede Heilsbedeutung der Werke bestritten, aber andererseits zugleich die Notwendigkeit und Unverzichtbarkeit von Werken im Dienst am Mitmenschen betont. Diese Doppelseitigkeit ist die theologische Wurzel eines spezifisch protestantischen Berufs- und Weltethos. Die Notwendigkeit einer Unterscheidung zwischen Glaube und Liebe, Glaube und Werke oder auch von Person und Werk führt somit in dieser Hinsicht auf den theologischen Grund evangelischen Glaubens und protestantischer Freiheit, auf die Rechtfertigung zurück. In unserem Kontext sind weder die evangelischen Lehraussagen zur Rechtfertigung noch ihre Abgrenzung gegenüber katholischer Gnadenlehre im einzelnen darzulegen und zu beurteilen. Die Worte Rechtfertigung und Gnade sind heute auch weithin fremd und unverständlich geworden. *Luthers* Satz: „Der Artikel von der Rechtfertigung ist ein Meister und Fürst über alle Arten von Lehre und er regiert alles Gewissen und die Kirche. Ohne ihn ist die Welt fade und lauter Finsternis", ist der Gegenwart fremd und unverständlich geworden und ferngerückt. Deshalb wurde im vorhergehenden das Geschehen der Rechtfertigung – Rechtfertigung des

Sünders! – an der Erfahrung der Unverfügbarkeit des „Geschenks" christlicher Freiheit veranschaulicht. Wird nämlich der Ursprung christlicher Freiheit im Glauben und Hören auf das Evangelium vergessen, so tut sich eine Tür auf, die zu einer Einfallspforte protestantischer Rechthaberei und unerträglichen Moralisierens werden kann. Denn wenn und wo die Vergebung der Sünden nicht (mehr) geglaubt wird, bleibt dem Menschen nur der Ausweg in eine überanstrengte moralische und politische Aktivität, in das Bemühen, durch eigene Anstrengung sich und die Welt zu retten und zu befreien. In einer ambivalenten Welt des Zugleichs von Gerechtigkeit und Sünde, von Gelingen und Verfehlung führt ein derartiger Kampf für absolute, totale Befreiung aber in neue Verstrickungen. Das Evangelium bringt hingegen Licht in die Wahrheit und Unwahrheit der Welt. Denn es bringt zurecht. Das besagt die Formulierung: „Die Predigt von der Vergebung der Sünden durch den Namen Christi, das ist das Evangelium." Das Evangelium ist Freispruch. Kein Mensch kann sich selbst freisprechen. Freigesprochen wird das Gewissen des Christen durch das äußere Wort des Evangeliums, durch einen Zuspruch. Nach evangelischem Verständnis ist Kirche der Ort, an dem das Evangelium verkündet, der Freispruch zugesprochen wird, Vergebung geschieht. Freiheit soll daher erfahren werden in der Gemeinschaft der Mitchristen, in der Kirche. Die Kirche selbst ist und bleibt darüber Geschöpf des Evangeliums (creatura evangelii, creatura verbi).

§ 4 PROTESTANTISMUS UND KIRCHE

Hans Hermann Walz stellte 1958 lapidar fest: „Für den Katholiken ist die Kirche die Mutter, für den Protestanten ist sie ein Problem." Diese Aussage gilt unverändert und ist zutreffend. Martin Luther hat bei der Auslegung des dritten Artikels im Großen Katechismus freilich von der christlichen Gemeinde gesagt, sie sei die „Mutter, so einen jeglichen Christen zeugt und trägt durch das Wort Gottes, welches er offenbart und treibt, die Herzen erleuchtet und entzündet, daß sie es fassen, annehmen, daran hängen und dabei bleiben".

Die Aussagen der lutherischen Kirche über die Kirche sind von einer bestechenden Einfachheit und einer unüberbietbaren Kürze und Knappheit. In der Auslegung des dritten Artikels des Kleinen Katechismus kommt das Wort Kirche gar nicht vor. Geglaubt wird das Wirken des Heiligen Geistes, der die Christen durchs Evangelium beruft, „gleichwie er die ganze Christenheit auf Erden beruft, sammelt, erleuchtet, heiligt und bei Jesus Christus erhält im rechten einigen Glauben." In der Christenheit werden den Gläubigen täglich alle Sünden vergeben. In den Schmalkaldischen Artikeln wird den „Altgläubigen", Rom, der Anspruch bestritten, daß sie die Kirchen seien und dagegengesetzt: „denn es weiß gottlob ein Kind von sieben Jahren, was die Kirche sei, nämlich die heiligen Gläubigen und ›die Schäflein, die ihres Hirten Stimme hören‹ (Johannes 10,3), denn also beten die Kinder: ›Ich glaube eine heilige christliche Kirche‹." Mit sieben Jahren beginnt die Einsichtsfähigkeit. Der Einsichtige weiß: Kirche – das ist die Gemeinschaft der Christen, ist nicht bestimmte Kleidungsstücke, wie ein Chorhemd, oder Zeremonien oder auch nicht irgend ein Ort wie Rom. Der siebte Artikel der Augsburgischen Konfession bekennt: „Es wird auch gelehrt, daß alle Zeit müsse eine heilige christliche Kirche sein und bleiben, welche ist die

Versammlung der Gläubigen, bei welchen das Evangelium rein gepredigt und die heiligen Sakramente gemäß dem Evangelium gereicht werden." Die Gemeinschaft des Glaubens hat, so das Bekenntnis, die Zusage, daß sie bleiben wird, weil das Evangelium bleibt, „ewig" ist. Kirche ist hier die versammelte Gemeinde. Sie ist kenntlich an Wort, Taufe, Abendmahl. „Denn dies ist genug zu wahrer Einigkeit der christlichen Kirchen, daß da einträchtig nach reinem Verstand das Evangelium gepredigt und die Sakramente dem göttlichen Wort gemäß gereicht werden." Das: „es ist genug", „satis est", betont, daß die Übereinstimmung im Glauben, im Verständnis des Evangeliums, im Gottesdienst unerläßlich ist. Einheit in den Zeremonien, Riten, Gebräuchen und in der Organisation, der Verwaltung der Kirche ist hingegen nicht notwendig. Der Artikel 7 enthält keine „Minimaldefinition" von Kirche, sondern benennt den Grund von Kirche überhaupt. Die Reformation entstand damals in der Auseinandersetzung um das rechte Verständnis des Evangeliums und, in Folge davon, der Kirche. *Schleiermacher* bringt den evangelisch-katholischen Gegensatz auf die Formel: „Sofern die Reform nicht nur Reinigung und Rückkehr von eingeschlichenen Mißbräuchen war, sondern eine eigenthümliche Gestaltung der christlichen Gemeinschaft aus ihr hervorgegangen ist, kann man den Gegensatz zwischen Protestantismus und Katholizismus vorläufig so fassen, daß ersterer das Verhältnis des Einzelnen zur Kirche abhängig macht von seinem Verhältnis zu Christo, der letztere aber umgekehrt das Verhältnis des Einzelnen zu Christo abhängig von seinem Verhältnis zur Kirche."

Wenn die „Kirchenfrage" in den Vordergrund rückt, so ist dies für protestantisches Selbstverständnis Indiz einer theologischen Krise. Die Selbstthematisierung von Kirche verweist dabei zurück auf Orientierungsschwierigkeiten des Glaubens. Das vorrangige Problem in einer säkularisierten, gottvergessenen Gesellschaft müßte der Glaube und der Gottesgedanke sein. Die Konzentration auf Funktion und Bedeutung der Kirche, oder gar in der Zuspitzung auf ihre Weltaufgabe als Kirche, kann auch von den Schwierigkeiten ablenken, Gottes Gegenwart glaubhaft und glaubwürdig zu bezeugen. Man sollte als Protestant überdies die Wirklichkeit der Kirche auch in ihrer Problematik und Schwierigkeit wahrnehmen. Begriff und Sache der Kirche sind nicht eindeutig.

4.1. Evangelisches Kirchenverständnis

Luther liebte das Wort „Kirche" nicht. Er nannte es ein „blödes, undeutliches Wort" und bevorzugte andere Worte wie „christlich, heilig Volk", „heilige Christenheit" oder Versammlung der Glaubenden. Schon die Suche nach anderen Worten für „Kirche" verweist auf Verlegenheiten. Das Wort Kirche ist nicht eindeutig. Es bezeichnet einmal, so schon Luther, ein Gebäude, „ein steinernes Haus". Kirche ist das Kirchengebäude, beispielsweise die Peterskirche in Rom. Kirche als Gebäude unterscheidet sich von einer jüdischen Synagoge, der Moschee der Muslime, einem buddhistischen Tempel. Kirche ist der Ort des Gottesdienstes, die Kultstätte. Sodann nennt man Kirche ebenso das Geschehen, das in diesem Gebäude veranstaltet wird, den Gottesdienst. Man geht als Teilnehmer am Gottesdienst „zur Kirche"; der Pfarrer „hält" Kirche. Nach evangelischem Verständnis ist Kirche das Geschehen der Versammlung des Glaubens. Gott sammelt und baut sich eine Gemeinde durch die Verkündigung des Evangeliums, durch Taufe und Abendmahl. Und schließlich wird von Kirche als Ereignis der Versammlung der Christen alles abgeleitet, was organisatorisch Gottesdienst und Glauben auf Dauer stellen soll. Man spricht in diesem Sinne von Kirche als Institution, als Organisation, als Anstalt. Kirche wird dabei mit dem Staatswesen, mit seinen Ämtern und Strukturen verglichen. Es gibt „Landes"kirchen, wie die Evangelische Kirche im Rheinland, Landeskirchenämter, Kirchenbehörden, Kirchenverfassungen, Kirchenrecht, Kirchensteuer usw. Die Kirche wird zu einer sozialen und „politischen" Einrichtung, deren Struktur und Verfahrensweise empirisch darzustellen und sozialwissenschaftlich zu analysieren sind. *Luther* hat an der Organisation des Kircheseins damals Anstoß genommen. Er bestritt, daß Rom und der Papst Kirche sind. Wie ist dann aber nach evangelischem Verständnis das Verhältnis von Kirche als sozialem Gebilde und Kirche als Glaubensgemeinschaft, das Verhältnis von geschichtlich entstandenem und geprägtem Kirchentum zur Glaubensgemeinschaft zu denken? Fällt beides auseinander? Denn völlig identisch können nach evangelischer Überzeugung empirische Kirche und geglaubte Kirche eben nicht sein. Die Kirche oder die Christenheit, wie man evangelisch besser sagt, ist Geschöpf des Evangeliums (Ecclesia enim creatura est Evangelii). Das Werk des Evangeliums steht deshalb über der Kirche. *Luther* betont: „Die Kirche ist nämlich die Tochter, die aus dem Wort geboren wird, sie ist nicht die Mutter des Worts." Ja, er kann sogar erklären, daß das gesamte Leben und die ganze Substanz der Kirche allein im Worte Gottes besteht. Diese Anschauung von der Kirche ist seit 1520 ausformuliert. Die Leipziger Disputation mit Eck 1519 führte Luther zunächst dazu, die Autorität des Papstes abzulehnen. Seine Gegner waren dagegen bemüht, die göttliche Autorität des Papsttums aus der Bibel zu beweisen. In der Schrift „Von dem Papsttum zu Rom wider den hochberühmten Romanisten zu Leipzig", 1520, entwickelte *Luther* erstmals das reformatorische Verständnis von Kirche: Polemisch und ironisch setzt er sich in dieser Schrift mit einer den Apostolischen Stuhl verteidigenden Schrift des Franziskaners Augustin von Alfeld auseinander. Die Streit- und Leitfrage in dieser Schrift ist, ob das Papsttum göttlicher oder menschlicher Ordnung sei. Man kann diese Frage auch dahingehend formulieren, ob Christus oder der Papst das Haupt der Kirche sei. Oder nochmals anders gesagt, die Alternative lautet, ob die Kirche Glaubensgegenstand oder eine sichtbare Organisation ist. In der Gegenreformation hat der Jesuitentheologe *Robert Bellarmin* (1542-1621) gelehrt, nach römisch-katholischer Auffassung sei die Kirche so sichtbar wie das Königreich Frankreich oder die Republik Venedig. Nach *Luthers* Sicht ist die Kirche allein die Versammlung der Glaubenden. Sie ist keine leibliche Versammlung, sondern Versammlung im Herzen. Das einzige Haupt der Kirche ist Christus. Christi Reich ist jedoch nicht von dieser Welt (Johannes 18,36), sondern inwendig in den Christen. Deshalb unterscheidet er zwischen „innerlicher" und „äußerlicher" Christenheit. Er spricht sogar von „zwo" Kirchen: Man soll um des besseren Verständnisses und der Kürze willen die zwei Kirchen mit unterschiedlichen Namen nennen: „Die erste, die natürlich, begründet, wesentlich und wahrhaftig ist, wollen wir eine geistliche, innerliche Christenheit nennen; die andere, die gemacht und äußerlich ist, wollen wir eine leibliche, äußere Christenheit nennen." *Luther* will beide nicht voneinander trennen und scheiden; aber er unterscheidet im Blick auf die Christenheit in derselben Weise wie er im Blick auf den Menschen zwischen innerem Menschen und äußerlichem Menschen unterscheidet. Christus ist das

Haupt der geistlichen Christenheit; die Glaubenden sind der Leib Christi. Christus hat aber keinen irdischen Stellvertreter; der Papst ist nicht Vicarius Christi. Aus der Gleichheit aller Apostel in der ersten Christenheit ergibt sich vielmehr, daß dem Petrusamt keine Sonderstellung unter den Aposteln zukommt. Der Nachdruck liegt darauf, daß der Christ *die* Kirche glaubt; nicht *an* die Kirche glaubt; denn die Kirche ist Werk Gottes, nicht Subjekt des göttlichen Wirkens. „Was man glaubt, das ist nicht leiblich oder sichtbar." Im Umkehrschluß heißt dies, daß die römische Kirche, weil sie sichtbar ist, nicht Christi Kirche ist. Sodann ist weiter zu unterscheiden zwischen dem Hauptsein Christi und dem Herrsein Christi. Christus ist zwar Herr aller Dinge und Menschen; also ist er auch Herr der Bösen und Ungläubigen. Haupt ist er hingegen nur für die Glaubenden, die seinem Einfluß unterstehen und Glieder des Leibes Christi sind. Damit ist der Ansatz evangelischen Kirchenverständnisses skizziert. *Luther* kann sehr knapp und prägnant formulieren: „Die Heiligen (d.i. die Christen) sind versteckt, die Kirche ist verborgen." („Latent sancti, abscondita est ecclesia.")

Häufig spricht man in dieser Hinsicht von der Unterscheidung zwischen sichtbarer und unsichtbarer Kirche. Das Begriffspaar sichtbare und unsichtbare Kirche, ecclesia visibilis und invisibilis, geht freilich terminologisch auf den Zürcher Reformator Ulrich Zwingli zurück. Sachlich ist die Unterscheidung allerdings schon bei Augustin angelegt, der zwischen den nur Gott Bekannten, den Erwählten (und Verworfenen) und also der Kirche als Gemeinschaft der Erwählten, und der irdischen Kirche unterschieden hat; bei Augustin spielen dabei auch neuplatonische Einflüsse mit eine Rolle.

Die Begrifflichkeit von sichtbarer und unsichtbarer Kirche trifft freilich den gemeinten Sachverhalt nur teilweise und unzureichend. Denn wenn man von einer „unsichtbaren" Kirche spricht, droht die Kirche sich in eine bloße oder „reine" Idee zu verflüchtigen. Das wäre freilich dann ein spiritualistisches, weltloses Kirchenverständnis. Eingangs wurde der siebte Artikel der Augsburgischen Konfession zitiert. Die altgläubigen Kritiker dieses Artikels (in der „Confutatio", 1530) haben genau diesen Einwand erhoben. Gegen deren Kritik verwahrte sich Melanchthon in der Apologie des Augsburger Bekenntnisses (Apol. VII), indem er erklärte, die Kirche sei keine „civitas Platonica", kein platonischer Idealstaat. Man spricht deshalb auch besser von „äußerer" Kirche (ecclesia externa) und „verborgener" Kirche (ecclesia abscondita), wenn man das Spezifische, das Besondere von *Luthers* Kirchenverständnis kennzeichnen will. Die Kirche ist nämlich verborgen als Gemeinschaft der Glaubenden. Aber es gibt äußere Kennzeichen (notae), Kriterien, an denen die Kirche zu erkennen ist. Luther betonte (1520): „Die Zeichen, an denen man äußerlich merken kann, wo diese Kirche in der Welt ist, sind die Taufe, das Sakrament (d.i. das Abendmahl) und das Evangelium, nicht aber Rom, dieser oder jener Ort. Denn wo Taufe und Evangelium sind, da soll niemand zweifeln, daß da auch Heilige sind, und sollen es gleich lauter Kinder in der Wiege sein. Rom aber oder päpstliche Gewalt ist nicht ein Zeichen der Christenheit, denn diese Gewalt macht keinen Christen, wie die Taufe und das Evangelium tun. Darum gehört sie auch nicht zur rechten Christenheit und ist eine menschliche Ordnung." Mit einem einprägsamen Bild heißt das weiterhin: „Die christliche Kirche ist ein Heer. Wir stehen alle im Kampf. Das Evangelium ist unser Fähnlein; unter ihm haben wir gut Kriegführen, und wir siegen durch das Wort."

Die äußeren Zeichen machen die Kirche in der Welt sichtbar. Das ursprüngliche Kennzeichen ist das Wort. Ohne das Wort gibt es keine Christenheit. Denn weil die Kirche durch das Wort geboren, ernährt, bewahrt und gestärkt wird, liegt zu Tage, daß die Kirche nicht ohne das Wort sein kann, oder wenn sie ohne Wort sein sollte, so hört sie auf, Kirche zu sein. Gottes Wort und Gottes Volk gehören untrennbar zusammen: Dem Wort ist verheißen, daß es Glauben findet und schöpferisch wirkt. „Denn Gottes Wort kann nicht ohne Gottes Volk sein, wiederum Gottes Volk kann nicht ohne Gottes Wort sein. Wer woll's sonst predigen oder predigen hören, wo kein Volk Gottes da wäre? Und was könnte oder wollte Gottes Volk glauben, wo Gottes Wort nicht da wäre?" Das Wort als Grund der Kirche ist freilich nicht eng und intellektualistisch zu verstehen. Neben der Verkündigung des Evangeliums, dem „äußerlichen" Wort, werden Taufe und Abendmahl genannt. In späteren Schriften nennt *Luther* zusätzlich zu diesen drei Kennzeichen noch weitere Merkmale, wie die Vergebung der Sünden im Schlüsselamt, die Berufung von Predigern, also

Ämter, das öffentliche Gebet, Vaterunser, Psalmen, geistliche Lieder, und schließlich das Zeugnis christlichen Lebens: das „Heiltum des Kreuzes". Man kann diese Liste ergänzen durch weitere „sichtbare" Kennzeichen der Kirche, wie den Gebrauch eines Bekenntnisses, des Apostolischen Bekenntnisses, oder die tätige Nächstenliebe, die Diakonie. Denn das Entscheidende ist nicht eine sklavische Zusammenstellung einer möglichst vollständigen Liste von äußeren Kennzeichen, „notae externae" der Kirche, sondern wesentlich ist, daß der Glaube sich *äußert*. Aber es muß erkennbar bleiben, daß es Äußerungen des *Glaubens* sind, und daß die Freiheit und die befreiende Macht des Evangeliums, das den Glauben hervorbringt, nicht äußeren Zwängen, auch nicht kirchlichen Zwängen unterworfen ist.

Dieser Ansatz reformatorischen Kirchenverständnisses hat Folgen für das evangelische Verständnis von kirchlicher Organisation und kirchlicher Ordnung. Kirchliche Ordnung hat dem Evangelium zu dienen. Sie hat keinen Eigenwert. Dies unterstreicht das „satis est", „es genügt" zur wahren Einigkeit der Kirche die Gemeinschaft im Evangelium von Artikel 7 des Augsburgischen Bekenntnisses. Die praktische Folgerung zieht dann Artikel 28 des Augsburgischen Bekenntnisses „Von der Bischöfen Gewalt". Die „geistliche Gewalt" sei nach göttlichem Recht, oder wie sogleich erläuternd hinzugefügt wird, gemäß dem Evangelium, allein die Predigt des Evangeliums. Die geistliche Leitung der Kirche ist ohne jeden menschlichen Zwang, nur mit dem Evangelium auszuüben („Sine vi humana, sed verbo"). Die Unterscheidung zwischen weltlichem Regiment und geistlichem Regiment, Regierweise Gottes, zwischen menschlichem Handeln nach dem Maß menschlicher Einsicht und Vernunft und Gewissen befreiendem und bindendem Glauben ist nach reformatorischem Verständnis somit auch in der Ordnung und Verfassung der Kirche zu bedenken. Es gibt keine Struktur oder Organisation der Kirche, die auf göttlicher Einsetzung, iure divino, beruht und deshalb zeitlos gültig und unveränderbar wäre. Die empirische, sichtbare Gestalt der Kirche, das historisch gewordene Kirchentum sind eine Einrichtung von Menschen. Das evangelische Verständnis von Kirche und seine heutige protestantische Beurteilung gründet also im Grundverständnis evangelischen Glaubens.

4.2. Der Konflikt mit dem Papsttum

Luthers Verständnis von Schrift, Evangelium und Kirche formte sich erst allmählich in den Jahren zwischen 1517, dem Anschlag der Ablaßthesen, und den Reformschriften des Jahres 1520. Noch in den Ablaßthesen 1517 (These 42. 50. 53) nimmt er den Papst in Schutz. Der Papst selbst sei nicht haftbar zu machen für den Mißbrauch des Ablasses. In den Auseinandersetzungen der Jahre 1518 und 1519 gewinnt Luther dann immer stärker die Überzeugung, daß Papst und Konzile sich irren können und immer wieder geirrt haben. Die theologische Folgerung ist, daß daher auch der Papst sein Handeln dem Urteil der Schrift unterstellen lassen muß. Das Papsttum ist darum auch nicht das Erkennungszeichen der wahren Kirche. Durch den römischen Prozeß und den päpstlichen Bann kommt Luther sodann zur Überzeugung, daß der Papst der in 2. Thessalonicher 2,4 angekündigte Antichrist ist. Denn der Antichrist sitzt in der Kirche. Die Spätschrift „Wider das Papsttum zu Rom vom Teufel gestiftet" spricht dies besonders kraß aus. Die Bezeichnung des Papstes als Antichrist findet sich auch in den Schmalkaldischen Artikeln, also im lutherischen Bekenntnis.

Bis heute bildet das *Papstamt* einen Hauptstreitpunkt zwischen römischem Katholizismus und Protestantismus. Dabei bezieht sich die wertende Beurteilung, wonach der Papst „gegenchristlich", „antichristlich" sei auf das Amt des Papstes, und nicht auf die Person des Papstes. Dennoch bestehen hier nach wie vor unüberbrückbare Differenzen, die Papst Paul VI. dazu veranlaßten, zu nichtkatholischen Kirchenvertretern zu sagen, der Papst sei das Haupthindernis für die Einheit der Kirchen und Christen.

Denn nach katholischer Glaubenslehre ist das Papsttum durch Christus eingesetzt. (Zum Beleg dienen die neutestamentlichen Stellen Matthäus 16,16-19; 28,20; Lukas 23,31f; Johannes 21,15-19). Das Amt des Papstes gehört deshalb zu den unveräußerlichen Kennzeichen der Kirche. Die historische Kontinuität und die sichtbare Einheit der Kirche werden vom Papstamt hergestellt und garantiert. Das Erste Vatikanische Konzil definierte 1870/71 den Rechtsprimat des Papstes (primatus iurisdictionis) und seine Unfehlbarkeit (infallibilitas), wenn der Papst ausdrücklich eine Glaubens- oder Sitten-

lehre definiert. Verglichen mit dem Reformationsjahrhundert hat sich durch die Verkündigung des vatikanischen Unfehlbarkeitsdogmas der Gegensatz sogar noch verschärft. Nach wie vor besteht ein vierfaches Nein evangelischer Theologie und des Protestantismus zu den Ansprüchen des Papsttums.
(a) Das evangelische Nein bestreitet zunächst einmal, daß sich der päpstliche Primatsanspruch exegetisch auf das Neue Testament berufen kann. Neben dem „Tu es Petrus", „du bist Petrus" von Matthäus 16 steht Matthäus 18,15ff, wonach die Vollmacht zu binden und zu lösen allen Jüngern übertragen wird. Ein Primat des Petrus, vor allem als Rechtsanspruch, ist neutestamentlich nicht überzeugend nachzuweisen. Insbesondere ist die These von der Annahme der Übertragung des Petrusamtes auf die Nachfolger Petri, die römischen Bischöfe, weder historisch noch biblisch überzeugend. (b) Damit verbunden ist das zweite evangelische „Nein". Wie die Reformatoren bestreiten auch heute noch evangelische Theologie und der Protestantismus, daß das Papstamt auf göttlichem Recht, „iure divino", beruht. Das Papsttum ist geschichtlich entstanden, also auch veränderbar. (c) Damit verbindet sich das weitere „Nein" gegen den Anspruch des Papstes, für alle Christen verbindlich und authentisch Schrift und Tradition auslegen zu können. Die Inanspruchnahme einer unfehlbaren Interpretation wird evangelischerseits eindeutig bestritten. (d) Damit fällt schließlich auch wegen des evangelischen „Neins" die Zustimmung zur Verkündigung unfehlbarer Dogmen dahin. Die Glaubenswahrheit läßt sich nach evangelischem Verständnis nicht in Glaubenssätzen fixieren, festlegen. Aus der Bestreitung einer unfehlbaren Definition der Lehre folgt auch für die evangelische Theologie die Bestreitung der Annahme, Glaubenssätze könnten abschließend rechtlich festgelegt werden und seien deshalb unveränderlich, irreformabel.

Der Gegensatz zwischen Katholizismus und Protestantismus in der Bewertung des Papstes scheint unüberwindbar und unüberbrückbar zu sein. Auf evangelischer Seite entsteht dadurch manchmal die Versuchung, die eigene Glaubenshaltung, den Protestantismus, ausschließlich negativ von der Ablehnung des Papsttums her zu bestimmen. Der Protestantismus versteht sich dann nur aufgrund des Gegensatzes zu Rom; er ist seinem Wesen nach antirömisch, antipäpstlich. Eine solche Selbstdefinition des Protestantismus aus dem Gegensatz greift freilich zu kurz. Trotz der Ablehnung des Papstes in den Schmalkaldischen Artikeln durch *Luther* erklärte sich Melanchthon bei seiner Unterschrift unter den Traktat über Gewalt und Primat des Papstes („Tractatus de potestate et primatu Papae") bereit, dem Papst einen Ehrenprimat zuzugestehen. Die Anerkennung eines Jurisdikationsprimats und des Unfehlbarkeitsdogmas durch evangelische Christen und Kirchen ist zwar nicht möglich. Das schließt freilich ein „Ja" zum Petrusdienst nicht aus: Ein universales Einheitsamt könnte die Gemeinschaft der Kirchen in der Welt sichtbar repräsentieren. Ein solches Einheitsamt ist freilich weder göttlichen Rechts noch heilsnotwendig. Die evangelische Formulierung im Blick auf solche Darstellung der Einheit der Christen lautet darum: Gemeinschaft *mit* dem Papst, nicht *unter* dem Papst.

Darüber hinaus wäre zu fragen, ob der Papst der einzige Petrus ist, und ob es nicht andere, konziliare Formen der Darstellung der Gemeinschaft der Christen geben kann. Auf katholischer Seite müßte freilich eine offizielle Äußerung feststellen, daß eine solche Relativierung des rechtlichen Anspruchs des Papstes akzeptiert wird. Vorläufig ist eine derartige Verständigung über die Stellung des Papstes in der Christenheit zwischen Katholizismus und Protestantismus nicht in Sicht. Der Papst bildet nämlich nach katholischer Lehre und kirchlichem Recht die Spitze der Hierarchie; er verkörpert die katholische Amtsauffassung.

4.3. Die Strittigkeit des Amtsverständnisses

Neben der kontroversen Beurteilung des Papstes zeigt sich die konfessionelle Differenz im Amtsverständnis. Die Reformatoren lehnten es ab, zwischen Klerus und Laien eine qualitative Verschiedenheit anzuerkennen. 1520 berief sich *Luther* auf den Apostel Paulus mit seiner Lehre von der Gleichwertigkeit der Gnadengaben, der Charismen im Leib Christi (1. Korinther 12,12). „Alle Christen sind wahrhaft geistlichen Standes und ist unter ihnen kein Unterschied denn des Amtes halben allein." Auch 1. Petrus 2,9 ermahnt die Christen: „Ihr seid ein königlich Priestertum und ein priesterlich Königreich ...". Diese Sätze begründen das Allgemeine Priestertum aller Gläubigen: „Denn was aus der Taufe gekrochen ist, das mag sich rühmen, daß es schon zu Priester, Bischof und Papst geweiht sei, obwohl nicht jeglichem ziemt, solches Amt zu üben. Denn weil wir alle gleicherweise Priester sind, muß sich niemand selbst hervortun und sich unterwinden, ohne unser Bewilligen und Erwählen das zu tun, des wir alle gleiche Gewalt haben. Denn was gemeinsam ist, mag niemand ohne der Gemeinde Willen und Befehl an sich nehmen." Das reformatorische Verständnis des Amtes ist funktional, nicht sakramental. Die Beauftragung zum Amt, das Mandat der Verkündigung des Evangeliums und der Verwaltung der Sakramente begründet das Amt, nicht die Zugehörigkeit zu einem geistlichen Stand, zum Priesterstand. Deshalb verleiht die Ordination dem Geweihten nach evangelischem Verständnis auch keine unauflösliche Prägung, einen „character indelebilis"; die Weihe ist nach evangelischem Verständnis kein Sakrament. Der Prediger des Evangeliums hat zwar ein Amt wie ein Amtmann. Mit dem Ende der Amtstätigkeit endet auch der Amtsauftrag: „Weil er am Amt ist, geht er vor; wo er aber abgesetzt ist, ist er ein Bauer oder Bürger wie die anderen. Also ist ein Priester nimmer Priester, wo er abgesetzt wird ..." Die Übertragung eines Amtes in der christlichen Gemeinde ist jedoch notwendig, damit es ordentlich, geregelt zugeht. Das lehrt mit der Formel „rite vocatus" der 14. Artikel der Augsburgischen Konfession, wonach niemand predigen soll „ohne ordentlichen Beruf".

Nicht alle können und sollen nämlich predigen oder lehren oder regieren, auch wenn alle Glaubenden am Allgemeinen Priestertum teilhaben. Ein Prediger hat kein besonderes Amt, sondern ist berufen zur Ausübung eines besonderen Dienstes: „Siehe, so muß man das Predigeramt oder Dienstamt von dem allgemeinen Priesterstande aller getauften Christen unterscheiden. Denn solch Amt ist nichts mehr als ein öffentlicher Dienst, der einem etwa von der ganzen Gemeinde befohlen wird, in der zugleich alle Priester sind." Hinzuzufügen ist dabei, daß die Wirksamkeit des Amtes von der richtigen Ausübung des Amtsauftrages, nicht aber von der Würdigkeit, der moralischen Integrität der Person des Amtsträgers abhängt.

Im Amtsverständnis besteht bis heute eine Grunddifferenz zwischen Protestantismus und Katholizismus, aber auch zur orthodoxen Kirche. Für die „*katholische*" Sicht kann man sich freilich auch auf das Neue Testament berufen. Die evangelische Begründung eines kirchlichen Amtes stützt sich auf den Apostel Paulus und auf seine Charismenlehre in 1. Korinther 12. In Korinth gab es offenkundig zur Zeit des Apostels Paulus noch kein geordnetes, institutionalisiertes Amt. Denn in diesem Fall hätte der Apostel bei seinen Konflikten mit der Gemeinde in Korinth sicherlich an die Autorität des Amtes appelliert. Neben den Pauluswortensprechen 1. Petrus 2,9 und das johanneische Schrifttum für die evangelische Auffassung. Anders sieht es allerdings in den nachpaulinischen Pastoralbriefen und in der Apostelgeschichte des Lukas aus: Dort finden sich Ämter, eine Amtsbeauftragung durch die Ordination, wie sie bereits das Judentum kannte, und ein Traditionsprinzip. Exegetische Forschung spricht darum von einem „Frühkatholizismus" im Neuen Testament. Für die Alte Kirche läßt sich noch Jahrhunderte lang ein Nebeneinander von Charismatikern und Amtsträgern, von Geistbegabten, Propheten und Bischöfen beobachten. Was dieser Rückblick auf die Anfänge der Christenheit für den ökumenischen Dialog austrägt, ist im Zusammenhang des Verhältnisses von Protestantismus und Ökumene nochmals aufzugreifen.

Dieser Unterschied hat Weiterungen. Was vom Pfarrer zu sagen ist, gilt nach evangelischem Verständnis auch von kirchenleitenden Ämtern, von Bischöfen, Kirchenpräsidenten, Präsides. Sie haben keine besondere Amtsvollmacht. Das ist nach katholischer Lehre und nach dem aus dieser Lehre abgeleiteten Kirchenrecht anders. Die Bischöfe sind im katholischen Verständnis die Nachfolger der Apostel. Ursprünglich und historisch betrachtet war der Bischof in der Tat der Leiter der Ortsgemeinde. Priester, Presbyter wurden erst im Laufe der Jahrhunderte zu einem eigenem Amt, als aufgrund des Wachstums der Gemeinden und der Erweiterung der Kirchengebiete, der Diözesen, Bischöfe nicht mehr alle Gemeindeglieder selbst betreuen konnten. Nach katholischem Verständnis ist der Priester bis heute der Vertreter des Bischofs vor Ort. Ein Bischof kann ohne Zustimmung und Anhörung der Ortsgemeinde einen Pfarrer abberufen. Bischöfe stehen in der historischen Kontinuität der Apostel. Dem dient der historische Nachweis der apostolischen Sukzession. Nach katholischer Überzeugung beruht die Katholizität und Apostolizität der Kirche auf der bischöflichen Sukzession. Die Bischöfe bilden in der Gemeinschaft mit dem Papst als Spitze die Hierarchie. Sie sind Inhaber der sakramentalen Vollmacht (potestas sacramentalis) und der Rechtsgewalt in der Kirche (potestas iurisdictionis). Diese Weihe- und Jurisdiktionshierarchie der Bischöfe ist göttlichen Rechts. Das Zweite Vatikanische Konzil hat sogar erwogen, ob nicht die Bischofsweihe ein eigenes Sakrament ist. Die evangelische Rückfrage an das katholische Verständnis des Bischofsamtes lautet daher, ob dieses Amt und damit dessen Weihe- und Rechtsgewalt für den Bestand der Kirche wesentlich, essentiell unverzichtbar, und das heißt heilsnotwendig sei.

Ein weiteres Element des katholischen Verständnisses des Bischofsamtes ist, daß die Kollegialität der Bischöfe die Einheit der Kirche darstellt. In der Bischofsversammlung, im *Konzil* stellt sich diese Einheit sichtbar dar. Nach evangelischem Verständnis besteht dagegen ein Konzil oder eine konziliare Versammlung nicht nur aus Bischöfen. Konzile sollen alle Christen repräsentieren und deshalb vom Allgemeinem Priestertum getragen werden.

Schließlich ist im 20. Jahrhundert eine weitere Streitfrage entstanden. Aus dem evangelischen Verständnis des Amtes folgt mit innerer Notwendigkeit und Folgerichtigkeit die Übertragung des Predigtamtes an Frauen, also die Frauenordination. Es brauchte zwar bis zur Mitte des 20. Jahrhunderts, bis Frauen ein Pfarramt in evangelischen Kirchen übertragen wurde; aber diese kirchliche Entscheidung ist eindeutig nicht mehr aufhebbar (und sachlich richtig). Die katholische Kirche und ebenso die orthodoxen Kirchen halten dagegen bis heute an dem Grundsatz fest, daß nur Männer gültig geweiht werden können. Sie lehnen nach wie vor die Frauenordination ab. So ist die Zulassung von Frauen zum Amt heute Testfall und Zankapfel in interkonfessionellen und zwischenkirchlichen Dialogen.

Beim Amtsverständnis zeigt sich also in vielerlei Hinsicht ein protestantisches Profil: Der Protestantismus kennt keinen Klerus als besonderen Stand. Das Amt wird strikt von seiner Ausübung her verstanden. Nicht nur an der theologischen Deutung des Amtes, sondern auch im Blick auf das Verständnis von Bischof, Konzil und Frauenordination tritt infolgedessen die Eigenart, Besonderheit protestantischen Kirchenverständnisses ans Licht.

4.4. Die Krise des Amtes der Laien im Protestantismus

Theoretisch hat das kirchliche Amt im Protestantismus, wie gesagt, keine Sonderstellung und keine Privilegien gegenüber anderen Christen. Die Laien üben das Allgemeine Priestertum aus. Die evangelische Kirche sollte „Kirche der Laien" sein. Während nach einem Diktum aus der vorkonziliaren katholischen Kirche die Laien in der Kirche nur zahlen, gehorchen und schweigen sollten und der Laie im Codex iuris canonici nur als Empfangender im Blick war, sollte nach evangelischem Verständnis dies alles ganz anders sein. Vor dem Konzil bezeichnete man Laien sogar als „viehische Seelen". Nicht als Mitpriester, sondern als „Stiefkinder" galten die Laien. Das Zweite Vatikanische Konzil brachte hingegen im Konzilsdekret „Lumen Gentium" eine Aufwertung des christlichen Laien. Es spricht vom „Weltdienst der Laien". Auch nach evangelischem Verständnis ist der „Laie" der Träger christlicher Verantwortung in der Welt, im Bildungswesen, in Politik, Wirtschaft und Gesellschaft. Dazu bedarf es einer „Theologie der Welt". Der weltliche Auftrag des christlichen Laien steht freilich kirchlichen Gremien, Kirchenleitungen, Synoden nicht immer bei ihren Beschlüssen vor Augen. Die katholische Kirche beansprucht die Laien als Träger christlichen Zeugnisses nach „außen", in die Welt hinein. Sie hält jedoch nach innen, innerhalb der Kirche an der Unterscheidung von zwei Arten, „genera" von Christen fest, von Klerus und Laien, Kirchenvolk. Diese Unterscheidung ist, wie gesagt, nicht evangelisch. Laien haben wegen des Priestertums aller Gläubigen auch einen seelsorgerischen Auftrag, wenn die Absolution durch das Schlüsselamt und ebenso durch das „wechselseitige Gespräch und die Tröstung der Brüder" („per mutuum colloquium et consolatio fratrum") geschenkt wird (unter Berufung auf Matthäus 18,20). Dies müßte freilich praktische Auswirkungen für die Stellung der Laien *innerhalb* der evangelischen Kirche haben. Laienfrömmigkeit und innerkirchliche Selbstbestimmung in der Kirche von der Gemeinde, „von unten her", sind theoretisch unbestritten. Wie aber steht es praktisch und faktisch um die Selbstbestimmung der Laien innerhalb evangelischen Kirchentums? Oder ist es nicht an der Zeit nachdrücklich zu fragen: „Ist die Emanzipation der Laien in den protestantischen Kirchen gescheitert?" Es gibt Anzeichen, daß die Emanzipation der Laien mindestens teilweise gescheitert ist. Ein äußerliches Indiz ist schon der Rückgang des Interesses der Protestanten an kirchlichen Vorgängen, das Ansteigen von Kirchenaustrittszahlen und die Lockerung der Beziehungen zur „amtlichen" Kirche. Um diesen Vorgang zu verstehen ist es freilich notwendig, nicht einen Pauschalbegriff von Laie zu verwenden. Denn wann ist überhaupt jemand Laie?

Zunächst einmal ist der Laie vom Experten zu unterscheiden. Nach protestantischer Überzeugung soll jeder evangelische Christ in der Lage sein, selbst Rechenschaft von seinem Glauben zu geben. Der mittelalterlichen Kirche genügte die Zustimmung der Laien zur Kirchenlehre, sein Bekenntnis: „Ich glaube, was die Kirche glaubt." Polemisch nennt man dies „Köhlerglauben", weil die Köhler im Wald weitab von der Zivilisation lebten und religiös ungelehrt, uninformiert waren. Die Reformation bestand dagegen auf der Katechismusunterweisung eines jeden Christen. Jeder Christ sollte in Angelegenheiten des Glaubens selbst urteilsfähig sein. Eine Professionalisierung und Spezialisierung der Theologie reißt daher erneut die Kluft zwischen theologischen Laien und theologischen Experten auf. Pfarrer und Kirchenleitungen sind Experten, theologische Sachverständige, deren Vorgaben und Vorlagen protestantische Laien oft hilflos gegenüberstehen. Wie soll man aber urteilen können ohne eigene Sachkenntnis? Die Berufung auf die Autorität des theologischen Experten kann sogar dazu dienen, den Laien als Unkundigen zu manipulieren. Aus dem Laien als Inhaber des Allgemeinen Priestertums wird dann wiederum die Klientel. Der Laie gilt als theologisch unmündig.

Mit der Professionalisierung verbinden sich Berufsinteressen von kirchlichen Amtsträgern, mit Standesinteressen. In zweierlei Hinsicht ist hier innerkirchlich zu differenzieren: Zum *einen* sind Laien die „Ehrenamtlichen", während die Pfarrer und andere kirchliche Bedienstete hauptamtlich sind. Je knapper jedoch hauptamtliche Arbeitsplätze in den Landeskirchen werden, desto eher wird gelegentlich die Mitarbeit von Ehrenamtlichen als Konkurrenz empfunden. Die Ehrenamtlichen werden dann nicht nur von den Amtsträgern bevormundet, als unqualifiziert und inkompetent behandelt, sondern immer wieder auch benachteiligt, sei es indem man ihnen Informationen vorenthält, bürokratische Hürden aufbaut, oder gar dafür sorgt, daß Auslagen nicht ersetzt werden und materielle Ressourcen für die Ausübung des Ehrenamtes nicht vorhanden sind. Gelegentlich ist auch der Anspruch auf Gehör von ehrenamtlichen Mitarbeitern, von „Laien" nicht sichergestellt. Dabei waren die Jünger Jesu und die Apostel der Urkirche nicht hauptamtlich Beschäftigte, sondern aus innerer Überzeugung tätig. Eine evangelische Kirche, die Kirche der Laien sein will, muß diese ihre Selbstverpflichtung auch in der Kirchenverfassung und im kirchlichen Recht zur Geltung bringen. Falls die Emanzipation der Laien in protestantischen Kirchen mißlingen sollte, so wären Amtsverständnis, Amtsausübung und die Rechtsstellung kirchlicher Ämter kritisch zu befragen und zu überprüfen.

Diese Überlegungen sind nun noch in einer *anderen* Hinsicht zu bedenken. In *Synoden* wird nach Hauptamtlichen und Laien unterschieden. „Laien" sind danach zunächst einmal die Nichttheologen. Laien als Repräsentanten des Kirchenvolkes sollten freilich gerade Synodale sein, die nicht beruflich im Kirchendienst stehen. Neben den Vertretern von Berufsinteressen sollten nicht von Interessen geleitete Laien entscheiden, wenn es um Fragen der Finanzierung, um Wahlen in Ämter, um Stellen usw. geht. Diese Absicht ist im Grundgedanken richtig. Sie stößt freilich in der alltäglichen Praxis auf erhebliche Schwierigkeiten. Manche „synodale" Laien sind nämlich hauptberuflich im Kirchendienst tätig als Juristen, Verwaltungsfachleute, Sozialarbeiter, Lehrer usw. In Synoden bilden deswegen oft die Hauptberuflichen die Mehrheit; die wirklichen Laien sind erkennbar in der Minderheit. Für die in der Kirche beruflich Tätigen gehört zudem die Teilnahme an Gremien und Sitzungen zu deren beruflichen Pflichten. Für ehrenamtlich Tätige, also echte Laien, ist dies jedoch eine Tätigkeit in der Freizeit und gehört nicht zu den Berufsverpflichtungen. Das begünstigt wiederum hauptamtlich Tätige bei der Wahrnehmung von Aufgaben in der Selbstverwaltung und mindert die Möglichkeit von Mitsprache der Laien. Die Kirchenstruktur steht hier wiederum der Mitwirkung von Laien entgegen und behindert Laienaktivitäten.

Angesichts struktureller Verfestigungen und der Bürokratisierung in evangelischen Landeskirchen gibt es genügend Erklärungen für die Krise der Beteiligung der Laien. *Ernst Troeltsch* beschrieb schon zu Jahrhundertbeginn die bestehenden Kirchen als „Schalen, welche allmählich den Kern verholzen, den sie schützen." Wenn protestantisches Engagement sich angesichts solcher Erfahrungen von der Mitarbeit im kirchlichen Apparat hin zu freien Initiativen, Basisgruppen und ökumenischen Bewegungen verlagert, ist dies immer wieder nur zu verständlich. Es gibt eben ein „Leiden an der Kirche", einen Ärger mit der Kirche, der nicht sein müßte. Manchmal nötigt sogar erst ein Leidensdruck, dem man nicht mehr ausweichen kann, zu Reformbreitschaft und Änderungen in der Kirche.

4.5. Die Versuchung des Konfessionalismus

4.5.1. Die grundsätzliche Infragestellung des Kirchentums ist keineswegs neu. Seit 200 Jahren, seit der Aufklärung schwankt der Protestantismus zwischen Innovation, Reform und Beharrung, Restauration hin und her. Angesichts der Kirchenkritik und der Auflösung kirchlicher Lebensformen durch die Aufklärung kam es im 19. Jahrhundert zu einer Rückbesinnung auf eine altprotestantische Theologie der Kirche. Die Entstehung von Kirchen der Union, in der sich Lutheraner und Reformierte vereinten, löste zusätzlich eine Reaktionsbewegung aus. Das Kirchenverständnis des Konfessionalismus konnte an die Deutung der Kirche durch Philipp Melanchthon als Schule, als Schule der reinen Lehre anknüpfen. Nach dem Lehrbuch des späten *Melanchthon* (Loci praecipui theologici, 1559) ist die Kirche eine schulische Versammlung, ein „coetus scholasticus". Lehrer, Theologen und Schüler, Hörer versammeln sich. Kennzeichen der Kirche sind die Predigt der reinen Lehre, das unverfälschte Bekenntnis und das Predigtamt als Lehramt.

Solches Verständnis von Kirche als Schule der reinen Lehre erlebte im 19. Jahrhundert eine Renaissance. Konfessionalismus ist freilich eine verhältnismäßig junge Bezeichnung. Sie ist zunächst Trendbezeichnung für eine Gruppierung innerhalb der evangelischen Kirche und Theologie, die sich kritisch von der Theologie der Aufklärung und dem theologischen Rationalismus absetzt und kirchenpolitisch von den Unionen abgrenzt. Maßstab kirchlicher Lehre sollten allein die Erkenntnisse Luthers und die Bekenntnisschriften des 16. Jahrhunderts sein. Lutherische Vertreter waren beispielsweise Wilhelm

Löhe (1808-1872), der Gründer von Neuendettelsau in Bayern, August Vilmar (1800-1868) in Hessen, Theodor Kliefoth (1810-1895) in Mecklenburg, die Theologischen Fakultäten in Erlangen und Leipzig. Bayern und Sachsen gehörten nicht der Altpreußischen Union an. Der Konfessionalismus des Neuluthertums im 19. Jahrhundert griff auch auf die Theologie der altprotestantischen Orthodoxie des konfessionellen Zeitalters zwischen dem Augsburger Religionsfrieden 1555 und dem Aufkommen des Pietismus um 1670 zurück. Schwerpunkte konfessioneller Theologie wurden neben dem Kirchenverständnis das Amts- und Sakramentsverständnis. Die Lehre der lutherischen Kirche gilt als vollendet und unüberbietbar. *Wilhelm Löhe* behauptete: „Die Reformation ist vollendet in der Lehre, die Lehre und das Bekenntnis ist fertig." Zeitlos gültige Norm aller Lehre sind die Bekenntnisschriften, deren Lehrgehalt mit dem Schriftzeugnis identisch sei. Das Predigtamt hat eine eigene herausragende Stellung in der Kirche; im Unterschied zur Mehrzahl der Ämter in der katholischen Lehre spricht der lutherische Konfessionalismus von dem *einen* Amt. Das Allgemeine Priestertum wird abgelehnt, so von A. Vilmar. Während neuprotestantisch beeinflußte Theologen moderne Fragen nach dem Verhältnis von Glaube und Geschichte und der Gotteserkenntnis aufgriffen, ging es der konfessionellen Theologie thematisch um die Erneuerung, die Repristination einer ungeschichtlich verstandenen reformatorischen Lehre. Parallelen zur Diskussion um die Lehre von Kirche und Amt im Katholizismus, gerade auch im Vorfeld und Umfeld des Ersten Vatikanischen Konzils, sind nicht zu übersehen. Die konfessionelle Theologie, welche an der Überlieferung reformatorischen Erbes uneingeschränkt festhalten will, verkennt jedoch, daß angesichts geschichtlicher Veränderungen und neuer Herausforderungen das bloße starre Behaupten der Autorität der Bekenntnisschriften und der Lehrsätze fundamentale Veränderungen mit sich bringt. Der Konfessionalismus fordert nämlich Selbstabschließung und Bekenntnistreue und übersieht, daß angesichts der Fehlsamkeit menschlichen Redens von der Wahrheit Gottes Offenheit und kritische, selbstkritische Besinnung geboten sind. Die „wahre" Kirche kann man nach evangelischer Lehre nicht empirisch oder historisch definitiv feststellen. Sie verdankt sich allein dem Wirken des Geistes Gottes. Der Geist Gottes wirkt,

„wo und wann es ihm gefällt" (Augsburgisches Bekenntnis, Artikel 5: „ubi et quando visum est deo"). Der Geist bedient sich dabei der Vermittlung des Wortes. Es bedarf des menschlichen Zeugnisses. Eine Gestalt des Zeugnisses ist auch das Bekenntnis: *Luther* zitiert Römer 10,10: „Es wird mit dem Herzen geglaubt zur Gerechtigkeit, aber mit dem Mund geschieht das Bekenntnis zum Heil" und folgert: „Aus dem Bekenntnis wird die Kirche erkannt." Das Bekenntnis macht die Kirche wahrnehmbar (perceptibilis), erkennbar, sichtbar. Dabei denkt Luther allerdings an den Vollzug des Bekennens, nicht an die autoritative Berufung auf eine Bekenntnisschrift. Das konfessionelle Neuluthertum macht hingegen das geschriebene Bekenntnis zum Kennzeichen der wahren, d.h. der lutherischen Kirche schlechthin. Es reflektiert dabei freilich nicht, daß die Bekenntnisse des 16. Jahrhunderts genauso der Interpretation und aktueller Vergegenwärtigung bedürfen wie die Bibel. Die heutige Christenheit tut sicherlich gut daran auf die Einsichten und das Zeugnis der Väter zu hören. Da das Evangelium aber lebenspendendes Wort (viva vox) ist, genügt nicht die starre Behauptung des Standpunktes der Bekenntnisschriften.

4.5.2. Ein statutarisch an den Text gebundenes Verständnis der reformatorischen Bekenntnisse nähert sich der katholischen Definition des *Dogmas* an. Das Erste Vatikanische Konzil definierte Dogma nach katholischem Verständnis als vom kirchlichen Lehramt autoritativ und verbindlich festgelegten Lehrsatz. Der katholische Christ hat alles zu glauben, was in der Heiligen Schrift und der Tradition enthalten ist „und von der Kirche in feierlichem Entscheid oder durch gewöhnliche und allgemeine Lehrverkündigung als von Gott geoffenbart zu glauben vorgelegt wird". Ein Dogma ist also (1) Ausdruck einer Offenbarungswahrheit, die (2) in der Form eines Urteils, eines Lehrsatzes definiert wird, und (3) als solche unfehlbar und (4) daher für das Gewissen der Christen verbindlich ist. Ein Dogma kann zwar geschichtlich entstanden sein; aber *nach* der Definition des Dogmas ist dessen Bestreitung oder Leugnung Irrlehre, Häresie.

Protestantische Kritik setzt beim Verständnis der Festlegung christlichen Glaubens auf eine formulierte Satzwahrheit an und stellt die definitive Rechtsverbindlichkeit und Unfehlbarkeit solcher Lehrsätze in Frage. Protestantisch ist die Berufung auf das eigene Gewissen und die eigene Überzeugung. Eine programmatische Alternative zum Autoritätsanspruch des Dogmas lautet deshalb „undogmatisches Christentum". Außerdem betont evangelische Sicht stärker als der Katholizismus die Profanität, Weltlichkeit eines Ethos, auch eines Ethos christlichen Lebens. Gefährdet wird eine am Gewissen des Christen ausgerichtete Glaubensauffassung und Lebensführung allerdings durch einen grenzenlosen Individualismus, eine Zersplitterung und einen schrankenlosen Relativismus. Diese Gefahr ist zu sehen. Aber sie darf nicht daran hindern, den Vorrang von Gewissen und persönlicher Glaubensüberzeugung vor kirchlichen Autoritätsansprüchen festzuhalten.

4.5.3. Noch ein weiterer Gesichtspunkt ist hinzuzufügen. Das evangelische Verständnis von Kirche prägt auch das *Kirchenrecht*. Die protestantische Unterscheidung von sichtbarer und unsichtbarer, von äußerer und verborgener Kirche hat *Rudolf Sohm* in einer These zugespitzt, wonach Rechtskirche und Geistkirche völlig unvereinbar seien. *Sohms* These lautet: „Das Wesen der Kirche ist geistlich, das Wesen des Rechts ist weltlich." Die Folge der schroffen Trennung von geistlicher Glaubensgemeinschaft und weltlicher Ordnung des Kirchenrechts war, daß das kirchliche Recht politischer Gestaltung oder rein bürokratischer Verwaltung überlassen wird. Diese Trennung von Rechtskirche und Geistkirche war daher ein Einfallstor für die Irrlehre der Deutschen Christen in die deutsche evangelische Kirche 1933. Dagegen hat die dritte These der Barmer Theologischen Erklärung 1934 Einspruch erhoben:

„Die christliche Kirche ist die Gemeinde von Brüdern, in der Jesus Christus im Wort und Sakrament durch den Heiligen Geist als der Herr gegenwärtig handelt. Sie hat mit ihrem Glauben wie mit ihrem Gehorsam, mit ihrer Botschaft wie mit ihrer Ordnung mitten in der Welt der Sünde als die Kirche der begnadigten Sünder zu bezeugen, daß sie allein sein Eigentum ist, allein von seinem Trost und von seiner Weisung in Erwartung seiner Erscheinung lebt und leben möchte.

Wir verwerfen die falsche Lehre, als dürfe die Kirche die Gestalt ihrer Botschaft und ihrer Ordnung ihrem Belieben oder dem Wechsel der jeweils herrschenden weltanschaulichen und politischen Überzeugungen überlassen."

Solcher Einspruch gegen eine Trennung von Botschaft und Ordnung der Kirche, die Erinnerung an den Auftrag der Kirche und die Ablehnung eines säkularisierten Kirchenrechts war damals dringend geboten und notwendig. Im Gegenzug zu einer Verweltlichung und Politisierung der evangelischen Kirche deuteten sich freilich schon im Kirchenkampf selbst Tendenzen zu einer Vergeistlichung, Klerikalisierung kirchlicher Ordnung an. Solche Tendenzen verstärkten sich nach 1945. Die Berufung auf Barmen 3 konnte dann dazu benutzt werden, „amtliche" Ansprüche zu legitimieren, Amtsvollmacht zu begründen und damit indirekt auch eine Bürokratisierung und eine Stärkung von Kompetenzen kirchlicher Amtsstellen zu fördern. Die diesbezügliche Redewendung vom „bekennenden" Kirchenrecht wertete Ordnung und Verfassung der Kirche auf und ließ immer wieder zu, daß das menschliche Handeln in der Kirche nahezu mit „dem" Evangelium gleichgesetzt wurde. Kirchliche Ordnung ist jedoch „antwortendes" Recht, Antwort auf die Botschaft des Evangeliums. Je nach den Herausforderungen der Zeit können und müssen deshalb Antworten auch unterschiedlich gegeben werden. Die Neigung, für das kirchliche Recht sich unmittelbar auf die Norm eines „göttlichen Rechts", eines ius divinum zu berufen, hat im evangelischen Raum eine Entsprechung im Reden von einer „kirchlichen" Dogmatik. Zwar gibt es ohne kirchliche Überlieferung und ohne die Aufgabe der Verkündigung des Evangeliums keine evangelische Glaubenslehre. Aber anders als im Katholizismus ist im Protestantismus die kirchliche Lehrautorität nicht letzte Norm der Dogmatik. Protestantisches Wahrheitsbewußtsein hat daher nach wie vor sowohl kritische Anfragen an eine Vergeistlichung der Rechtsordnung wie an eine Verkirchlichung der Dogmatik, der Glaubenslehre zu richten. Insofern bleibt die Unterscheidung zwischen sichtbarer kirchlicher Organisation und Gestaltung einerseits, unsichtbarer Glaubensgemeinschaft andererseits nach wie vor für protestantisches Kirchenverständnis bedeutsam.

Die damit zusammenhängenden Fragen nach der Gestalt der Kirche sind noch einmal aufzugreifen unter der Fragestellung „Protestantismus in der Gesellschaft", nämlich unter Stichworten wie Volkskirche, Pluralismus und Öffentlichkeitsauftrag der Kirche.

4.5.4. Evangelisch verstanden ist Kirche Geschöpf des Wortes. Als Geschöpf, als creatura verbi ist sie eine irdische, menschliche Einrichtung. Die dritte Barmer These nennt deshalb die christliche Kirche eine Kirche der begnadigten Sünder. Von einer Kirche der *Sünder* kann zwar auch katholische Lehre sprechen. Aber die Kirche als solche, die unfehlbar ist, kann nach katholischer Auffassung nicht sündigen. Sündigen, das Evangelium verfehlen können nur einzelne ihrer Glieder. Sie bleiben der Kirche nach außen hin zugehörig. Die Kirche selbst aber ist nicht sündig, sondern rein. *Martin Luther* sah dies hingegen anders. Sehr drastisch erklärt er: Das Gesicht der Kirche ist das Gesicht einer Sünderin, die bedrängt, verlassen ist, klagt und betrübt ist. Ja, er kann sogar behaupten, es gebe keine so große Sünderin wie die christliche Kirche. An solchen Aussagen wird nochmals der unlösbare Zusammenhang von Kirche und Rechtfertigung, von Evangelium und Kirche sichtbar. Es gehört zum protestantischen Kirchenverständnis, die Wirklichkeit der Kirche intellektuell redlich zu sehen, ihre „menschliche" Seite und Schwäche nicht zu leugnen und zu verschleiern.

§ 5 PROTESTANTISMUS UND BILDUNG

5.1. Die Vielgestaltigkeit von Bildung und Kultur

Seit dem 19. Jahrhundert kann man zwischen einem Kirchenprotestantismus und einem Kulturprotestantismus unterscheiden. Der kirchliche Protestantismus konzentriert sich auf das innerkirchliche Selbstverständnis. Er nennt sich folglich auch betont „evangelisch". Der Kulturprotestantismus bemüht sich hingegen um eine gesamtkulturelle Verantwortung. Er ist auf seine jeweilige gesellschaftliche Umwelt, seinen kulturellen Kontext bezogen. Im folgenden geht es um den Beitrag des Protestantismus zur Kultur. Leitbegriff ist dabei das Wort „Bildung", nicht Erziehung. Denn: „Die pädagogische Verantwortung der christlichen Kirche hört nicht dort auf, wo die religiöse Erziehung endet." *(K. H. Nipkow).* Erzogen wird vornehmlich auf ein Ziel, ein Resultat hin. Erziehung bezeichnet sowohl den Prozeß des erzieherischen Handelns, als auch das Resultat, das Ergebnis, das Produkt. In der Kirche wurde schon von Anfang anerzogen: Die Unterweisung von Katechumenen, die Vermittlung des kirchlichen Glaubens, die Tradierung des Glaubensbekenntnisses sind erzieherisches Handeln. Das Tätigkeitswort *erziehen* kommt vom Verb „ziehen", und meinte zunächst im vordergründigen physischen Sinne das leibliche Hegen und Pflegen, das Nähren, Füttern und Großziehen von Kindern. „Erziehen" heißt ursprünglich „aufziehen" oder „großziehen". Tiere und Menschen wurden gleichermaßen großgezogen. Erst in der Neuzeit, in der bürgerlichen und industriellen Gesellschaft, wird das Erziehungswesen und Erziehungsdenken bewußt gestaltet. Erziehung wird nun zu einem Grundproblem menschlichen Daseins. *Kant* lehrte: „Der Mensch kann nur Mensch werden durch Erziehung. Er ist nichts, als was Erziehung aus ihm macht." Erziehung ist verstanden als zweckgebundenes, zielgerichtetes

Handeln. Man kann es auch als Instrument von Indoktrination und zur Bemühung um Anpassung der nachwachsenden Generation an die bestehende Gesellschaft einsetzen. Kritik an Erziehungszielen und grundsätzlicher am Glauben an die Machbarkeit von Erziehung verbinden sich mit manchen Erziehungsprogrammen. *G. B. Shaws* witzig-berüchtigtes Wort, Erziehung sei die organisierte Verteidigung der Erwachsenen, faßt solche Kritik zusammen.

Anders als Erziehung benennt Bildung nicht ein Handeln, sondern einen Vorgang, ein Ereignis. „Wer von Bildung spricht, läßt sich nicht nur auf ein reiches, geschichtliches Erbe ein, sondern vor allem auf einen kritischen Begriff." Der Begriff „Bildung" hatte seine Wurzel in der theologisch-mystischen Sprache des Mittelalters. Bei *Meister Eckhart* (ca. 1260-1328) ist Bildung der Weg, auf dem sich Gott der Seele einbildet, die durch die Sünde von Gott entfernt, ihm entfremdet ist. Die Gottesebenbildlichkeit des Menschen ermöglicht die Nachbildung Christi in der Nachfolge, die imitatio Christi. Bildung beschreibt in der Mystik die Formung – Bildung heißt lateinisch „formatio" – nach dem Vorbild Christi. Der Beleg dafür ist 2. Korinther 3, 18. Damit es zur „Bildung", das heißt zur Wiedergeburt, beim Menschen kommen kann, bedarf es jedoch zuvor einer „Entbildung" von allem Kreatürlichen, der „Entselbstung" oder „Entfremdung". „Bildung" war also ein Wort der Mystik zur Beschreibung einer Lebenserneuerung durch Gotteserfahrung. Das heutige Reden von Bildung wie auch von Kultur stammt jedoch aus der Aufklärung und ist durch sie geprägt. Unser Verständnis von Bildung kennzeichnen drei Merkmale:

(a) Bildung ist Selbstbildung. Als selbstreflexiver Erfahrungsprozeß ist sie auf Wissen, auf wirkliches Gebildetsein, nicht nur auf Informiertsein bezogen.

(b) Bildung meint sodann eine allgemeine Bildung, nicht nur ein Summieren und Sammeln von Einzelwissen. Sie zielt auf die Tätigkeit, die entscheidenden Herausforderungen der Zeit wahrzunehmen und mit ihnen umzugehen.

(c) Bildung reicht, vor allem als Jugendbildung, in existentielle Tiefen. Sie betrifft lebensgeschichtlich und gesellschaftlich bedingte persönliche Lebensfragen.

Bildung ist insofern ein umfassenderer Anspruch als Erziehung: Sie reicht von der Erziehung in Familie und Kindergarten, vom Religionsunterricht und Kindergottesdienst, Konfirmandenunterricht und kirchlicher Jugendarbeit bis hin zur Erwachsenenbildung und Gemeindepädagogik. Bildung ist keine irgendwann abgeschlossene Aufgabe. Das neuzeitliche Bildungsverständnis hat das mystische Motiv von der inneren Seelenbildung säkularisiert und transformiert in die Idee der reinen Menschenbildung. *Heinrich Pestalozzi* (Abendstunde eines Einsiedlers von 1779/80) sieht als „allgemeinen Zweck der Menschennatur auch der niedersten Menschheit" die Emporbildung der „inneren Kräfte der Menschennatur zu reiner Menschenweisheit". „Wer nicht Mensch ist, in seinen inneren Kräften ausgebildeter Mensch, dem fehlt die Grundlage zur Bildung seiner näheren Bestimmung und seiner besonderen Lage, welchen Mangel keine äußere Höhe entschuldigt." Seit Herder und dem deutschen Idealismus wird Bildung zentrales Thema. Bildung soll von jedem Utilitätsdenken, von der Ausrichtung auf Zwecke und Nützlichkeit freigehalten werden. *W. v. Humboldts* neuhumanistisches Bildungsideal fordert: „Der wahren Moral erstes Gesetz ist: Bilde dich selbst, und nur ihr zweites: wirke auf andere durch das, was Du bist." Humboldts Bildungsvorstellung von der Selbstbildung, der Selbstkultivierung des Menschen, die Forderung nach harmonischer Ausbildung aller Fähigkeiten und der geistigen Individualität findet in der zweiten Hälfte des 19. Jahrhunderts Widerspruch. Der humanistischen Forderung und ihrem Persönlichkeitsideal entgegengestellt wird jetzt die Forderung nach technischer Ausbildung und naturwissenschaftlich-technischer Bildung. Was bedeutet Bildung jedoch in einer Welt sich aufspaltender Fachwissenschaften und des Einzelwissens? Der philosophische Bildungsbegriff und die Forderungen eines technischen Leistungsvermögens und Könnens driften auseinander: Es wird strittig, was denn überhaupt zum Kanon von Bildung noch gehört. Leistungswissen und Bildungswissen treten auseinander. Bildung wird immer stärker technisch verstanden. In der technischen Zivilisation werden zudem alle Ausbildungswege verschult. Durch Formalisierung und Nivellierung wird der Bildungsbegriff handhabbar gemacht. Bildung wird anthropologisch indifferent und pragmatisch verstanden. Der Begriff dringt in die Verwaltungssprache ein. Man spricht beispielsweise von „Bildungsökonomie", „Bildungsplanung", „Bildungswerbung" und nicht zuletzt von

„Bildungskatastrophe" (*Georg Picht*). Der sittlich-personale und humane Bildungsauftrag und technische Vorstellungen treten auseinander. In der verwalteten Welt wird immer undeutlicher, worin Bildung besteht. Ist Bildung Informiertsein, oder hat es Bildung mit der Fähigkeit zu tun, Verantwortung – auf der Grundlage von Sachverstand und Sachkunde – zu übernehmen und Vertrauen zu schaffen? Der weitverbreitete Ruf nach Ethik und Verantwortung ist auch Zeichen einer Krise eines lediglich technischen, pragmatischen und kategorialen Verständnisses von Bildung.

Zur Abwertung und Auflösung des Bildungsbegriffs hat dabei auch die Idealismuskritik der evangelischen Theologie in den zwanziger Jahren ein wesentliches Stück beigetragen. Die dialektische Theologie bekämpfte den Kulturprotestantismus und mit ihr die bürgerliche Bildungsvorstellung. Karl Barth, Emil Brunner und Friedrich Gogarten, Theologen, die sich um die Zeitschrift „Zwischen den Zeiten" (1923 – 1933) sammelten, brachen nach dem Ersten Weltkrieg sowohl theologisch als auch kulturgeschichtlich mit der geistigen Tradition des Protestantismus im 19. Jahrhundert. Gottes Handeln wird, so beispielsweise bei *Gogarten,* programmatisch als Gericht Gottes über alles Zeitliche gedeutet. Gott ist der „ganz Andere". Der Abstand, der Gegensatz, die Diastase von Gott und Welt ist damit bestimmend. Eine derartige Gerichts- und Diastasentheologie fügte sich gut in die Krisen- und Umbruchserfahrungen der Weimarer Republik. Sie zieht aber eine allgemeine Ratlosigkeit im Blick auf die Frage nach sich, was denn überhaupt Bildung sei oder verstärkt eine Ideologisierung des Bildungsbegriffs. Diese „Theologie der Krise" wurde 1933 freilich überholt und überrollt durch die nationalsozialistischen Erziehungsvorstellungen. Nach 1945 kamen in Teilen Europas antibürgerliche, sozialistische und kommunistische Bildungs- und Erziehungsvorstellungen und -programme zum Zuge. Die allgemeine Krise des Bildungsgedankens spitzte sich in der evangelischen Gedankenwelt nochmals zu. Auf der einen Seite gab es Kreise im Protestantismus, die sich dem allgemeinen Zug der Zeit, nämlich der Kritik am humanistischen, bürgerlichen, vor allem am weltbürgerlichen Bildungsideal des Humanismus anschlossen, beispielsweise die Deutschen Christen im Dritten Reich oder Vertreter einer „Kirche im Sozialismus", eines fortschrittlichen sozialistischen Christentums nach 1945, welche ihre Absage an den tradierten Bildungsgedanken mit dem Scheitern des Nationalismus und Nationalprotestantismus begründeten. Auf der anderen Seite gab es nach 1945 in der evangelischen Kirche Tendenzen zur Abkehr von „weltlicher" Bildung und Kultur und zum Rückzug auf den kirchlichen Binnenraum. *Tertullians* Absage an das antike Bildungsideal wurde wieder aktuell und aktualisiert vertreten: „Was hat also Athen mit Jerusalem zu schaffen, was die Akademie mit der Kirche, was die Häretiker mit den Christen?" Zwischen christlicher Verkündigung und menschlicher, „bloßer" humaner Bildung wurde ein wesentlicher Gegensatz konstruiert. Die radikale Kritik der dialektischen Theologie und des Existenzialismus an der Bildungsidee wirkte sich hier aus. Vertreten wurde die Alternative zwischen „Bildung des Menschen" oder „Entscheidung vor Gott", die theologisch als Wahl zwischen Anthropologie oder Theologie konstruiert wurde. Das Evangelium bringe nur die „Störung der Bildung" *(Gerhard Bohne);* eine biblisch begründbare oder reformatorischer Lehre angemessene protestantische Sicht von Bildung kann es demnach nicht geben.

Eine derartige Absage an eine protestantische Bildungsverantwortung wurzelt theologisch in einer fundamentalen theologischen Kritik der Kultur und des Kulturprotestantismus. Diese Kritik verbindet sich wiederum mit der theologischen Distanzierung von der Aufklärung und dem Neuprotestantismus. Die Absage wurde auch dadurch erleichtert, daß der Begriff Kultur im Protestantismus und im Katholizismus überhaupt erst seit der Spätaufklärung und dem Idealismus Aufnahme und hohes Ansehen gewann. Liberale Theologen, also „Neuprotestanten" entwickelten eine Kulturtheologie, in der sie die religiöse Substanz gesellschaftlicher Institutionen aufzudecken und zu stärken suchten, wohingegen konservative, vor allem konfessionelle Theologen die Differenz, die Verschiedenheit von Kirche und Theologie herausarbeiteten.

Die Antike kannte zwar schon das Wort „cultura". Bei *Cicero* findet sich die Redewendung „cultura animi". *Cultura* meint dabei freilich die „Pflege" der Seele. Das Wort „Kultur" bedeutet ursprünglich „Ackerbau". Das Gegenstück zum bearbeiteten, „kultivierten" Land ist die Wildnis, die Ödnis, die Natur. Neben der Redewendung „Pflege" der Seele finden sich vor der Aufklärung Formulierungen wie „cultura Christi",

„cultura religionis Christianae". Kultur bedeutet dann die Gottesverehrung. Heutige Auffassung von Kultur ist geprägt von der Naturrechtslehre – beispielsweise Pufendorfs –, für die der Gegensatz des Zustandes der Kultur zum Naturzustand, zum status naturalis in der Naturrechtslehre grundlegend ist. Damit entsteht in der Aufklärung erstmals ein normativer Kulturbegriff. Kultur wird Aufgabe menschlicher Gestaltung und zum Fortschrittsideal. Nach *Kant* ist Kultur der Weg „aus der Vormundschaft der Natur in den Stand der Freiheit". „Kultur" bezeichnet den Idealzustand des Individuums und ganzer Völker und Gesellschaften. So sah es bereits *Herder:* die Kultur eines Volkes sei „die Blüte seines Daseins". Wenn Kultur so klar vom Naturzustand abgehoben wird, dann ist Kultur das, was die Geschichte des Menschen schafft und hervorbringt, im Gegensatz zur Natur, die dem Menschen vorgegeben ist und die nicht erst seiner Gestaltungsmacht entstammt. *W. Dilthey* hat diesen anthropologischen Kulturbegriff prägnant erfaßt: „Was der Mensch sei, sagt ihm nur seine Geschichte." Kultur ist geschichtliche Hervorbringung des Menschen. Sie bildet ein Teilsystem der Gesellschaft. *Jacob Burckhardt* stellt Kultur folglich als eine der drei historischen Potenzen neben Staat und Religion. Die Verknüpfung von Kultur als Aufgabe des Menschen mit Geschichte und Fortschritt ist wiederum Anlaß für die theologische Kulturkritik. Diese behauptet dabei eine Antithese von Glaube und Kultur, von Offenbarung und Geschichte. Die Verwerfung der Kultur als relatives, verbesserungsfähiges Werk und Gebilde von Menschenhand wird gemessen am absoluten Anspruch des Wortes Gottes und deshalb abgewertet. Man überträgt dabei den Gegensatz von Zeit und Ewigkeit auf die Spannung zwischen Kultur und Evangelium. Die Botschaft vom Handeln Gottes relativiert in der Tat menschliche Kulturgestaltung (1. Korinther 9,20; Römer 12,2). Solche „eschatologische" Relativierung in der urchristlichen Verkündigung hat freilich in der Kirchengeschichte nicht die großen Kulturleistungen der Kirche und die abendländische Bildung verhindert.

Die gegenwärtige Kulturkritik stützt sich denn auch nicht primär auf die eschatologische Botschaft des Neuen Testaments, auf die Verkündigung des kommenden Gottesreiches; sie verbündet sich vielmehr mit kulturkritischen Bewegungen seit dem 19. Jahrhundert. Gleichzeitig mit dem aufgeklärten

Kulturideal formierte sich nämlich eine prinzipielle Kulturkritik. *Jean Jacques Rousseau* kehrt die aufgeklärte Naturrechtslehre um: Im Naturzustand war der Mensch gut. Erst Gesellschaft, Kultur und Zivilisation verderben den Menschen; sie entfremden ihn von der Natur. *Arthur Schopenhauer* arbeitet den weltverneinenden Charakter von Religion und Christentum heraus und folgert deshalb: „Alle Religion steht im Antagonismus zu der Kultur." Irrationalistische Weltdeutungen wenden sich außerdem gegen moderne Technik, gegen eine „entseelende" Zivilisation und Kultur, gegen die Vermassung, die negativen Auswirkungen und Folgen einer „Kulturindustrie". *Siegmund Freud* erklärt die Entstehung von Kultur damit, daß sie Folge von Triebverzicht und Sublimierungszwang sei. Voraussetzungen von Kultur sind nach *S. Freud* ein „Schuldgefühl als Preis für eine vom Über-Ich auferlegte, Kultur ermöglichende und stabilisierende Verzichtsethik". *Georg Simmel* wertet in seiner Lebensphilosophie ebenso Kultur als große Tragödie. Man könnte *Oswald Spenglers* Zivilisationskritik und Verfallstheorie in „Der Untergang des Abendlandes" hinzufügen. Weiterhin interpretiert *Karl Marx* Kultur als bloß „ideologischen Reflex und Echo" auf reale, materielle Verhältnisse, als lediglich „ideologischen Überbau". Genug der kulturkritischen Stimmen! Ihnen entgegensetzen kann man andere, nicht unkritische und kritiklose, aber prinzipiell positive Einschätzungen von Kultur. Der Katholizismus verfügt über eine eigene Kulturethik (z.B. Johannes Messner). *Ernst Cassirer* hat in seiner Kulturphilosophie dazu angeleitet, Kultur als symbolisches Universum zu begreifen. *Albert Schweitzer* („Verfall und Wiederaufbau der Kultur", 1923) und *Paul Tillich* (1886-1965) mit dem Entwurf einer „Theologie der Kultur" suchen, Kultur gerade als kritisches Potential zu aktivieren. Die theologische Ablehnung der Kultur in der deutschen evangelischen Theologie des 20. Jahrhunderts ist also insgesamt weniger unmittelbar theologisch begründet, sondern eher Ausdruck einer Modernisierungskrise. Theologische Kulturkritik impliziert Kritik an Aufklärung, Modernität, Säkularität.

Gewiß ist Kultur als Folge und Wirkung menschlicher Gestaltung immer auch ambivalent. Es gibt keinen linearen Fortschritt der Kultur. Aber die theologische Kulturkritik ist gleicherweise ambivalent, zumal dann, wenn sie es an Differenzierungen und genauer Beobachtung fehlen läßt. Es gibt durchaus einen menschlichen (und damit auch christlichen und speziell protestantischen) Auftrag zur Kulturgestaltung. Kulturelle Gebilde beeinflussen und prägen das soziale Leben. Das soziale Leben hat eben nicht nur eine materielle und ökonomische Seite, sondern umfaßt ebenso geistige Gehalte. Indifferenz gegenüber der Kultur heißt daher Verweigerung von Kulturverantwortung. Kulturverantwortung kann in modernen Gesellschaften jedoch nur dann richtig wahrgenommen werden, wenn die kulturelle Vielfalt, der Pluralismus akzeptiert wird. Weder ein neuer Gemeinschafts- und Harmonieglaube noch ein prinzipieller, theologisch verbrämter Antiliberalismus, eine antibürgerliche Attitüde können die protestantische Mitverantwortung für Bildung und Kultur sachlich begründen und tragen. Es ist deshalb notwendig, eine in gegenwärtiger evangelischer Sicht verbreitete Bildungsverweigerung und Kulturkritik heute kritisch zu überprüfen.

5.2. Die reformatorische Begründung von Bildungsverantwortung

Der Reformator Martin Luther hat einen unverwechselbaren Beitrag zur Kultur geleistet. Neben der Bildungspraxis steht eine programmatische, theologisch grundsätzlich begründete Bildungsvorstellung. Der praktische Beitrag Luthers zur reformatorischen Bildung sind seine Katechismen, vor allem der Kleine Katechismus. Luther nannte den Katechismus eine „Laienbibel". „Der Katechismus ist der ganzen heiligen Schrift kurzer Auszug und Abschrift." Denn die Hauptsätze des Glaubens muß nach Luther jeder Christ selbst kennen. Deshalb gilt es, den Katechismus zu lernen. Weder die Predigt noch die eigene Bibellektüre können das eigene Katechismuswissen ersetzen. „Verlasse dich nicht darauf, daß das junge Volk die christliche Lehre von allein aus der Predigt lerne und behalte." Inhalt des Katechismus sind: die Zehn Gebote (der Dekalog), die drei Artikel des apostolischen Glaubensbekenntnisses und das Vaterunser; dazu kommt die evangelische Auffassung von Taufe und Abendmahl. Geschichtlich konnte der Katechismusunterricht an die Taufunterweisung in der Alten Kirche und in der Missionspraxis anknüpfen. Luther übertrug den Katechismusunterricht sodann den Hausvätern und Schulmeistern. Die Abfassung eines Katechismus hat im 16. Jahrhundert Schule gemacht und viele Nachahmer gefunden. In den reformierten Kirchen entstanden zahlreiche regionale Katechismen. Eine normative Bedeutung gewann der Heidelberger Katechismus von 1563. Von den zahlreichen gegenreformatorischen Katechismen ist besonders der nach dem tridentinischen Konzil verfaßte Römische Katechismus zu nennen, der Catechismus Romanus, lateinisch 1566, deutsch 1568 veröffentlicht. Der Catechismus Romanus faßt die Lehre des Konzils von Trient verbindlich zusammen. Zum Kennzeichen des Katechismus wurde das Frage-Antwort-Schema. Die Neigung der Autoren von Katechismen, diese Literatur immer umfangreicher zu gestalten und zur umfassenden Darlegung der gesamten konfessionellen Glaubenslehre zu benutzen, veränderte die Gattung „Katechismus". Der „Holländische Katechismus" von 1966 ist „Glaubensverkündigung für Erwachsene". Evangelischerseits wurde 1975 ein umfangreicher „Evangelischer Erwachsenenkatechismus, Kursbuch des Glaubens" von der VELKD vorgelegt. Über 200 Autoren sollten auf 1357 Seiten Antworten auf Glaubens- und Lebensfragen geben. Der „Katechismus der katholischen Kirche", der sogenannte Weltkatechismus, 1993, sammelt in 2865 Nummern auf über 700 Seiten alle Glaubensaussagen der offiziellen katholischen Lehre. Der Weltkatechismus richtet sich allerdings in erster Linie an die Bischöfe als Inhaber des Lehramtes, an Priester und Diakone und erst an letzter Stelle an alle Glieder des Volkes Gottes.

Gegen die Ausweitung des Katechismusbegriffs und die Hypertrophie des Katechismusstoffes ist daher an die ursprüngliche, reformatorische Intention des Katechismus zu erinnern. Es geht nicht um einen Überblick über alles denkbare Wissen christlichen Glaubens, sondern um die „Laienbibel". Ein Katechismus soll allein das elementare Grundwissen, Grundformeln oder Kurzformeln des Glaubens vermitteln. Der Katechismus nötigt zur Konzentration auf das Wesentliche, zur Besinnung auf die unverzichtbaren Grundlagen des Glaubens. Nach evangelischem Verständnis geht es dabei auch nicht einfach intellektualistisch um Information und Wissensmitteilung, sondern um eine existentielle Erfahrung, um das Grundvertrauen des Glaubens. Von der reformatorischen Praxis des Katechismus lernen kann man die Konzentration auf das Wesentliche und damit verbunden die Orientierung an der Selbstvergewisserung und Selbstbildung des evangelischen Christen.

Neben der praktischen Anleitung zur evangelischen Lebensorientierung stammen von *Luther* weiterhin theoretische Beiträge zur Bildung. Er verfaßte zwei Sendschreiben zur Bildung: „An die Ratsherren aller Städte deutschen Landes, daß sie christliche Schulen aufrichten und halten sollen", 1524, und „Eine Predigt, daß man Kinder zur Schule halten soll", 1530. Im Rückblick auf seine Mahnung an die Ratsherren nannte Luther sich sogar den Propheten Deutschlands. Der Anlaß für Luthers Schulschrift „An die Ratsherren aller Städte deutschen Landes" war der Niedergang des Schulwesens und der Universitäten in der Reformationszeit. Die Klöster wurden von den Mönchen verlassen. Mit den Klöstern gingen Bildungsträger verloren. Außerdem breitete sich im Umfeld der Reformation Bildungsverachtung aus. Radikale schwärmerische Prediger lehnten das gelehrte Studium ab und beriefen sich statt dessen auf die Unmittelbarkeit der Geisterfahrung (z.B. Karlstadt). Luther erinnert deshalb die weltliche Obrigkeit, die das Kirchengut eingezogen und sich angeeignet hatte, an ihre Bildungsaufgabe. Er nimmt darin Anliegen des Humanismus auf. Mit dem Humanismus teilt er das Interesse an der geistigen Welt der Antike. Darum betont er die Bedeutung der klassischen Sprachen und des Geschichtsunterrichts. Im Unterschied zur religiösen Enge und einer Ängstlichkeit gegenüber dem Eindringen weltlichen Geistes in den Unterricht später im Pietismus fordert Luther Kulturoffenheit. Die Kenntnis der Sprachen ist wichtig. Die Sprachen sind Scheiden, in denen die Messer des Geistes stecken. Unkenntnis der Sprachen führt zu Irrtum und Greuel. Auch die Mädchen sollen in der Schule unterrichtet werden. Luther betont die Bedeutung der Schule und der Bildung für das zeitliche Regiment. Sie haben Bedeutung für den Leib. Die Finanzierung der Schulen ist Aufgabe der Obrigkeit. Die Obrigkeit soll ferner Bibliotheken einrichten. Was ist dann das Christliche an der weltlichen Schule? *Luther* beschreibt in diesem Zusammenhang Gottes Wort als fahrenden Platzregen, über den die Christen und die Kirche nicht verfügen. Er warnt seine Landsleute: „Liebe Deutsche, kauft, solange der Markt vor der Tür ist, kauft und sammelt ein, solange die Sonne scheint und gutes Wetter ist, macht Gebrauch von Gottes Gnade und Wort, solange es da ist. Denn das sollt ihr wissen: Gottes Wort und Gnade ist ein fahrender Platzregen, der nicht wiederkommt, wo er einmal gewesen ist. Er ist bei den Juden gewesen – aber hin ist hin: Sie haben nun nichts. Paulus brachte ihn nach Griechenland. Hin ist auch hin. Nun haben sie die Türken. Rom und lateinisches Land hat ihn auch gehabt – hin ist hin. Sie haben nun den Papst, und ihr Deutschen braucht nicht zu denken, daß ihr ihn ewig haben werdet, denn der Undank und die Verachtung wird ihn nicht bleiben lassen. Darum greife zu und halte fest, wer greifen und halten kann! Faule Hände werden eine schlechte Ernte haben." Die Bildungsaufgabe des Staates gehört bei Luther in den weltlichen Bereich. Als *Lazarus Spengler* und der Rat der Stadt Nürnberg um 1530 darangingen, städtische Schulen zu schaffen, unterstützte sie Luther daher mit der Schrift „Eine Predigt, daß man Kinder zur Schule halten soll", die er auf der Feste Coburg 1530 niederschrieb. Er hält die Ausbildung einer Führungsschicht in Staat und Kirchen nach den sozialen Unruhen für dringend geboten. Verglichen mit der Schrift „An die Ratsherren", 1524, ist allerdings eine gewisse Ernüchterung festzustellen. Die Menschen sorgen sich nur noch um Nahrung und Bauch. Die Eltern sind in dieser Lage überfordert. Deshalb hat die Obrigkeit stellvertretend, subsidiär zu handeln. Die Lücke, die der Niedergang des geistlichen Standes gerissen hat, muß nämlich geschlossen werden. Dabei hat das Predigtamt besondere Verantwortung. Denn das Predigtamt hat alle Stände zu berichtigen und zu unterweisen. Ein Prediger bestätigt, stärkt und hilft nämlich, alle Obrigkeit zu erhalten, allen zeitlichen Frieden; es steuert den Aufrührerischen, lehrt Gehorsam, Sitten, Zucht und Ehre. Ja, Luther kann emphatisch erklären: Der zeitliche Friede, der das höchste Gut auf Erden ist, ... sei „eigentlich eine Frucht des rechten Predigtamtes". Er kann sogar schreiben: Die weltliche Herrschaft sei ein Bild, Schatten und Figur der Herrschaft Christi. Denn ohne das weltliche Regiment wären die Menschen Tiere, die einander fressen. Deshalb ist eine Ausbildung weltlicher Eliten notwendig. Es müssen keineswegs alle Knaben Pfarrer, Prediger, Schulmeister werden. Auch im weltlichen Bereich benötigt man geeignete und geschulte Leute. Die Juristen und Gelehrten sind „Gottes

Engel, Heiland, Priester und Prophet" im weltlichen Regiment. Diese Aussage ist einerseits eine Folgerung aus dem Allgemeinen Priestertum aller Gläubigen im Blick auf das Bildungswesen. Andererseits wendet *Luther* die Unterscheidung von weltlichem und geistlichem Regiment auf die Erziehungs- und Bildungsaufgabe an: Gott hat das weltliche Regiment und leibliche Wesen der Vernunft unterworfen. Die weltlichen Berufe, Stände sind an Maßstäben der Vernunft zu orientieren. Zur weltlichen Aufgabe gehörte sogar äußerstenfalls die Notwendigkeit, mit dem Schwert zu strafen. Das Predigtamt hingegen darf sich nicht auf das Schwert stützen, sondern kann nur mit dem Wort, mit der Rede strafen. Luthers Inpflichtnahme der Obrigkeit für das Bildungswesen fordert von ihr nicht nur den Bau und den Unterhalt von Schulen, Bildungseinrichtungen. Er ist darüber hinaus für eine allgemeine Schulpflicht. Zum Amt der Obrigkeit gehört es, die Untertanen zur Schule zu zwingen. „Darum wache hier, wer wachen kann." Ein reformatorischer Beitrag zur Bildungsverantwortung besteht zum einen darin, daß nach ihm zur staatlichen Aufgabe nicht nur der Schutz der Untertanen gegen Übergriffe, sondern positiv auch eine Erziehungs- und Bildungsaufgabe gehört. Das ist ein Ansatz für eine Bildungspolitik. Zum anderen ist die Bildungsaufgabe Aufgabe des „weltlichen" Regiments. Sie ist Sache von Vernunft und Einsicht, darf nicht zur bloßen unkritischen Einübung von Glaubensinhalten und von Gehorsamsforderungen werden. Reformatorisches Bildungsverständnis ist folglich offen für Kritik und Veränderung, Reform. Es steht unter Argumentationszwang. Luther trat gegen alle sektiererische Enge und gegen schwärmerische Weltflucht für eine weltoffene Bildung ein. Ein eigenes Erbe ist in evangelischen Territorien aus dem Aufbau städtischer Schulen, den Gymnasien entstanden. Die evangelischen Schulen wurden die Träger einer protestantischen Kultur. Diese protestantische Kultur verändert sich freilich unter dem Einfluß der Aufklärung und unter den Bedingungen der Neuzeit.

5.3. Neuprotestantische Ansätze

Historisch betrachtet hat jedoch erst die Aufklärung Bildung und Kultur in den Mittelpunkt der Gesellschaft gerückt. Der protestantische Repräsentant einer auf die Gesamtkultur bezogenen Bildungstheorie, welche Einflüsse der Aufklärung und des deutschen Idealismus aufnimmt, ist Friedrich Schleiermacher. Schleiermacher wurde ab seinem 14. Lebensjahr in Instituten der Herrnhuter (in Niesky und Barby) erzogen. Unter der Enge der Herrnhuter Frömmigkeit und Erziehung hat er gelitten; das Verbot „weltlicher" Lektüre belastete ihn. Nach Kämpfen und Auseinandersetzungen mit seinem Vater erstritt er sich das Recht, an der von der Aufklärung, der neologischen Theologie, damals geprägten Universität Halle zu studieren (1787-1789). Sein frühes, epochemachendes Werk „Über die Religion", 1799, trug den Untertitel: „Reden an die Gebildeten unter ihren Verächtern". *Schleiermachers* Ziel war es, Religion und Bildung miteinander zu versöhnen, also Glaubenserfahrung und aufgeklärte Kultur nicht zueinander in Gegensatz geraten zu lassen. Dazu nahm er Einflüsse von Herder und Kant auf. *Karl Barth* erklärt zutreffend, Schleiermachers Theologie sei „in ihrem innersten Heiligtum Kulturtheologie". Seine philosophische Ethik ist Theorie des Christentums. Das Christentum ist für ihn „Hüterin der Humanität" *(H. J. Birkner).* Die Sorge des späten Schleiermacher war angesichts damaliger Entwicklungen: „Soll der Knoten der Geschichte so auseinandergehen?: das Christentum mit der Barbarei, und die Wissenschaft mit dem Unglauben!" Er befürchtete schon für seine Zeit ein Auseinanderdriften von Naturwissenschaft und Religion, insbesondere beim Schöpfungsglauben. Das „Bombardement des Spottes" seitens der Wissenschaft löst dann die Reaktion aus, daß der Glaube sich gegen die Wissenschaft verschanzt und die Wissenschaft ihrerseits „die Fahne des Unglaubens aufstecken muß!" Er bemühte sich daher um die Vereinbarkeit von Frömmigkeit und Bildung und wollte nicht mit dem Kopf, dem Verstand, ein Heide und mit dem Herzen Christ sein. Äußeres Zeichen seines Bemühens war es, daß er neben der religiösen Erziehung, mit der er sich in der Praktischen Theologie und in der Christlichen Sitte befaßte, dreimal in der Philosophischen Fakultät Vorlesungen über Pädagogik hielt (1813/14; 1820/21 und

1821). Schleiermacher gehört deswegen nicht nur der Theologiegeschichte, sondern ebenso der Geschichte der Pädagogik an. Er war gerade als Kulturprotestant bemüht um die Vereinigung von Pädagogik und Glaubensunterweisung. *Karl Barths* kühle Abweisung der Befürchtung Schleiermachers angesichts einer Koalition zwischen Christentum und Barbarei sowie zwischen Wissenschaft und Unglaube mit einem „Bangemachen gilt nicht!" ist heute zu überdenken und zu revidieren.

In der Linie Schleiermachers sind dann auch *Ernst Troeltsch* und *Adolf von Harnack* (1851-1930) wiederzuentdecken. Beiden ging es um eine Kultursynthese, in der die Botschaft des Christentums in Welt, Gesellschaft und Kultur zur Geltung kommen kann.

Die Erschütterungen der zwei Weltkriege im 20. Jahrhundert haben den Kulturprotestantismus zwar scheinbar überholt. Er repräsentiert, so ein Vorurteil, danach nur noch eine vergangene Periode protestantischen Christentums, wohl gar eine Fehlentwicklung und einen Irrtum. Die Antworten eines liberalen Protestantismus des 19. Jahrhundert mögen im einzelnen vergangen und überholt sein. Die Fragestellungen sind es aber keineswegs. Das kam in der politischen und inhaltlichen Auseinandersetzung um das Fach LER in Brandenburg – Lebenskunde, Ethik, Religion – zum Vorschein. Rahmenbedingungen haben sich sicherlich verändert. Aber die Probleme sind nahezu identisch. Bis zur Aufklärung gab es keinen schulischen Religionsunterricht, sondern nur vom Pfarrer erteilten Konfirmandenunterricht, der in der Schule gehalten wurde. Erst im 19. Jahrhundert wird ein staatlicher Religionsunterricht eingeführt. Religiöse Unterweisung war bis dahin Sache der Familien und der Kirchengemeinde und wurzelte in gelebter religiöser Praxis. Nur Schulandachten waren Brauch. Noch 1826 meinte kein geringerer als *Schleiermacher* selbst, auf Religionsunterricht könne an Schulen gänzlich verzichtet werden. Er empfahl, daß an den Gymnasien der Religionsunterricht als Teil der allgemeinen Bildungsaufgabe der öffentlichen Schule angesehen werden müsse „in der Form einer allgemeinen Darstellung der christlichen Lehre und Kirche". Deshalb sei darauf zu achten, daß „die Einsicht die Hauptsache sein muß, und die Belebung der Gesinnung die Nebensache". In der Tat gehören Grundkenntnisse des Christentums und seiner Geschichte nach wie vor zur Allgemeinbildung; das ist heute nicht mehr selbstverständlich. Das Christentum ist Teil europäischer Kultur. Ebenso ist Schleiermacher darin beizupflichten, wenn er einer konfessorischen und missionarischen Ausrichtung des Religionsunterrichts widerrät. Die Glaubensvermittlung hat ihren Ort in der Familie und in der christlichen Gemeinde. Sie dient nicht in erster Linie der Wissensvermittlung, sondern äußert sich im persönlichen Zeugnis und im Beispiel gelebten Glaubens. Es liegt nicht nur an der Schule, wenn heute die religiöse Bildung und Erziehung vor großen Schwierigkeiten und Problemen steht. Der Verlust des Bezugs zum Glauben in der Familie und die Schwäche der christlichen Gemeinden kann nämlich kein Curriculum, kein Lehrplan kompensieren. Damit verknüpft sich die Bildungsthematik mit einem weiteren Grundproblem der religiösen Sozialisation und der Glaubwürdigkeit der christlichen Überlieferung.

5.4. Familie und Ehe

Familie und Ehe sind in der Gegenwart zu Problemfällen, ja zu „Pflegefällen" geworden, auch und gerade im Protestantismus. Innerhalb des heutigen Protestantismus gibt es heftige Kontroversen um die Bewertung von Ehe, nichtehelichen Lebensgemeinschaften, homosexuellen Partnerschaften, unterschiedlichen Familienformen, also hinsichtlich der sexuellen Selbstbestimmung. In der zweiten Hälfte des 20. Jahrhunderts sind Individualisierung und Singularisierung Kennzeichen der Lebensführung in Industriegesellschaften. Die Soziologie stellt diese Individualisierungsprozesse unter das Leitmotiv „riskante Freiheiten" *(U. Beck)*. Die Bewertung von Ehe und Familie wirft exemplarisch die Frage nach der Freiheit des Individuums und nach dem Verhältnis von Individuum und Institution auf. Die folgenden Bemerkungen stellen bewußt die Familie der Ehe voran. Die Familie dient der Weitergabe von Leben über die Generationenfolge hinweg. In der Familie vollzieht sich ursprünglich die Tradierung von Kultur, und in früheren Gesellschaften ebenso die Weitergabe von Religion. Soziologen sprechen im Blick auf das biologische Faktum, daß Kinder aus einem Zeugungs- und Geburtsakt hervorgehen, von der „Reproduktionsfunktion" der Familie, im Blick auf die Aufgabe der Vermittlung von Kultur von ihrer „Sozialisationsfunktion". Familie und Ehe gehören außerdem als Gemeinschaftsbeziehung zwischen Menschen zunächst einmal in den Privatbereich, in die Intimität persönlicher Beziehungen. Aber sie sind zugleich öffentliche Institutionen, in denen die Beziehungen zwischen den Geschlechtern, zwischen Mann und Frau, und zwischen den Generationen, zwischen jung und alt, sozial und rechtlich geordnet werden. Durch Ehe und Familie werden Formen sozialen Handelns strukturiert. Dabei können sich die konkreten Ausgestaltungen dieser Beziehungsformen zwar geschichtlich wandeln und verändern. Gerade Vergleiche in der Bewertung von Ehe und Familie bei Luther und in der Gegenwart zeigen dies.

Das Thema von Ehe und Familie wird bei Luther in der Auslegung des kleinen Katechismus beim sechsten und vierten Gebot erörtert. Das Gebot der Elternehrung (viertes Gebot) ist von Luther besonders entschieden eingeschärft worden. Das sechste Gebot „Du sollst nicht ehebrechen" schützt den Ehestand. Ein Stück augustinischen Erbes ist dabei die enge Verbindung von Sünde, besonders der Erbsünde, mit Sexualität. Augustin hielt das sexuelle Begehren, die libido, für den Anlaß zu sündigem Begehren. Auch *Luther* spricht von „fleischlicher Brunst", die in der Ehe als „Spital der Siechen" gezähmt werden soll. Die Ehe ist Heilmittel gegen die Unkeuschheit, „Arznei". Das sind Überreste mönchischer Vergangenheit. Ansonsten hat der Protestantismus gerade wegen der Ablehnung des Möchtums und des Zölibats die Ehe hochgeschätzt. Der Christ hat einen „Beruf" zur Ehe. Die Ehe ist Gottes gute Schöpfung. Gott segnet den Ehestand; er hat ihn mit der Erschaffung des Menschen gestiftet (vgl. 1. Mose 1,27; 2,18; Matthäus 19,4-5). Gegen eine im Spätmittelalter übliche Verkirchlichung des Eheschlusses und der Ehe betont freilich *Luther,* daß die Ehe ein „weltlich" Ding sei. Die Aussage „weltlich" Ding besagt einmal, daß die Ehe kein Sakrament ist. Wer heiratet, empfängt nicht sakramentale Gnade, sondern er handelt schöpfungsgemäß. Das Konzil von Trient (im Dekret „Tametsi") hat dagegen die Ehe als Sakrament definiert und festgelegt. Weil die Ehe ein „weltlich" Ding ist, fällt nach reformatorischem Verständnis zum anderen das Eherecht in die Zuständigkeit des weltlichen Regiments. Die weltliche

Obrigkeit ist zuständig für das Eherecht, für Eheschließung, Ehescheidung. Anders als im kanonischen Recht gibt der Protestantismus das Eherecht nicht in die Zuständigkeit der Kirche. Ehe wird ferner zwar auf Lebenszeit geschlossen. Die Brautleute versprechen einander Beistand und Treue, bis der Tod sie scheidet. Dennoch besteht angesichts der Realität des Menschseins und wegen der „Herzenshärtigkeit" die Möglichkeit eines Scheitern von Ehe, so daß die Scheidung in solchem Fall ein geringeres Übel ist – für alle Beteiligten, Ehegatten und Kinder – als die formale Aufrechterhaltung einer zerstörten Ehe.

Die Neubewertung der Ehe als „weltliches" Ding in reformatorischer Theologie und die Errichtung obrigkeitlicher Ehegerichte in Zürich und Wittenberg (dort auch „Konsistorium" genannt) ist die eine Seite. Die andere Seite ist die Deutung der Ehe aus der Sicht des Glaubens als „geistlicher Stand". Ein „geistlicher Stand" ist die Ehe, weil sie die Verheißung des Wortes Gottes für sich hat. Gott will den Ehestand; das ist der Sinn der Rede von der Ehe als „Schöpfungsordnung", nicht etwa die Legitimation einer bestimmten Eheform, der bürgerlichen Ehe, oder eine Naturalisierung des Glaubens. Im Großen Katechismus Luthers heißt es, daß der Ehestand „der gemeinste, edelste Stand, so ... durch alle Welt reicht", sei; denn er hat „Gottes Wort für sich und ist nicht von Menschen erdichtet oder gestiftet". Die Annahme der Ehe als „geistlichen", christlichen Stand ist Deutung und Aussage aus der Sicht evangelischen Glaubens. Für die äußere Ordnung der Ehe und die Bekundung der Ehe in der Öffentlichkeit sind dagegen die Juristen zuständig. *Luther* hat gegen die spätmittelalterliche Überordnung des ehelosen Standes der Mönche, Nonnen und Priester des „geistlichen" Standes über den Ehestand die weltlichen Stände betont. Gott hat drei Stände in der Welt eingesetzt. Statt von „Ständen" kann *Luther* auch von „Ämtern", von „Orden", „Hierarchien" sprechen. Die drei Stände oder Hierarchien sind: das Haus; der politische Stand; die Kirche, die ecclesia. Jeder Christ gehört allen drei Ständen zugleich an, sei es im Hausstand als Eltern oder Kinder, als Hausvater oder Gesinde, im politischen Leben als Herrscher oder Untertan, in der christlichen Gemeinde als Prediger oder Hörer. Die drei Stände hat Gott geschaffen. Sie sind ihm Mittel zur Erhaltung der Menschen. „Gott hält über solchen Ständen, daß sie müssen bleiben; sonst kann die Welt nicht stehen."

Solche Sicht der Ehe wie der Ständelehre hatte zur Folge eine Aufwertung und Auszeichnung von Familie und Ehe im Protestantismus. *Schleiermacher* hat in seinen Predigten „Über den christlichen Hausstand" die Ehe geradezu als Bildungsprozeß beschrieben. In der Familie sieht er die Keimzelle der christlichen Kirche. Protestantisches Erbe ist es ebenfalls, wenn *Hegel* die Ehe als „sittliches Verhältnis" bedenkt, das weder der autonomen Verfügung der beteiligten Individuen noch einem staatlichen Zwang ausgeliefert werden darf. Die Ehe darf weder dem Maßstab individueller Glückserwartung unterworfen werden, noch kann die Gesellschaft über sie verfügen, sie von außen bestimmen. Allein die freie Entscheidung, der Konsens der Eheschließenden begründen eine Ehe; aus dem Konsens entstehen freilich ethische Verpflichtungen und Rechtsfolgen.

Es ist aber auch nicht zu übersehen, daß die reformatorische Sicht von Ehe und Familie ihre Grenzen hat. Von der Gleichberechtigung von Mann und Frau ist noch keine Rede. Die Ordnung von Ehe und Familie ist patriarchalisch. Die „Gemütsverbindung" in der Ehe, die seit der Romantik für grundlegend erachtete Liebe, ein geistig-erotisches Verhältnis spielen bis zur Romantik allenfalls eine Nebenrolle. Die Gefahr einer Fixierung der Ehe auf ein Ordnungsgefüge und die Vernachlässigung der personalen Gemeinschaft besteht. Insoweit ist die Übernahme des Ehemusters der Reformation als zeitlos gültiges Modell nicht möglich. Der heutige Protestantismus hat die Erfahrungen von Aufklärung und Neuzeit auch in Ehe- und Familienverständnis aufzunehmen und zu verarbeiten.

In Reaktion und im Gegenzug zu einem statischen Ehe- und Familienverständnis artikulieren sich im heutigen Protestantismus Tendenzen zu einer Subjektivierung und Individualisierung der sexuellen und familiären Beziehungen. Man stellt deshalb die Lebensformen von Ehe und Familie in Synodalerklärungen und öffentlichen Diskussionen prinzipiell zur Disposition. Ein antiinstitutioneller Affekt im neueren Protestantismus verstärkt solche Bestrebungen, die jedes Reden von „Ordnung" apriori ablehnen. Der öffentliche Charakter von Ehe und Familie wird damit in Frage gestellt. Die Ehe und Familienwerte werden dann ausschließlich zu Themen und Anliegen des Katholizismus (vgl. z.B. das Apostolische Schreiben „Familiaris consortio" von Papst Johannes Paul II., 1981). Die Versuchung ist groß, eine hedonistische Weltanschauung und gesellschaftliche Praxis heilig zu sprechen, die nur auf private Glückserfüllung hin ausgerichtet ist; ein Diskussionspapier der rheinischen Kirche über „Sexualität und Lebensformen", 1996, trägt beispielsweise Züge der völligen Privatisierung von Ehe und Familie. Von einer gemeinsamen „protestantischen Kultur" ist in dieser Hinsicht nicht mehr zu reden. Allenfalls die individuelle Selbstverwirklichung und sozialpolitische Hilfen für den Einzelnen bleiben noch christliche Aufgaben. Nun ist in der modernen Gesellschaft in der Tat ein Defizit an gesellschaftlicher Anerkennung und politischer Unterstützung der Familien zu beklagen. Nicht nur die Familienleitbilder sind freilich unklar geworden. Die Familie ist eben eine kulturgeprägte Erscheinung, keine unwandelbare Größe. Gerade an der Emanzipation der Frau wird dies unübersehbar deutlich. Überdies ist die Industriegesellschaft strukturell kinder- und familienfeindlich. Bereits der Ökonom *Friedrich List* beklagte diese falsche Wertung: „Wer Schweine erzieht, ist ... ein produktives, wer Menschen erzieht, ein unproduktives Mitglied der Gesellschaft." Es fehlt an öffentlicher Anerkennung und Unterstützung für junge Paare und Eltern. Kinder führen vielmehr zur sozialen Benachteiligung von Eltern und Familien. Die Familie kann aber in ihrer Bedeutung als Humanvermögen und als Ort der Sozialisation nicht ersetzt werden. Sie bildet den primären Raum wechselseitiger Hilfe. Politische Maßnahmen können freilich nicht viel bewirken. Familien (und Ehen) bedürfen zwar der Hilfe; aber es ist ihnen schwer zu helfen. Wird solche Einsicht in die Notwendigkeit gegenseitiger Hilfe vergessen oder nicht mehr vermittelt, schwinden die Solidarpotentiale in einer individualistischen Gesellschaft insgesamt. Das Zusammenleben in der Gesellschaft zehrt von Kräften und ethischen Überzeugungen, die Politik nicht herzustellen, jedoch durchaus zu zerstören und aufzuzehren vermag.

Unter der Perspektive eines Zusammenlebens in Mitmenschlichkeit ist der Protestantismus herausgefordert, durch Bildung und Verkündigung zu einer Kultur von Familie und Ehe beizutragen. In der Reformationszeit und in den nachreformatorischen Epochen des Protestantismus verkörperte beispielhaft das evangelische Pfarrhaus ein Stück protestantischer Kultur. Gerade an Krisenphänomenen von Pfarrersehen – Scheidung – und des Pfarrhauses werden die Auswirkungen von Individualisierungsprozessen anschaulich. Das Pfarrhaus verkörperte nämlich jahrhundertelang die Integration von Beruf des Pfarrers, Familie und Gemeinde und wurde dadurch ein Beispiel protestantischer Lebensführung. Das Zerbrechen der Integration ist Kennzeichen eines Gesellschaftswandels und tiefgreifender kultureller, geistiger und geistlich-christlicher Veränderungen. Es geht an dieser Stelle nicht um die Idealisierung und Überhöhung eines Leitbildes, sondern um den Aufweis eines inneren Zusammenhangs zwischen Glaubensüberzeugung und Lebensführung: Protestantische Lebenshaltung, die auf die Identität im Gewissen sich beruft, kann nicht eine „Patchworkexistenz" oder eine „Bastelbiographie" für richtig erklären, in der die unterschiedlichen Lebensbezüge und Lebensdeutungen in zusammenhanglose Einzelstücke zerfallen.

5.5. Protestantische Kultur

Bildung geht also die gesamte Person an. Kultur vereinigt materielle und geistige Gehalte zu einem realen Lebenszusammenhang. Prinzipielle Kulturfeindschaft und weltflüchtige Kulturindifferenz versagen sich der Aufgabe kritisch verantworteter Gestaltung, Kultivierung der Welt. Eine grundsätzliche Absage an die Epoche des Kulturprotestantismus, der von Schleiermacher bis Adolf von Harnack und Ernst Troeltsch eine Verbindung von evangelischem Glauben und Bildung anstrebte, führt nicht nur zur kulturellen Sterilität des Protestantismus, sondern entzieht auch der Kultur religiöse Substanz. Von ihren Anfängen an war, beispielsweise, Kunst unlösbar mit Religion verbunden. Bauwerke, Tempel und Dome dienten dem Kult und verkörperten religiöse Vorstellungen. Gesang und Musik, Dichtung und Malerei sollten das Gotteslob aussprechen und symbolisieren. Die vollständige Profanierung der Kunst seit der Aufklärung hat auch zur Entfremdung zwischen Theologie und Kunst, zwischen Glaube und Kultur geführt. Protestantische Säkularität, die eine „Weltfrömmigkeit" legitimierte, verstärkt gelegentlich sogar die Distanz. Eine „Kultursynthese", wie sie Ernst Troeltsch als Aufgabe des Protestantismus vorschwebte, rückt immer ferner. Zugleich wird infolgedessen der Zusammenhang von Öffentlichkeit und Protestantismus lediglich noch politisch begriffen.

Das Verhältnis des Protestantismus zur Kunst war von jeher schwierig. „Kunst" ist das von Menschen Hervorgebrachte, das bewußt Gestaltete. Allgemeinverbindliche Maßstäbe für das, was als Kunst gilt und anerkannt wird, und das in allen Kulturen zustimmungsfähig wäre, gibt es freilich nicht. Künstlerische Produkte sind zugleich Ausdruck des jeweiligen epochalen Selbstverständnisses. Neben bildender Kunst, Musik und Literatur sind die darstellenden Künste (Theater, Tanz, Pantomime, im 20. Jahrhundert der Film) zu beachten. Kunst ist von Hause aus mit Religion verbunden. Denn beide wollen ein Absolutes, ein unbedingt Verpflichtendes zur Darstellung bringen. Diese Verbindung von Kunst und Religion ist uralt: Grab und Tod, Kult, Feier und Fest sind Bereiche künstlerischer Gestaltung und Produktion. Herrscher und Priester förderten die Kunst. Man denke nur an die mittelalterlichen Kathedralen und Dome oder an Päpste und Bischöfe als Kunstmäzene. Zugleich bewahrt Kunst wie Religion das kulturelle Gedächtnis. Das Verhältnis von Protestantismus zur Kunst ist von Anfang an zwiespältig. Die reformierte Tradition (Zwingli und Calvin) lehnte Bilder im Gottesdienst ab. Der Zürcher Reformator Ulrich Zwingli verbannte auch die Orgel aus dem Gottesdienst. Luthers Bibelübersetzung wurde hingegen zur Grundlage der deutschen Hochsprache. Spuren in der Kunst hinterließ die Reformation in der Musik: Neben dem reformatorischen Choral ist vor allem das Werk des Thomaskantors Johann Sebastian Bach (1685-1750) zu nennen. Die Bibelillustrationen, die durch die Erfindung von Holzschnitt, Kupferstich und Buchdruck Verbreitung von Bildern ermöglichten, förderten im 16. Jahrhundert das künstlerische Schaffen, z.B. von Albrecht Dürer, den Cranachs, Holbeins, Riemenschneider, Grünewald, Krafft u.a. Barock und Gegenreformation haben freilich sehr viel stärker und nachhaltiger die Kunst in den Dienst der katholischen Kirche genommen. Die Stellung des Protestantismus zur Kunst war zum Teil grundsätzlich ablehnend. Hinter dem Bildersturm in der Reformation steht das Spannungsverhältnis zwischen Wort und Bild. Protestantismus ist am Wort, am Hören orientiert; das Bild, das Sehen, Wahrnehmen ist ihm darum oftmals gänzlich fremd. Das Mittel von Kunst ist zudem die Sprache des Bildes, des Symbols, der Metapher. Dazu kommt im Protestantismus ein zunehmend rein historisches und historisierendes Verständnis des Wortes. Historisch-kritische Exegese und Aufklärung wollen Tatsachen, Fakten, Vernunft freilegen. Häufig geht darüber ästhetische Sensibilität verloren, die Fähigkeit, das Schöne – auch in seinem Eigenwert – wahrzunehmen. Der neuere Protestantismus hat sich in seiner nüchternen Rationalität weithin der Kunst vollständig entfremdet, wurde kulturfeindlich, während künstlerisch sensible, feinfühlige Menschen mit protestantischer Nüchternheit nichts anfangen können. Künstlerische Gestaltung wird überdies vom Wechselspiel zwischen Tradition und Innovation, Erneuerung, zwischen Bewahren und Überliefern und individuellem Ausdruck bewegt. Traditionsverlust einerseits, Vorbehalte gegen subjektive Kreativität als Bedrohung kirchlicher Normalität andererseits, haben die gegenwärtige Kluft zwischen Protestantismus und Kunst vertieft. Der religiöse Sinn einer Transfiguration der irdischen Wirklichkeit in der Kunst wird unverständlich – „Transfiguration" ist das lateinische Wort für die Verklärung Christi und deren künstlerische Darstellung. Die nüchterne Geistesart des Protestantismus verkürzt diesen auf eine Alltagsprosa des Mittelmäßigen. Gerade das Nichtverhältnis zur Kunst ist Hinweis auf diesen Mangel an protestantischer Kultur.

Die Entfremdung des Protestantismus von der Kultur und die Politisierung der evangelischen Kirche sind zwei Seiten ein- und derselben Medaille. Evangelischer Umgang mit Kunst und Kultur ist im 19. und 20. Jahrhundert oft trivial und niveaulos. Eine Verwechslung von Kunst mit Kitsch ist freilich niemals ausgeschlossen. Die Ratlosigkeit und Unsicherheit im Blick auf einen Bildungsauftrag der evangelischen Christenheit und auf den evangelischen Beitrag zur Bildungspolitik und Kultur ist groß. Die Tradition des Kulturprotestantismus ist weithin abgebrochen. Der Verzicht auf Orientierung durch Bildung und Erziehung läßt den Protestantismus im öffentlichen Bewußtsein in Vergessenheit geraten. Mangels Profil wird dann der Protestantismus im gesellschaftlichen Pluralismus unsichtbar und unkenntlich. Die Folge fehlender Orientierung ist, daß man einem destruktiven Relativismus und der Beliebigkeit zuneigt. Ernsthafte und nachhaltige Bemühungen um die Gestaltung des Schul- und Bildungswesens durch Schulen in evangelischer Trägerschaft – als geistreiche und geistbegabte Alternativen zu mancherlei Defiziten des staatlichen Schulwesens – sind ebenso Gegenwartsaufgaben wie das Bemühen um einen der Gesamtkultur verpflichteten Religionsunterricht. Eine Reform des Religionsunterrichts ist daher an der Zeit. Er sollte nicht der Indoktrination, der Rekrutierung von Kirchenmitgliedern oder der Legitimation des kirchlichen Bestandes dienstbar gemacht werden; kulturelle Weite mit persönlicher Überzeugung zu vermitteln, ist recht verstanden protestantischer Bildungsauftrag. Eine derartige protestantische Kultur läßt sich freilich nicht am Reißbrett konstruieren. Sie hat doch nicht ein für allemal festgelegte Inhalte lediglich in die jeweilige Zeit umzusetzen, sondern sie bildet sich selbst jeweils nur im Dialog zwischen evangelischem Glauben und gegenwärtigem Zeit- und Weltbewußtsein.

Wer protestantische Kultur als Aufgabe begreift, der findet heute das evangelische Christentum in dreifacher Gestalt vor: Ein kirchliches Christentum, ein persönlich-privates und ein gesellschaftliches Christentum stehen gleichberechtigt nebeneinander. Die öffentliche Dimension und Gestalt des Christentums ist weder mit dem kirchlichen Christentum noch mit der individuellen Lebensgestalt des Glaubens gleichzusetzen. Öffentliches Christentum wird am deutlichsten faßbar in seiner konkreten politischen Ausprägung.

§ 6 PROTESTANTISMUS UND POLITIK

6.1. Protestantismus als politisches Phänomen

Protestantismus ist, daran ist zu erinnern, von Hause aus ein politischer Begriff. Von einem „politischen" Protestantismus zu sprechen, ist also bloß eine verdeutlichende Verdoppelung. Das Wort „Politischer Protestantismus" ist eine Prägung des 19. Jahrhunderts. In der Reformationszeit und im konfessionellen Zeitalter gab es den konfessionell geschlossenen Territorialstaat; der Augsburger Religionsfriede hatte 1555 die konfessionelle Geschlossenheit der einzelnen Territorien rechtlich gesichert. Verbindlich war seitdem der Grundsatz „cuius regio, eius religio". Der Landesherr bestimmte in Deutschland die Konfessionszugehörigkeit seiner Untertanen. So kann man bis zum Ende des 18. Jahrhunderts von protestantischen Territorien und protestantischen Fürsten sprechen, nicht jedoch von protestantischen Parteien. Ein Preuße oder Hannoveraner war protestantisch, so wie ein Bayer, Rheinländer oder Ermländer katholisch war. Die endgültige Auflösung dieser „christlichen Gesellschaft" durch die Französische Revolution und die territoriale Neuordnung Europas in den napoleonischen Kriegen und im Wiener Kongreß nötigten zur Selbstorganisation des Protestantismus. Dabei wurde von Protestanten im Blick auf die eigene politische Selbstverständigung vom „protestantischen Prinzip" gesprochen (so von *G. W. F. Hegel* und *F. J. Stahl*). Die Bandbreite dessen, was das „protestantische Prinzip" sein sollte, variierte allerdings erheblich: Es reichte von der Gleichsetzung mit Individualismus und politischer Freiheit bis hin zu konservativen Angeboten einer protestantischen Legitimation der Monarchie und der theologischen Verdammung der Revolution. Auch das Wort „politische Reformation", reichlich oberflächlich gebraucht, wurde gängig. Man nannte dann den Protestantismus „republikanisch", während man den Katholizismus als „monarchisch" abstempelte. Politischer Protestantismus ist aber nicht mit der Kirchenpolitik eines Staates zu verwechseln. Vielmehr geht es grundsätzlich um den protestantischen Zugang zur Politik und um Selbstverständigung des Protestantismus. Politischer Protestantismus ist im Rahmen der politischen Ideen- und Sozialgeschichte zu interpretieren; eine ausschließlich theologische Erklärung erfaßt nur Teilaspekte. Als Beispiele politischer Sozialgeschichte zu nennen sind die „Banque Protestante de France" und die nordamerikanische gesellschaftliche Macht der WASP (White Anglo-Saxon Protestant). Konfessions- und Schichtzugehörigkeit sowie Konnubium festigten den Zusammenhalt der Protestanten. Die konfessionelle Komponente war freilich, was die Protestanten betrifft, weithin verdeckt. Die britische und nordamerikanische Protestantismusforschung hat bei der Erhellung des Zusammenhangs von Protestantismus und Politik Schrittmacherdienste geleistet. Ein Vergleich mit dem politischen Katholizismus des 19. und 20. Jahrhunderts liegt nahe. Die Unterschiede treten freilich aufgrund der Strukturverschiedenheit von Protestantismus und Katholizismus ebenso zu Tage: Katholizismus ist institutionalisierte Kirche; er verfügt mit der Kurie über ein politisches Zentrum und mit der päpstlichen Diplomatie, mit den Nuntiaturen, über ein politisches Instrument. Dem hat der Protestantismus nichts Vergleichbares gegenüberzustellen. Allein schon die Organisation der römisch-katholischen Weltkirche hat politische Qualität. Das zeigt sich ebenso in der Bildung von politischen Parteien. Konfessionell protestantische Parteien blieben immer marginal. Dagegen waren die katholischen Volksparteien geschlossen und deswegen politisch einflußreich; man denke nur an die deutsche Zentrumspartei, welche von der CDU beerbt wurde. Der Soziologe *W. H. Riehl* bemerkte Mitte des 19. Jahrhunderts: „Der Protestantismus scheute sich, als politische Macht aufzutreten. Trotzdem entwickelte sich eine politische Macht aus demselben". Neben dem politischen Katholizismus der Parteien ist ferner der Verbandskatholizismus zu berücksichtigen. Er umfaßt christliche, katholische Gewerkschaften, Arbeitervereine, wie z. B. das Kolpingwerk, die „Kolpingfamilie" mit den Gesellenvereinen, katholische Akademikerverbände wie die Görresgesellschaft. Der Volksverein für das katholische Deutschland, die Katholische Aktion oder „Opus Dei" haben im Protestantismus keine entsprechenden Pendants. Gründungen eines protestantischen Internationalismus typisch angelsächsischer Provenienz wie die Evangelische Allianz (gegründet 1846) oder der YMCA (CVJM, gegründet 1844) sind zwar nicht ohne politischen Akzent. Aber vergleichbare deutsche Vereinigungen von Protestantismus und Deutschtum wie der Gustav-Adolf-Verein oder der Evangelische Bund sind in politischer Zielsetzung und in den Mitteln nicht mit dem politischen Katholizismus vergleichbar. Der Unterschied zwischen einer Weltkirche als Rückhalt und der institutionellen Schwäche des Protestantismus ist evident.

Was als erstes auffällt, ist also die Zersplitterung des politischen Protestantismus. Er ist nicht nur nach Nationen und Staaten kleinteilig verfaßt. Auch konfessionelle Gegensätze wie Luthertum, Calvinismus, Anglikanismus, angelsächsischer Nonkonformismus, Methodismus tragen zur Aufsplitterung bei. Ein politisches Band des Weltprotestantismus gibt es nicht. Zwischen politischen Bewegungen und theologischen Richtungen und innerkirchlichen Gruppierungen hingegen bestehen Zusammenhänge. Die sogenannten linken Gruppen des anglo-amerikanischen Protestantismus haben bekanntlich politische Reformbewegungen hervorgebracht. Exemplarisch verwiesen sei auf die Rolle der Quäker bei der Abschaffung des Sklavenhandels und der Sklavenemanzipation. Ohne die protestantischen Nonkonformisten, die Methodisten gäbe es keine Labour Party. Der Zusammenhang von Erweckungsbewegung und preußischem Konservativismus ist bekannt. Beim Stichwort „Nationalprotestantismus" ist auf solche Koalitionen nochmals einzugehen. Jedenfalls ist die große Spannbreite des politischen Protestantismus zu beachten: Sie reicht vom ausgeprägt politischen Konservativismus, der mit *Friedrich Julius Stahl* die Revolution 1848 als Ausgeburt des Bösen, als Sünde verabscheute, bis zum politischen Widerstand. Der Nationalprotestantismus stammt ursprünglich aus pietistischen Wurzeln. Seine verschiedenen Ausprägungen finden sich bei Schleiermacher, beim Hofprediger Adolf Stöcker (1835-1909), bei Emanuel Hirsch (1888-1972) und bei den Deutschen Christen. Den protestantischen Liberalismus, der sich als Anwalt des Bürgertums verstand, repräsentieren beispielhaft Friedrich Naumann und Martin Rade (1857-1940) sowie der Umkreis von Ernst Troeltsch. Der sozialistische Protestantismus war bis in die Mitte des 20. Jahrhunderts hinein vor allem in Deutschland marginal. In den USA gab es Anfang des 20. Jahrhunderts eine Bewegung des Social Gospel. Der Methodismus Wesleys in England schuf auch eine Sozialbewegung und stand an der Wiege der Labour Party. Neben den Schweizer Religiös-Sozialen Hermann Kutter (1863-1931) in Zürich und Leonhard Ragaz (1868-1948) mit seiner Programmschrift „Das Evangelium und der soziale Kampf der Gegenwart" (1906) ist für die Weimarer Republik vor allem Paul Tillich als religiöser Sozialist zu erwähnen. Die Verschiebungen in den politischen Optionen des Protestantismus seit dem Anfang des 19. Jahrhunderts bis zum Ende des 20. Jahrhunderts sind bereits durch die Nennung von Namen offenkundig. Neben geschichtlichen Umbrüchen vollzog sich ein langfristiger und zähflüssiger Wandel von Gesinnungs- und Überzeugungsfaktoren. Grenzpunkte dieser Entwicklung sind allenfalls ein protestantischer Antikatholizismus bzw. Antiultramontanismus auf der einen Seite, die Einstellung zur Aufklärung, zur politischen Moderne, zur Französischen Revolution, zum Sozialismus im 20. Jahrhundert auf der anderen Seite. Was einigt den politischen Protestantismus jedoch dann überhaupt außer der Ablehnung Roms und die antikommunistische oder prosozialistische Einstellung? An der Einstellung zu politischen Strömungen und Bewegungen läßt sich noch kein spezifisch politisches Prinzip des Protestantismus beschreibend erheben. Daraus folgt die Nötigung, von der Beschreibung sogleich zur Deutung und Bewertung überzugehen.

Ein erstes Problem solcher Bewertung stellt bereits die Unschärfe des Begriffs „Politik" dar. Politik ist ein mehrdimensionales Wort. Unter Politik kann man (a) die Dimension politischen Handelns durch Verfassung, Rechtsordnung und Tradition verstehen. Dafür steht das englische Wort „polity". Dies ist die ursprüngliche Auffassung von Politik, wie sie Aristoteles vertrat. In dieser ersten Dimension geht es um die Ordnung des Zusammenlebens im Gemeinwesen. (b) In einer zweiten Dimension richtet sich Politik auf Ziele und Wertsetzungen. Das englisch Wort dafür ist „policy". Welchen Zwecken soll sich Politik verpflichtet wissen? Was soll sie erreichen? (c) Und schließlich geht es in einer dritten Dimension um die prozessuale Vermittlung von Interessenkonflikten, um Verfahren der Konsensbildung, um „politics". Das Wort Politik ist somit sehr weiträumig. Ziele, Interessen, Verfahren strömen in diesem einen Wort zusammen. Aristotelische Tradition, welche Politik als Reflexion auf eine gerechte Herrschaftsausübung und Herrschaftsordnung versteht, also als Suche nach irdischer Gerechtigkeit, prägen das Wort heute ebenso wie Macchiavelli oder Lenin, Marx oder Hitler. Nach Macchiavelli ist Politik Kampf um Macht; nicht sittliche Maßstäbe, sondern die Staatsräson, also der Erfolg sind dabei ausschlaggebend. Politik ist der erfolgreiche Einsatz von Macht- und Führungstechnik. Seit der Französischen Revolution besteht überdies ein totalitäres Verständnis von Politik. Politik wird zum Heilsbringer. Der politische Anspruch wird totalitär; die politischen Verheißungen werden utopisch. Sie verheißen ein Reich der Freiheit, der Gleichheit und des Friedens. Das heutige Verständnis von Politik ist synkretistisch. Es ist nicht möglich, einen eindeutigen Gebrauch des Wortes Politik festzulegen. Das ist eine der Ursachen der Vielfältigkeit der Auffassungen von Politik. Es liegt nicht nur am Protestantismus, sondern ebenso an der Unschärfe des Politikbegriffs, wenn das politische Profil des Protestantismus so verwaschen und vielsagend erscheint. Außerdem erhebt Politik inzwischen den Anspruch auf allumfassende Geltung. Alles wird politisch; nichts ist und bleibt noch unpolitisch. Man spricht eben nicht nur von Außenpolitik, sondern ebenso von Innenpolitik, Finanzpolitik, Wirtschaftspolitik, Sozialpolitik, Kulturpolitik, Schulpolitik, Wissenschaftspolitik, Bildungspolitik, Verbandspolitik, Kirchenpolitik usw. Es scheint keinerlei politikfreie Räume mehr zu geben. Die Fundamentalpolitisierung der Lebenswelt hat auch die Religionen, auch den Protestantismus erfaßt. So ist die erste Aufgabe einer theologischen Betrachtung des Politischen als Phänomen die Besinnung auf Grenzen der Politik. Damit stellt sich die Frage nach der reformatorischen Grundsicht von Politik und Macht.

6.2. Die Unterscheidung der zwei Regimente und die Aufgabe der Obrigkeit

Alles ist Politik, aber Politik ist nicht alles – auf diese knappe Formel kann man den reformatorischen Ansatz politischer Ethik und einer Theologie des Politischen bringen. Das ist die fundamentale Intention der viel umstrittenen, oft mißbrauchten und gerne mißverstandenen sogenannten Zweireichelehre. Die Zweireichelehre schließt sich an ältere überlieferte Denkmodelle an, wie Augustins Unterscheidung von Gottesreich und Weltreich (in: „De civitate dei"), und an die mittelalterliche Lehre von den zwei Schwertern, den zwei Gewalten, die geistliche Gewalt, verkörpert im Papst, und die weltliche Gewalt, verkörpert durch den Kaiser. *Luther* gab freilich dieser Tradition eine besondere Zuspitzung. Darum kann er sich selbst auch rühmen, daß seit der Apostelzeit das weltliche Schwert und Obrigkeit nicht so klar beschrieben worden sei wie durch ihn; das müßten sogar seine Feinde bekennen. *Luther* denkt hier an seine 1523 verfaßte Schrift „Von weltlicher Obrigkeit", in der er den Satz des Apostels Paulus – „Jedermann sei untertan der Obrigkeit, die Gewalt über ihn hat" (Römer 13) – dem Gebot der Bergpredigt gegenübergestellt, das vom Christen Gewaltverzicht und Feindesliebe fordert (Matthäus 5). Die Obrigkeitsschrift ist der Grundtext der Unterscheidung von weltlichem und geistlichem Regiment, oder, wie man verständlicher sagen kann, von den zwei „Regierweisen" Gottes. Äußerer Anlaß der Obrigkeitsschrift war ein Verbot des Herzogs Georg von Sachsen, der für sein Land die Verbreitung von Luthers Übersetzung des Neuen Testaments strikt untersagte und von seinen Untertanen die Ablieferung forderte. Die Schrift ist also seelsorgerlich veranlaßt. Sie soll der Gewissensberatung der Christen dienen: Wie sollen sie sich zu diesem Gebot verhalten? Luthers Obrigkeitsschrift ist also keine politische Abhandlung, kein Beitrag zur politischen Theoriediskussion der Neuzeit, keine Staatslehre. Sie erörtert drei Themen:
(1) Zunächst geht es um die Einsetzung der weltlichen Gewalt und die Spannung zwischen dem Bergpredigtgebot und der paulinischen Forderung des Gehorsams gegenüber der Obrigkeit. Anders als die mittelalterliche Auslegung antwortet Luther nicht mit der Unterscheidung zwischen für alle verbindli-

chen Geboten und Räten, Empfehlungen für die vollkommenen Christen, zwischen praecepta und consilia. Der Gewaltverzicht wird in dieser Unterscheidung nur von den Vollkommenen, den Priestern und Mönchen verlangt. Dagegen betont Luther: Jeder Christ ist in gleicher Weise angesprochen. Ein Christ benötigt freilich für seine eigene Person nicht das Schwert. Er handelt gemäß dem Liebesgebot. In der Welt leben jedoch nicht nur Christen, sondern unter den „Adamskindern" auch Böse. Christen können auf das Schwert verzichten; sie dienen von selbst, freiwillig, spontan dem Nächsten. In der Welt geht es hingegen anders zu; würden die Bösen nicht vom Schwert im Zaum gehalten, dann würden die Menschen wie wilde Tiere übereinander herfallen und sich gegenseitig zerfleischen und auffressen. Um dem Bösen zu wehren, hat Gott das weltliche Regiment, dessen Symbol das Schwert ist, eingesetzt. Auch das weltliche Regiment ist daher Gottes Ordnung, und nicht, wie Augustin lehrte, ein Teufelsreich. Es sind zwei Regierweisen *Gottes*. Gott handelt in beiden Regimenten freilich verschieden. In der weltlichen Regierweise wehrt er mit Zwang und Gewalt dem Bösen und sorgt durch die Obrigkeit für den äußeren Frieden. Mit der geistlichen Regierweise spricht er allein durch das Wort die Gewißheit des Glaubens zu, die Gewissen befreit, beansprucht, tröstet, stärkt. Mit der Unterscheidung der zwei Regierweisen Gottes verbindet Luther dann die Unterscheidung von Person und Amt. Für sich, in eigener Sache, soll kein Christ das Schwert beanspruchen. Im Dienst des Nächsten soll und muß er jedoch, besonders als im Amt für andere Tätiger, dem Bösen und Unrecht auch mit dem Schwert wehren. Der Obrigkeit, so Luther, wurde von Gott ein Strafamt übertragen. Sie hat aber kein Recht, zum Glauben zu zwingen.
(2) Der zweite Teil handelt folgerichtig von den Grenzen obrigkeitlicher Gewalt. Über die Seele kann und will Gott niemand herrschen lassen als sich allein. Das Gebot des Herzogs überschreitet damit eindeutig diese Grenzen der Zuständigkeit der Obrigkeit. Im konkreten Fall rät Luther daher den Untertanen, dem Gebot nicht zu gehorchen. Sie sollen die Bibelübersetzung nicht herausgeben, nicht einmal ein einzelnes Blättlein sollen sie abgeben. Die Kurzformel für Luthers Rat lautet also gerade nicht: „leidender Gehorsam", sondern „leidender Ungehorsam", modern gesagt: Passive Renitenz, „Wi-

derstehen"! *Luther* wendet sich außerdem gegen das staatliche Ketzerrecht. Ketzerei ist ein geistliches Ding, das man mit keinem Feuer verbrennen, mit keinem Wasser ertränken kann. Ketzer verbrennen ist wider den Willen des Heiligen Geistes. Der Christ kann daher in die Lage kommen, um seines Glaubens willen, um Gottes Wort willen, zu leiden. Das gibt ihm aber kein Recht zum aktiven Widerstand mit Gewalt, zur Revolution. Er muß Unrecht erdulden. Aber dabei muß er keineswegs auch noch innerlich zustimmen: Die Obrigkeit ist Gottes „Stockmeister". Fürsten sind „seltenes Wildbret" im Himmel. Luther idealisiert die Fürsten und Obrigkeiten mitnichten. Es geht ihm um deren Auftrag, um das Mandat, um die Funktion des obrigkeitlichen Amtes. Dieses Amt ist ein anderes als das der Bischöfe und Prediger. Übergriffe des geistlichen Regiments in das weltliche lehnt er ebenso eindeutig ab, wie die Übernahme weltlicher Aufgaben durch Geistliche: Er lehnt die geistlichen Fürstentümer ab. Obrigkeit und geistliches Amt sind zu unterscheiden und nicht in der Person eines Fürstbischofs zu vereinen.

(3) Der letzte Teil ist dann ein Fürstenspiegel, also Anweisungen zur richtigen Ausübung des obrigkeitlichen Amtes. Im weltlichen Regiment soll es vernünftig zugehen. *Luther* nennt das weltliche Regiment ein „Vernunftreich", auch ein „Bauchreich", im Unterschied zum „Hörreich" im geistlichen Regiment. Ein Fürst muß nicht Christ sein; es genügt, daß er Vernunft hat. Vernunft sucht den Nutzen der Untertanen. Sie weiß zudem darum, daß man nicht alles schematisch entscheiden kann. Daher rät *Luther:* „Wer nicht durch die Finger sehen kann, der kann auch nicht regieren". Nicht nach dem Grundsatz „Fiat iustitia, pereat mundus", „Gerechtigkeit muß sein, mag auch die Welt dadurch zu Grunde gehen", sondern nach der Epikie, der Billigkeit soll ein Fürst handeln. Die freie Vernunft ist ein Rechtsbrunnen, der ihn bei seinen Entscheidungen leiten soll. Damit wird auch im weltlichen Regiment das Gesetz der Liebe in Form der Epikie wirksam.

Überblickt man *Luthers* Vorstellungen insgesamt, dann wird deutlich, daß er einer Vermischung von Weltlichem und Geistlichem, von Politik und Glaube wehren will. Die geistliche Gewalt soll nicht politische Macht und Kompetenz beanspruchen. Umgekehrt darf die weltliche Gewalt nur über den Leib regieren; sie hat keine Macht über die Seele, über das Gewissen. Sowohl Rom wie die Schwärmer vermischen nach ihm beide Kompetenzen. Unter Berufung auf Römer 13 wird die Unabhängigkeit der weltlichen Regierweise von klerikaler Bevormundung vertreten. Damit ist der Weg zum säkularen Staat gewiesen: Der Staat ist nicht zuständig für eine Wahrheitsordnung, sondern nur für den Schutz und Frieden der ihm anvertrauten Bürger. Die weltliche Obrigkeit ist zugleich an den Maßstäben von Vernunft und menschlicher Verträglichkeit zu messen. Gottes Gesetz, die ethische Forderung gilt auch für sie. Der Staat wird aus lutherischer Sicht nicht wie bei Macchiavelli als nacktes Machtinstrument betrachtet; er gilt deswegen eben nicht als ethikfreier Bereich. Aber er wird auch nicht unmittelbar theologisch oder christlich normiert. Die Formulierung, man könne mit dem Evangelium (oder: mit der Bergpredigt) nicht die Welt regieren, ist Folge dieser reformatorischen Weltdeutung. Ergänzend hinzuzufügen ist dabei, daß das weltliche Regiment sich gleichwohl dem Urteil der Vernunft stellen und an Maßstäben, an Kriterien der Humanität messen lassen muß.

Die Intention der Unterscheidung der zwei Reiche oder Regimente Gottes wird daher verkürzt, wenn man in ihr nur eine Scheidung von zwei Bereichen sieht, eine Aufteilung in zwei Räume, geistlich-weltlich und innerlich-äußerlich, oder eine Kompetenzverteilung unter Kirche und Staat. Es geht um mehr. Es geht um eine grundsätzliche Verhältnisbestimmung von Glaube und Welt. Man hat die Zweireichelehre eine „Ortsbestimmung" *(Heinrich Bornkamm)* genannt, die jeder Christ für sein Leben immer wieder in der Welt vornehmen muß. Sie nimmt den Standpunkt des Gewissens ein, das unterschiedliche Anforderungen von Welt und Glaube in sich zu vereinbaren sucht. Sie ist kein statisches Ordnungsprinzip, keine Lehre. Sondern sie fordert ständig zu Fundamentalunterscheidungen auf. Der Christ soll zwischen dem unterscheiden, was er allein Gott schuldet, und dem, was er seinen Mitmenschen schuldet. Er ist im Gewissen vor das Forum Gottes gestellt, in seinem Tun seinen Mitmenschen verantwortlich. Dieses „vor Gott" und „vor der Welt", vor die Menschen Gestelltsein (coram deo und coram hominibus, coram mundo) bildet den Ausgangspunkt. Eine solche Grundunterscheidung gliedert sich in weitere Fundamentalunterscheidungen auf: Äußere und innere Gerechtigkeit (iustitia externa und iustitia spiritualis); Glaube und Werke; Person und Amt; Schöpfung und Erlösung; zugleich („simul") Sünder und Gerechter; Predigtamt und weltliche Obrigkeit; Gesetz und Evangelium; Zorn und Gnade Gottes; Verborgenheit Gottes und Gottes offenbares Heilshandeln. Die Liste ist nicht vollständig. An ihr zeigt sich freilich, daß man diese Grundunterscheidung nicht auf einen einheitlichen, einfachen Nenner bringen kann. Sie ist vielmehr Veranschaulichung der Situation, in welcher ein Christ als Glaubender und angefochtener Sünder in der Wirklichkeit der Welt vor Gott lebt. Die verwirrende Vielfalt der Bezüge, der Relationen menschlichen Lebens wird so in Beziehung zur eindeutigen und eindeutig machenden Verheißung des Evangeliums gebracht. Nochmals: Die Unterscheidung der zwei Reiche, der Beziehung des Menschen auf Gott und auf seine Umwelt, des „vor Gott" und „vor der Welt", „vor den Menschen" ist keine handhabbare, unmittelbar anzuwendende politische Theorie. Sie bildet freilich die Grundlage, den Ausgangspunkt für einen protestantischen Umgang mit politischer Verantwortung.

Wenn man zwischen Intention und konkreter Ausgestaltung der Unterscheidung der zwei Regierweisen Gottes differenziert, muß man sich eben nicht mit Luthers konkreter Anwendung der Unterscheidung identifizieren. Die Zweireichelehre enthält kein zeitlos gültiges inhaltliches Konzept politischen Handelns. Sie fordert vielmehr gerade zur Kritik heraus.

Insbesondere das Luthertum gilt vielen als Ursache und Garant obrigkeitsstaatlichen Denkens. In der Tat dachte Luther „seine" Obrigkeit ganz personal. Er sah den Landesherrn vor sich, an den er sich persönlich wandte. Er war für ihn die von Gott gesetzte Obrigkeit, der Oberherr. Verfassungsprobleme des neuzeitlichen Staates waren ihm unbekannt. Sogar das Wort „Staat" war ihm unbekannt. Das Wort „Staat" gab es noch nicht. Es drang erst Ende des 16. Jahrhunderts aus dem Italienischen (il stato) und Französischen (l'état) in den deutschen Sprachraum ein. Macchiavellis Fragestellung und die Luthers waren ganz verschieden. Zu Luthers gemütvoller Sicht paßt überdies ein unreflektierter Patriarchalismus: Unter das vierte Gebot fallen bei ihm nicht nur die leiblichen Eltern, sondern auch der Hausvater, der dem Gesinde befiehlt, der Prediger als geistlicher Vater und vor allem der Landesherr als Landesvater. Das gesamte politische Weltbild war paternalistisch, hierarchisch strukturiert. Der neuzeitliche Gleichheitsgedanke und damit die Demokratie lagen außerhalb dieses Horizonts.

Dazu kam eine Verengung des staatlichen Handelns auf das Schwertamt. Obrigkeit hat Unfrieden zu wehren und die Bösen zu strafen. Der Staat ist um der Sünde willen notwendig. Weltliches Regiment hat nur den Zweck „coercere peccata", Sünden zu verhindern. Eine Tendenz zum Polizei- und Machtstaat besteht. *Luthers* böse Worte im Bauernkrieg, mit denen er die Fürsten zur erbarmungslosen Bestrafung und Verfolgung der Aufständischen ermunterte, sind mit nichts zu rechtfertigen. Sätze wie die, man müsse die Bauern wie rasende Hunde erschlagen und es seien wunderliche Zeiten jetzt, wenn ein Fürst den Himmel eher mit Blutvergießen verdienen könne denn sonst mit Beten („Wider die räuberischen und mörderischen Rotten der Bauern", 1525), kann man nicht entschuldigen. Die einseitige Sicht des Staates als Inhaber und Träger des Schwertamtes hat zur Definition des Staates anhand des Einsatzes von Gewalt geführt. Dem entspricht eine Untertanenmentalität, ein Untertanengehorsam, der politische Änderungen ablehnt und sich dafür auf Luthers Worte beruft: „Obrigkeit ändern und Obrigkeit bessern sind zwei Dinge, die so weit auseinander sind wie Himmel und Erde. Ändern mag leichthin geschehen, bessern ist mißlich und gefährlich. Warum? Es steht nicht in unserem Willen oder Vermögen, sondern allein in Gottes Willen und Hand. Der tolle Pöbel aber fragt nicht viel, wie es besser werde, sondern nur, daß es anders werde ... Es ist eine verzweifelte, verfluchte Sache um einen tollen Pöbel, welchen niemand so gut regieren kann wie die Tyrannen." *Luthers* Obrigkeitslehre kann insofern eine autoritäre Staatsauffassung legitimieren.

Komplizierter ist allerdings Luthers Stellung zu Widerstand und Widerstandsrecht. In den zwanziger Jahren des 16. Jahrhunderts lehnte er einen aktiven Widerstand gegen die rechtmäßige Obrigkeit ab. Er sei Aufruhr gegen Gott. Zulässig sei nur das leidende Erdulden von Unrecht, also passive Renitenz, leidender Ungehorsam. Als sich während der dreißiger Jahre freilich Papst und Kaiser verbündeten, rief Luther selbst zum aktiven gewaltsamen Widerstand gegen den Papst auf. Man solle mit ihm umgehen wie mit einem Untier, mit einen Werwolf. Falls der Kaiser den Papst unterstützt, ist auch gegen ihn aktiver Widerstand erlaubt. Denn hier geht es dann um geistliche Verführung, oder modern gesprochen, um ideologische Tyrannis. Schließlich hat Luther 1542 in der Wurzener Fehde, einem Konflikt zwischen Kurfürst Johann Friedrich und Herzog Moritz von Sachsen um die Vorherrschaft in Stadt und Amt Wurzen, nicht bloß zum Frieden geraten. Falls zwei verwandte Fürsten sich nicht zur Verständigung bereit finden, so rät Luther dem Soldaten, der in einem „unfriedlichen Krieg" kämpfen soll, „daß er aus dem Felde laufe, was er laufen kann, seine Seele errette und seinen rachgierigen, unsinnigen Fürsten allein und für sich selbst mit denen zusammen Krieg führen lasse, die mit ihm zum Teufel fahren wollen". In heutiger Terminologie: Luther ruft im Falle eines ungerechten kriegerischen Konflikts zur Kriegsdienstverweigerung auf. Luthers politische Ratschläge sind also sehr viel komplexer als dies eine schematische Auffassung der Zweireichelehre nahelegt. Luther hat sich außerdem trotz der grundsätzlichen Unterscheidung zwischen geistlicher und weltlicher Regierweise schließlich nicht daran hindern lassen, zur Bildungspolitik, zum Wirtschaftsleben, zur Reichspolitik konkret Stellung zu nehmen. Aber er tat dies unter den Bedingungen und im Kontext seiner Zeit. Deshalb sind seine politischen Vorstellungen und Vorschläge im einzelnen aus ihrer Zeit heraus zu verstehen. Der politische Umbruch seit der Französischen Revolution ist hingegen heute vom Protestantismus produktiv aufzunehmen. Protestantische Politik ist also etwas ganz anderes als eine Imitation der Lebensformen des Reformationsjahrhunderts oder ein Beharren auf überholten Obrigkeitsvorstellungen und Staatsauffassungen.

Die Jahre 1918, 1945 und 1989 bilden entscheidende und einschneidende Zäsuren des deutschen Protestantismus. Das Ende des Ersten Weltkriegs brachte den Sturz der Monarchie und damit auch das Ende des landesherrlichen Kirchenregiments. Im landesherrlichen Kirchenregiment war der evangelische Landesherr zugleich Landesbischof. Die evangelische Kirche war Staatskirche. Als Staatskirche blieb sie organisatorisch unselbständig. Die Haltung einer Staatskirche zur Politik ist jedoch verständlicherweise anders als die einer vom Staat unabhängigen Kirche. Die katholische Kirche war auch im Zeitalter des Staatsabsolutismus unabhängiger als die evangelischen Territorialkirchen unter dem landesherrlichen Kirchenregiment. Man kann das politische Verhalten des deutschen Luthertums und seine Autoritätsgläubigkeit und Staatsnähe nicht ohne das fürstliche Kirchenregiment verstehen. Nach dem Zerbrechen des Bündnisses von Thron und Altar in der Niederlage des Ersten Weltkrieges bemühte sich der Protestantismus in der Weimarer Republik sodann um ein neues Bündnis von Nation und Altar. Dieses Bündnis führte im dritten Reich zur Auseinandersetzung um und mit dem totalitären Staat. Die militärische Katastrophe 1945 und der Zusammenbruch des Nationalsozialismus brachte die Demokratie aus dem Westen nach Deutschland sowie die „Volksdemokratie" nach Ostdeutschland. Der revolutionäre Wechsel von der NS-Diktatur zur Demokratie erzwang auch eine tiefgreifende theologische Neubesinnung und Umorientierung. Der deutsche Protestantismus der Nachkriegszeit hat daher sein politisches Weltbild von Grund auf verändert. Und schließlich forderte wiederum der Zusammenbruch der DDR 1989 vom Protestantismus eine kritische Überprüfung der Konzeption einer „Kirche im Sozialismus" und sozialistischer Politikvorstellungen. Wer somit heute von „politischem Protestantismus" spricht oder mit der politischen Orientierung des Protestantismus sich befaßt, hat die Situations- und Kontextveränderung in Rechnung zu stellen. Dies gilt besonders für das Verhältnis von Protestantismus und Nation.

6.3. Nationalprotestantismus

Ein niederländischer Historiker hat vor kurzem bemerkt, die Vereinigung Deutschlands im Jahr 1990 habe das Embargo über den Begriff Nation aufgehoben. Während andere Völker und Gesellschaften nach wie vor unbefangen mit dem Begriff Nation umgehen, lag im deutschen Protestantismus über den Worten Nation und Volk ein Tabu. Der Nationalsozialismus hatte das Adjektiv „national" gründlich diskreditiert. Bei den katholischen Polen, den orthodoxen Serben, auch in den USA und Großbritannien ist die Einstellung anders. Weltweit ist der Nationalismus durchaus mächtig in Afrika, im ehemaligen Jugoslawien, in den Staaten der früheren UdSSR. Nationaler Stolz und das Insistieren auf nationale Identität sind selbstverständlich. Von „Nationalismus" spricht man, wenn die Nation zum obersten Wert gemacht und nationale Interessen verabsolutiert und nationale Mythen vertreten werden. Protestantische Nüchternheit wird an jeder Fetischisierung des Nationalen Ideologiekritik üben. Gerade der Nationalprotestantismus bietet sich dafür als abschreckendes Beispiel und Menetekel an. Mit der prinzipiellen Abscheu gegenüber dem Nationalen ist das Problem der Zugehörigkeit zu einer Nation als solches noch nicht gelöst.

Das Wort Nation stammt vom lateinischen Verb „nasci", geboren werden. Es bezeichnet von Hause aus die Geburt, die Abstammung, die Herkunft. Es war synonym mit Volk, Vaterland, lateinisch mit „gens" und „populus". *Luther* wandte sich an den „christlichen Adel deutscher Nation", das heißt: die Landsmannschaft. Die Geburtsstunde des modernen Nationenbegriffs ist erst die Französische Revolution 1789. An die Stelle des absoluten Königs von Gottes Gnaden trat damals die Nation. Aus der Fürstensouveränität wurde die Volkssouveränität. Die Generalstände konstituierten sich als „Nationalversammlung". Multinationale Staaten wurden in Frage gestellt, beispielsweise das Habsburger Reich. Der revolutionäre Ruf lautete „Vive la nation". An die Stelle der königlichen Armee trat die Nationalgarde. Das Nationalitätsprinzip ist zunächst von Hause aus ein Revolutionsprinzip. Nation wird zum Kampfbegriff. *Ernest Renan* beschrieb dies knapp so: Die Existenz einer Nation sei ein tägliches Plebiszit. Die französischen Revolutionsheere von Napoleon exportieren die neue Idee der Nation in die von ihnen eroberten Länder. *Lessing* stellte 1768 noch nüchtern fest, daß „wir Deutsche noch keine Nation sind". *Herders* Gedanken zum Volk waren ebenfalls ganz unpolitisch. Im Begriff „Volk" schwang eher die Gegenüberstellung von oben und unten, von Herrscher und Volk mit, als die Antithese von innen und außen, Volksangehörigen und Fremden. Erst um 1800 wird Volk ein Leitbegriff deutscher Sprache und politischer Vorstellungen.

Die Geschichte des Gedankens der Nation durchläuft seit dem 19. Jahrhundert in Europa drei Phasen. In allen drei Phasen ist das subjektive Bekenntnis zum nationalen Staat ausschlaggebend. Sprache, Volksgeist oder Nationalcharakter sind dagegen zweitrangig. Die erste Phase, die westeuropäische, reicht von 1789 bis zum Wiener Kongreß 1815. In ihr werden Volk und Nation als politische Handlungseinheit entdeckt. Das Volk, die Nation wird das eigentliche politische Subjekt.

Vorstellungen von Demokratien und Menschenrechten verbinden sich mit missionarischem Sendungsbewußtsein: In diesem Expansionswillen besiegte Napoleon Preußen. *Johann Gottlieb Fichtes* „Reden an die deutsche Nation" und Schleiermachers patriotische Predigten waren Reaktionen auf Preußens Niederlage durch Napoleon. Aus dem demokratischen Nationalismus wird ein romantischer Nationalismus.

Die zweite Phase des europäischen Nationalgedankens in Mitteleuropa wird von Deutschland und Italien geprägt. Sie umfaßt grob geschätzt die Jahre 1815 bis 1870. Ihr Ziel ist die nationale Einigung. Träger der nationalstaatlichen Bewegungen wurde das Bürgertum. Der Adel – die Aristokratie, die Fürstenhäuser – waren international ausgerichtet. In den Mittelpunkt rückt jetzt ein ethnisch-sprachlicher Nationenbegriff. In Österreich-Ungarn wird die Sprachenfrage zum wesentlichen Streitpunkt. Auch in Belgien und Griechenland gibt es einen Sprachenkampf um die Volkssprache. In dieser Phase kommt es dann zur Unterscheidung von „Kulturnation" und „Staatsnation". Wünschenswert ist die Identität beider. In Deutschland bildet sich ein Reichspatriotismus heraus. Deutschland wird zur „Verspäteten Nation" *(Helmut Plessner).* In Italien verlief die Entwicklung vergleichbar.

Die dritte Phase überlappt sich mit der zweiten: Sie ist in Osteuropa lokalisiert. Ziel ist die Bildung von Nationalstaaten der Slawen. Erst die russische Revolution 1917 und der Untergang der österreich-ungarischen Doppelmonarchie am Ende des Ersten Weltkrieges bringt hier den Durchbruch. Die Proklamation des Selbstbestimmungsrechts der Völker durch den amerikanischen Präsidenten Wilson nimmt diese Vorstellung auf. Nun bricht der „Wahn des Nationalen" durch, der vom sowjetischen Internationalismus bis 1989 nur überdeckt wurde. Die drei Phasen überschneiden sich. Es zeigt sich an den Phasen auch, wie schillernd der Begriff der Nation ist. Es gibt ganz verschiedene Nationalismen, liberale, konservative, romantische, nicht zu vergessen einen faschistischen und einen sozialistischen Nationalismus.

Der Nationalprotestantismus gehört vor allem der zweiten Phase an. Frankreichs Revolution richtete sich gegen die katholische Kirche (neben König und Adel). Auch Osteuropa ist im wesentlichen katholisch und orthodox. Das Problem des Nationalen ist unlösbar mit der jeweiligen Geschichte verwoben. Gerade ein Rückblick auf die Geschichte des deutschen Nationalprotestantismus belegt dies. Ihren Endpunkt und Gipfel bildet die völkische Theologie der Deutschen Christen. So bezeugten die *Richtlinien der Deutschen Christen* (vom 26.5.1932): „Wir sehen in Rasse, Volkstum und Nation uns von Gott geschenkte und anvertraute Lebensordnungen, für deren Erhaltung zu sorgen uns Gottes Gesetz ist." „Wir wollen eine evangelische Kirche, die im Volkstum wurzelt, und lehnen den Geist eines christlichen Weltbürgertums ab." Außerdem sahen die Deutschen Christen im Führer Adolf Hitler und in der nationalsozialistischen Revolution Gottes Offenbarung. Ihrer Geschichtsdeutung nach hat Adolf Hitler das arteigene Gesetz des deutschen Volkes ans Licht gebracht. „Dieses Gesetz spricht zu uns in der aus Blut und Boden erwachsenen Geschichte unseres Volkes." Die Verherrlichung der Nation wird zu Geschichtstheologie, die eine besondere völkische Sendung des deutschen Volkes vertritt. Solche Gleichsetzung von Volksgesetz und Gottesgesetz in Gestalt einer Blut- und Bodentheologie gipfelte im Rassenwahn, im Antisemitismus, in der Einführung des Arierparagraphen in der Kirche und in der Judenvernichtung. Prominente Theologen haben diese nationale Ideologie in den zwanziger und dreißiger Jahren nachdrücklich unterstützt. An erster Stelle ist hier *Emanuel Hirsch* zu nennen. Er vertrat eine ausgeprägt antidemokratische, nationalistische Theologie. Für sein Verständnis des Volkes als „geheiligte Lebensmacht" und für die Annahme einer besonderen Sendung des deutschen Volkes berief Hirsch sich auf J. G. Fichte. Volk und Nation werden bei ihm heiliggesprochen, mystifiziert, zu absoluten Werten erklärt. Abgeschwächt finden sich ähnliche Töne bei *Paul Althaus* (1888-1966), der Volk und Staat als Schöpfungsordnungen begreifen wollte. Im Ansbacher Ratschlag von 1934, der gegen die Barmer Theologische Erklärung gerichtet war und die „genuin lutherische Stimme" zu sein vorgab, wird die Bindung an den Stand, in den Gott beruft, und die Verpflichtung „auf die natürlichen Ordnungen, denen wir unterworfen sind, wie Familie, Volk, Rasse, d.h. Blutszusammenhang", bekenntnishaft festgestellt.

Zurecht hat dagegen die Barmer Theologische Erklärung höchst beredt zum Thema Nation und Volk geschwiegen. Angesichts nationaler Ideologie und Hybris bleibt evangelischem

Glauben manchmal nur ein demonstratives öffentliches Schweigen. *Karl Barth* hat die nationale Überheblichkeit kritisch betrachtet und heilsam entmythologisiert. Das Darmstädter Wort des Bruderrates zum Weg des deutschen Volkes (vom 8. August 1947) bekennt rückblickend: „Wir sind in die Irre gegangen, als wir begannen, den Traum einer besonderen deutschen Sendung zu träumen, als ob am deutschen Wesen die Welt genesen könne. Dadurch haben wir dem schrankenlosen Gebrauch der politischen Macht den Weg bereitet und unsere Nation auf den Thron Gottes gesetzt." Die nationale Ideologie erwies sich als Irrweg und verhängnisvoller Weg zur Legitimation von Unrecht. Das Kapitel Nationalprotestantismus ist mit dem Jahr 1945 faktisch abgeschlossen. Von Volk, Nation, Vaterland wagte man seitdem kaum noch zu reden, vor allem nicht öffentlich. Damit wurde zugleich auch manches Erinnerungswerte verdrängt und vergessen: Die gemeinsame Sprache, die gemeinsame Geschichte, die Nähe gemeinsamen Lebens bilden den Raum der Beheimatung. Heimat ist, wo Menschen zu Hause sind, sich geborgen fühlen können. Aus einem Ort ist freilich nicht eine spezielle Raum-, Heimat- und Vaterlandstheologie abzuleiten. Auch gibt es keine völkische, nationale Ethik mit einer besonderen nationalen Liebes- und Treuepflicht. Von der Verführung zu nationalem Götzendienst zu unterscheiden ist deswegen die nationale Idee. Die Ambivalenz, die Zweideutigkeit von Volk und Nation ist durchaus zu bedenken, so wie alles Irdische zweideutig ist. Immerhin hat sich trotz aller internationaler Bemühungen der Vereinten Nationen, des Weltkommunismus und auch der römischen Weltkirche das Bedürfnis nach nationaler Identität immer wieder behauptet. Es ist schon bemerkenswert, wie entgegen einem sozialistischen und einem katholischen Internationalismus und der Internationale der Intellektuellen die nationale Idee fortlebte. Darum ist darauf zu achten, daß die nationale Idee zur Substanz des liberalen Staates wird. Wenn es zur Vergötzung des Nationalen kommt, stützt dies einen Staatstotalitarismus, der den Staat zur Kirche macht. Eine Erinnerung an die Zweireichelehre kann in diesem Fall klärend und reinigend wirken. Das Evangelium als Einladung zum Glauben an alle Menschen (Gal. 3,27!) enthält eine Kritik an jeder nationalistischen Ideologie und ist Korrektiv eines übersteigerten Sendungsbewußtseins eines Volkes.

Deswegen muß der Beitrag des Protestantismus zur Nationalkultur nicht geleugnet werden: Der Gottesdienst in der Volkssprache, Bibelübersetzung, Gesangbuchlieder stehen, gerade auch bei vielen slawischen Völkern, am Anfang nationaler Selbstfindung. Die Vielfalt nationaler Kulturen ist ferner auch eine Folge des evangelischen Landeskirchentums. Der Fehlweg des Nationalprotestantismus darf nicht dazu führen, im Namen des Multikulturalismus den Verzicht auf kulturelle Identität zu fordern und das Geltendmachen nationaler Interessen im Namen des Internationalismus zu verdrängen. Kommunitaristisches Denken weist neuerdings gegen einen geschichtslosen Universalismus hin auf das Bezugsfeld des gemeinsamen Lebens. Nation kennzeichnet gemeinsame Sprache, Kultur, Geschichte; sie ist Schicksalsgemeinschaft. Die Verabsolutierung und damit Dämonisierung von Nation und Volk verhindert die Anerkennung der Menschenrechte, die unabhängig von Nationalität und Staatsbürgerschaft gelten. Unverzichtbar ist ferner ein Minderheitenschutz. Internationaler Austausch, Kommunikation, auch mit Hilfe ökumenischer Beziehungen, tragen dazu bei, Toleranz, Offenheit, Dialog einzuüben. Nationale Identität und ökumenische Gemeinschaft sind gerade kein Gegensatz. Das mußte der deutsche Protestantismus in der ersten Hälfte des 20. Jahrhunderts leidvoll lernen.

6.4. Vom Nationalstaat zum Rechtsstaat, von der Obrigkeit zur Demokratie

Der Nationalprotestantismus war eine historische Erscheinungsform des 19. und 20. Jahrhunderts. Er ist noch nicht im Altprotestantismus verankert. Luthers Anrede an seine „lieben Deutschen" war nicht nationalistisch gemeint, sondern volkstümlich. Der Nationalprotestantismus ist auch nicht von Hause aus ein Produkt der konservativen Theologie, für die vielmehr Kirche, Amt, Sakramente im Vordergrund standen. Er entstand im Neuprotestantismus. Die Offenheit für politische Wandlungen und kulturelle Gestaltung war ein Einfallstor für den Nationalismus. Dazu kam der deutsche Sonderweg, der unter die Überschrift die „verspätete Nation" *(Helmut Plessner)* gestellt wurde. In der Weimarer Zeit war die

Mehrzahl der evangelischen Pfarrer deutschnational. Es gab Ausnahmen unter den Theologen wie Ernst Troeltsch, Karl Barth, Paul Tillich. Aber die Mehrheit hoffte auf den autoritären Staat und war antidemokratisch und antirepublikanisch eingestellt.

Die Katastrophe des Zweiten Weltkrieges nötigte den deutschen Protestantismus infolgedessen zur Umbesinnung. Die westliche Demokratie wurde in der Bundesrepublik zur Staatsform. Evangelische Kirche und Theologie näherten sich ihr zunächst zögernd und etwas ratlos in den 50er Jahren an. Wie weit der Weg damals war, zeigte die Debatte um die Obrigkeitsschrift des Berliner Bischofs *Otto Dibelius* noch 1959. Dibelius vertrat die These, der Satz in Römer 13: „Jedermann sei untertan der Obrigkeit", sei heute nicht mehr anwendbar. Denn in der Demokratie gebe es keine „Obrigkeit" mehr, die von Gott eingesetzt sei, sondern nur noch auf Zeit gewählte Repräsentanten, Volksvertreter, und im Totalstaat, im kommunistischen Machtbereich, sei der Staat nicht mehr Gott Diener, sondern einer widergöttlichen Macht (wie nach der Johannesoffenbarung 13). Mit dieser These ist der Unterschied zwischen traditioneller lutherischer Obrigkeitslehre und der Staatsform der westlichen Demokratie markant bezeichnet. Die westliche Theorie des demokratischen Rechtsstaats entstand außerdem in der Aufklärung. Sie beginnt mit der Souveränitätslehre von Jean Bodin. Nach dieser Souveränitätstheorie kommt dem Herrscher als Souverän absolute Macht zu; er ist nicht an Gesetze gebunden, sondern ihnen gegenüber frei (absolutus). Die aufgeklärte Sicht des Staates suchte dann diese absolutistische Auffassung zu begrenzen. Der Staat ist eine menschliche Einrichtung. Staatszweck ist allein der Schutz von Leben, Freiheit und Eigentum. Um diesen Zweck erfüllen zu können, übertragen folglich die Mitglieder bestimmte Rechte an den Herrscher. Die aufgeklärten Vertragstheorien berufen sich auf einen Gesellschaftsvertrag, einen Herrschaftsvertrag, einen Unterwerfungsvertrag. Ihre Vertreter Thomas Hobbes (1588-1679), John Locke (1632-1704), J. J. Rousseau (1712-1778) argumentieren unterschiedlich. Aber sie argumentieren alle rational; sie berufen sich nicht auf die Bibel, nicht auf eine göttliche Einsetzung, auf eine Stiftung des Staates. Der Staat wird nicht mehr theologisch begründet; ja er bedarf nicht mehr einer christlichen

Legitimation. Damit entsteht eine rein profane Sicht des Staates. Am Ende steht in modernen Staaten die Verpflichtung des Staates zur weltanschaulichen Neutralität.

Gleichzeitig wird die Staatsgewalt begrenzt. Der Staat hat seine Schranken am Recht; er muß Rechtsstaat sein. Ein Staat, der in die Freiheit der Bürger eingreift, muß sein Handeln kontrollieren lassen. „Rechtsstaatlichkeit" wurde zum Kampfbegriff des liberalen Bürgertums in Deutschland gegen den „Polizeistaat". Der Rechtsstaatlichkeit dient die Gewaltenteilung, die Kontrolle politischer Macht durch die Aufteilung der Zuständigkeiten von Legislative, Exekutive, Judikative. Gesetzgebung und die Ausführung von Gesetzen müssen in unterschiedlichen Händen liegen. Eine gerichtliche Nachprüfung ist ebenfalls möglich. Die Gewaltenteilung geht auf Montesquieu (1689-1755) zurück. Auch die Grundfreiheiten der Person, des Individuums sind zu achten. Dies führt zur Idee der Menschenrechte. Es gibt Freiheitsrechte des Bürgers, welche keine Staatsgewalt aufheben kann und in die überhaupt nur unter rechtsstaatlich nachprüfbaren Voraussetzungen ein Eingriff zulässig ist. Die Idee des Rechtsstaats geht in Deutschland auf I. Kant zurück. Obwohl Deutschland im 19. Jahrhundert Monarchie war, gab es gleichwohl einen „formalen" Rechtsstaat, der die sogenannte Gesetzmäßigkeit der Verwaltung und die Kontrolle durch unabhängige Verwaltungsgerichte gewährleistete. Im Rechtsstaat ist die Verfassung der Maßstab politischen Handelns. Rechtsstaat und Demokratie sind nicht dasselbe. Demokratie vergibt Ämter durch Wahlen. Demokratische Wahlen befristen den Herrschaftsauftrag. Voraussetzung demokratischer Wahlen ist das Prinzip politischer Gleichheit („one man, one vote"). Dabei sind die unterschiedlichen Wahlverfahren und unterschiedliche Demokratievorstellungen, wie direkte und indirekte, repräsentative (parlamentarische) Demokratie möglich. Entscheidend sind die Grundelemente von Demokratie: Rechtsstaat, Grundrechtsschutz, Gewaltenteilung, Herrschaft auf Zeit.

Diese Konzeption der Menschenrechte entstand in England (Bill of Rights, 1689) und in den USA (1776, Virginia Bill of Rights). Die Dissenters und Independenten waren Anwälte der Menschenrechtserklärung. Sie klagten vor allem Religionsfreiheit ein. Die Menschenrechtsvorstellung wurde im angelsächsischen Protestantismus entwickelt und von Protestanten durchgesetzt, neben dem Einfluß von Philosophen der Aufklärung (z.B. John Locke, „Two Treaties of Government", 1690). Die amerikanische Menschenrechtserklärung ist noch vom Bibelpathos durchdrungen. In Europa wurden dagegen die Menschenrechte 1789 von der französischen Nationalversammlung in der Deklaration der Rechte des Menschen und Bürgers proklamiert. Die Menschenrechte dienen hier der Kritik am absolutistischen Königtum und an der Macht der katholischen Kirche. Der Verlauf der Französischen Revolution – Abschaffung der Monarchie, Hinrichtung des Königs, Verfolgung der Priester, Abschaffung der Kirche und Ersatz durch eine Zivilreligion, der Staatsstreich und die Terrorherrschaft der Jakobiner, für alles steht symbolisch der Name Robespierre – machte im kontinentalen Europa Menschenrechte und Demokratie verdächtig. Katholizismus und Protestantismus verstanden sich nunmehr als gegenrevolutionäre Mächte, als Widerhalt gegen Kirchenfeindschaft, Aufruhr, Gewaltregime. Die Ablehnung der Französischen Revolution hat geistesgeschichtlich die Stellung von Protestantismus und evangelischer Kirche in Deutschland zu Demokratie und Menschenrechten bestimmt. Erst durch das Grundgesetz wurde in Deutschland 1949 der demokratische und soziale Rechtsstaat und die Gewährleistung der Grundrechte verfassungsrechtlich gesichert.

Auf dem Hintergrund der Geschichte ist die Demokratieferne des deutschen Protestantismus zu erläutern. Die fünfte Barmer These wendet sich im Kirchenkampf erstmals 1934 gegen ein totalitäres Staatsverständnis. „Die Schrift sagt uns, daß der Staat nach göttlicher Anordnung die Aufgabe hat, in der noch nicht erlösten Welt, in der auch die Kirche steht, nach dem Maß menschlicher Einsicht und menschlichen Vermögens unter Androhung und Ausübung von Gewalt für Recht und Frieden zu sorgen. Die Kirche erkennt in Dank und Ehrfurcht gegen Gott die Wohltat dieser seiner Anordnung an. Sie erinnert an Gottes Reich, an Gottes Gebot und Gerechtigkeit und damit an die Verantwortung der Regierenden und Regierten. Sie vertraut und gehorcht der Kraft des Wortes, durch das Gott alle Dinge trägt. Wir verwerfen die falsche Lehre, als solle und könne der Staat über seinen besonderen Auftrag hinaus die einzige und totale Ordnung menschlichen Lebens werden und also auch die Bestimmung der Kirche erfüllen.

Wir verwerfen die falsche Lehre, als solle und könne sich die Kirche über ihren besonderen Auftrag hinaus staatliche Art, staatliche Aufgaben und staatliche Würde aneignen und damit selbst zu einem Organ des Staates werden."

Die fünfte Barmer These schärfte damals die Unterscheidung der Aufgaben des Staates und des Auftrags der Kirche ein. Sie nimmt damit in dieser Hinsicht die reformatorische Unterscheidung der zwei Reiche auf. Konkret erteilt sie eine Absage an den ideologischen Anspruch des Totalstaates. Der Staat wird von ihr funktional verstanden. Er ist nicht als solcher göttliche Ordnung, Inbegriff des Sittlichen. Vielmehr ist er eine menschliche Einrichtung, also dem Maß menschlicher Einsicht und menschlichen Vermögens unterworfen. Kein Staat ist letzte Instanz, sondern er ist „relativ", damit veränderbar, reformierbar. Der Auftrag des Staates ist umschrieben mit der alten Formel „iustitia et pax": „für Recht und Frieden zu sorgen". Man könnte auch von „Frieden in Gerechtigkeit" oder der Sicherung von „pax et tranquillitas", „Frieden und Ruhe" als Staatszweck sprechen. Leider fehlt in Barmen 5 der Hinweis auf die Freiheit des Bürgers als vom Staat zu schützendes Gut. Der Einsatz von Gewalt ist Mittel, „ultima ratio", nicht Selbstzweck. Der Friede ist in einer unerlösten, bösen Welt, äußersten Falls mit Gewalt aufrechtzuerhalten und zu sichern. Mit der Formulierung „Verantwortung der Regierenden und Regierten" klingen unterschwellig demokratische Töne an: Nicht nur die Autorität der Regierenden, sondern auch die Mitsprache der Regierten ist christlich begründet. Die Erinnerung an Gottes Reich, Gottes Gebot und Gerechtigkeit relativiert abschließend die staatliche Macht.

In der Linie der fünften Barmer These hat der Protestantismus – nicht ohne zeitweilige Rückfälle in obrigkeitsstaatliche Vorstellungen – der demokratischen Staatsform zugestimmt. Dabei ist zu berücksichtigen, daß zwischen Katholizismus und Protestantismus ein Unterschied in der theoretischen Bewertung des Staates besteht. Die katholische Soziallehre beruft sich auf ein überzeitlich begriffenes Naturrecht. Sie begründet die Autorität des Staates naturrechtlich und mißt die jeweilige Staatstätigkeit am Naturrecht. Der Protestantismus betont dagegen die Geschichtlichkeit des Staates und denkt eher rechtspositivistisch. Die Gestaltung der Staatsform ist Folge geschichtlicher Erfahrungen. Die Denkschrift der EKD „Evangelische Kirche und freiheitliche Demokratie. Der Staat des Grundgesetzes als Angebot und Aufgabe", 1985, hat sich erst spät kirchenoffiziell zur freiheitlichen Demokratie geäußert. Eine Ursache dieser reichlich verspäteten Äußerung war die Rücksichtnahme auf die evangelische Kirche und die Christen in der DDR, die nicht in die Verlegenheit versetzt werden sollten, sich zum sozialistischen Staat bekennen zu müssen und eine Loyalitätserklärung abzugeben. Die Denkschrift der EKD will die Stellung evangelischer Christen zur politischen Ordnung der demokratischen Staatsform klären. Diese Staatsform ist nach ihr kein zeitlos gültiges Modell, sondern verbesserungsfähig und verbesserungsbedürftig. Die Bedeutung der Verfassung wird erkannt. Es geht nicht nur um individuelle Bürgertugenden, sondern um die demokratische Staatsform. Der erste Teil behandelt „Demokratie im evangelischen Verständnis. Alte Fragen und neue Aufgaben". In diesem grundlegenden Teil geht es um den Ansatz evangelischer Ethik in der Beurteilung eines Staates. Der zweite Teil, „Grundelemente des freiheitlichen demokratischen Verfassungsstaates", beschreibt die Struktur und Wirkweise des Staates des Grundgesetzes. In einer kritischen Betrachtung des Mehrheitsprinzips und seiner Probleme, der Rolle der Parteien und der Medien als Ausblick und Zukunftsaufgabe wird nicht einfach der Status quo hingenommen und verteidigt. Teil drei, „Die Demokratie vor den Herausforderungen der Gegenwart", benennt Gefährdungen der Demokratie: Großindustrielle Technik (das Beispiel ist die Kernenergie), ökologische Schäden, die Globalität der modernen Informationstechniken und die Hochrüstung machen demokratische Entscheidungen der Bürger schwierig. Demokratische Entscheidungen sind zudem zeitraubend und umständlich. Reformvorschläge, wie Demokratisierung der Entscheidung mit Hilfe von Volksbegehren und Volksentscheid, Dezentralisierung und Bürgernähe, Parlamentsreform und Vorschläge zum Ausbau des Grundrechtsschutzes können die politischen und staatlichen Verfahren bürgernäher und effizienter gestalten. Staatliches Handeln und demokratische Verfahren setzen schließlich einen Grundkonsens voraus. Sie sind darauf angewiesen, daß sie von einem demokratischen Bewußtsein und einer Ethik der Rechtsbefolgung getragen werden.

6.5. Der politische Beruf des Protestantismus

Wege und Irrwege protestantischer Politik und geschichtliche Entwicklungen wurden umrissen. Gibt es dabei überhaupt übergreifende Gesichtspunkte? Oder ist das Wort „Verfassungspatriotismus" dahingehend zu verstehen, daß der Protestantismus sich eben mit der jeweils vorgegebenen Verfassung zu identifizieren hat? Es ist unverkennbar, daß der Protestantismus nicht auf eine bestimmte Staatsform festgelegt ist. Es gibt insbesondere keine „christliche" Staatsform. Der Staat als Heimstatt aller Bürger ist eine menschliche, zeitgebundene Ordnung. Für den Protestantismus grundlegend ist – im Gegensatz zu anderen Religionen wie dem Islam, aber auch zum byzantinischen Staatskirchentum – eine klare Unterscheidung der Aufgaben von Kirche und Staat. Er achtet ferner die Profanität des Staates und hat in der Geschichte leidvoll selbst erfahren, wie wichtig die Achtung der Religions-, Glaubens- und Gewissensfreiheit und damit die religiöse Neutralität ist. Drei Elemente sind für einen Staat erforderlich: ein Staatsvolk, ein Staatsgebiet und die Staatsgewalt als Herrschaftsordnung. Aber eine solche abstrakte allgemeine Staatstheorie enthält keine Kriterien für die Beurteilung der sittlichen Legitimität eines Staates.

Das politische Prinzip des Protestantismus ist somit keine bestimmte politische Theorie oder Staatslehre, sondern das Grundverständnis des Menschen. Alle Staatsformen sind vorläufig. Aber die konkrete Ausformung von Staatlichkeit steht in mehr oder weniger großer Nähe zum christlichen Menschenbild und zur evangelischen Anthropologie. Die EKD-Denkschrift nennt deshalb zurecht die Achtung der Menschenwürde und Menschenrechte als Beurteilungsmaßstab eines Staates. Menschenwürde ist eine allgemeine humane Grundnorm, die freilich wiederum christlich interpretiert werden kann. In der Formel Menschenwürde verdichtet sich die Überzeugung von der Freiheit und Gleichheit der Bürger; aus ihr folgt die Forderung nach Partizipation der Bürger. Nach reformatorischer Überzeugung gehört die Beteiligung am politischen Leben zum weltlichen Beruf des Christen. Ziel der Mitverantwortung ist weiterhin, daß Freiheit und Menschenwürde gewahrt und gefördert werden. Mitverantwortung ist etwas anderes als blinder Untertanengehorsam; sie trägt „notwendigerweise den Charakter kritischer Solidarität mit einer verbesserungsfähigen, aber auch verbesserungsbedürftigen Ordnung". Zu den Leitbegriffen Menschenwürde, Freiheit der Gleichen, kritische Solidarität gehören ferner Toleranz hinzu, die Bereitschaft zu Kompromissen und sozialer Verantwortung. Protestantisches Engagement in der Politik beansprucht damit weder Sonderrechte noch Privilegien. Sein Ziel ist die Wahrung des Rechts. Darum ist auf die Einhaltung von Verfahrensregeln und auf eine Ethik der Rechtsbefolgung zu drängen. Da nämlich Menschen zum Machtmißbrauch geneigt sind, bedarf es der Mechanismen der Machtkontrolle und Machtbalance. Alle Verfahren laufen freilich ins Leere, wenn die Bürger fehlen, die sie einhalten und achten. Demokratie als „Staatsform" ist nur in einer demokratiebewußten Gesellschaft funktionsfähig; sie setzt Demokratie als „Lebensform" voraus. Einübung demokratischen Bewußtseins und Verhaltens ist ein spezifischer Auftrag des heutigen Protestantismus. Dabei spielt die Respektierung der Gewissensfreiheit eine zentrale Rolle: „Das Eintreten für die Freiheit des Gewissens gehört unverzichtbar zum Erbe des Protestantismus."

Das politische Prinzip des Protestantismus wurzelt folglich in einer Grundsicht des Menschen. *Reinhold Niebuhr* rechtfertigte einmal die Demokratie weder optimistisch aus dem Zutrauen zum Vermögen des Menschen, noch argumentiert er konsequent pessimistisch für die Staatsautorität. Er begründet sie anthropologisch: „Des Menschen Sinn für Gerechtigkeit macht Demokratie möglich, seine Neigung zur Ungerechtigkeit aber macht Demokratie notwendig." Es gibt zwar keine „Theologie der Demokratie". Aber zwischen dem ethischen Prinzip der Demokratie und protestantischem Menschenverständnis gibt es durchaus Konvergenzen und Übereinstimmungen. Solche Konvergenzen sind kurz zu benennen:

Die Spannung von Schöpfung und Sünde bestimmt reformatorisches Verständnis des Menschen. Sie führt zu einer doppelten Abgrenzung: Es gibt zwar keinen idealen, vollkommenen Staat. Der Idealstaat ist eine Fiktion. In der noch nicht erlösten Welt ist aber auch die Utopie einer Abschaffung des Staates, die Anarchie, die Herrschaftsfreiheit eine Illusion. In Reaktion auf nationalprotestantische Vergötzung des Staates haben protestantische Theologen (z. B. Helmut Gollwitzer) radikale Staatskritik geübt und die Anarchie, die herrschaftsfreie brüderliche Gemeinschaft als christliche politische Forderung dagegengesetzt. Ein solches Postulat verkennt den friedensstiftenden Sinn des Gewaltmonopols des Staates. Barmen 5 sieht dagegen den Auftrag des Staates in der noch nicht erlösten Welt mit protestantischer Nüchternheit. Dies alles nötigt zum Eintreten für politische Gestaltung, zur Verbesserung demokratischer Verfahren und Entscheidungen und zur Anpassung politischen Handelns und des Staates an sich ändernde reale Gegebenheiten. Angesichts der Globalisierung der Politik wird beispielsweise die Begrenztheit nationaler Souveränität spürbar. Die Weltwirtschaft und die Sicherung des Weltfriedens machen neue Formen internationaler Kooperation dringlich. Zugleich bildet der nationale Staat auch nach innen nicht mehr das einzige Machtzentrum. Der Polyzentrismus der Machtverteilung, die Verlagerung von Macht auf Verbände und übernationale Organisationen fordert politische Reformen heraus. Protestantismus ist aufgrund seines kritischen Realismus in der Wahrnehmung des Politischen fähig, Reformen zu unterstützen und anzustoßen. Das Kriterium der Menschenwürde und die Einsicht in die Vorläufigkeit, in die Relativität aller politischer Strukturen sind Rahmenbedingungen politisch-ethischer Gestaltung.

§ 7 PROTESTANTISMUS UND WIRTSCHAFT

7.1. Die Fragestellung

Die Haltung des Protestantismus zur Politik in der Vergangenheit trägt ein Doppelgesicht. Sie war sowohl affirmativ wie kritisch. Noch zwiespältiger ist die Wechselwirkung zwischen Protestantismus und Wirtschaft. Das Thema wird derzeit höchst kontrovers diskutiert. Die neuzeitliche Marktwirtschaft beginnt im 18. Jahrhundert. Sie ist an die Industrialisierung gekoppelt. Geistig möglich wurde sie erst durch eine aufgeklärte Gesellschaftstheorie, welche die Wirtschaft verselbständigte und aus der Vormundschaft von Kirche und Staat herauslöste. Die Emanzipation von der Kirche vollzieht sich vor allem in der Ablehnung des kanonischen Zinsverbotes; die Wirtschaft soll nur noch ökonomischen Gesetzen folgen; das ist die umstrittene These von der „Eigengesetzlichkeit" der Wirtschaft. Die Wirtschaftspolitik des Staates im Zeitalter des Absolutismus, der Merkantilismus, wurde von der nationalökonomischen Theorie des klassischen Liberalismus abgelöst: Nicht der Staat mit seinen Privilegien, Monopolen, Manufakturen etc., sondern der Bürger soll jetzt der Unternehmer sein. Der Theoretiker der liberalen Nationalökonomie wurde Adam Smith (1723-1790), der 1776 das klassische Werk „Wealth of Nations" verfaßte. Napoleons Eroberung Europas zerbrach Zollschranken, stürzte die Staatenwelt um und bereitete politisch den Boden für die Expansion der ökonomischen Revolution. Im 19. Jahrhundert wurde die Kontroverse um eine Wirtschafts- und Gesellschaftsordnung unter der Alternative von Kapitalismus und Sozialismus bestritten. Die Streitfrage spitzte sich sogar dahin zu, ob sich der Protestantismus für den Kapitalismus oder für den Sozialismus einsetzen soll. Der Kapitalismus als Wirtschaftsform entstand im 18. Jahrhundert und entfaltete seine Dynamik im 19. Jahrhundert. Kapitalismus bezeichnet eine Wirtschaftsform, die das in der industriellen Produktion eingesetzte Kapital zur Gewinnerzielung und Gewinnsteigerung einsetzt. Kapitalorientierte Verwertung der menschlichen Arbeitskraft mit hochgradig differenzierter Arbeitsteilung und kostengünstiger Einsatz von Rohstoffen und Energie (Produktionsfaktoren) sind die Produktionsweisen des Kapitalismus. Ziel des kapitalistischen Wirtschaftens ist Gewinnmaximierung, Profit. Der Kapitalismus ist ausschließlich ausgerichtet auf die Vermehrung von Kapital und die Steigerung der Gewinne der Eigentümer der Produktionsmittel.

Hier setzt dann die Kapitalismuskritik an: Sie kritisiert, daß der Gewinn durch die „Ausbeutung" der Arbeiter erzielt wird. Mit Hilfe einer Sozialisierung der Produktionsmittel und der Enteignung der Ausbeuter soll der Kapitalismus abgeschafft werden. Der Sozialismus ist also Reaktion auf die Entwicklung des Kapitalismus und das durch die Industrialisierung und die kapitalistische Wirtschaftsweise verursachte Massenelend der Arbeiter, des Proletariats. In der nachnapoleonischen Zeit bildeten sich Gruppen und Konzeptionen der Frühsozialisten, die von vorindustriellen christlichen Traditionen, humanitärer Aufklärungsidee und bürgerlichen politischen Vorstellungen beeinflußte Gegenpositionen entwarfen. Dem kapitalistischen Konkurrenzprinzip, dem Wettbewerb, stellten sie die Forderung nach Kooperation und Umverteilung der Gewinne entgegen. Geschichtsmächtig erwies sich vornehmlich die Idee des Sozialismus von Marx und Engels, mit wissenschaftlichem Anspruch ausgestattet, in der Gestalt des Marxismus und später des Marxismus-Leninismus. Inzwischen sind jedoch weder Kapitalismus noch Sozialismus eindeutig zu bestimmende Begriffe, sondern nur noch Schlagworte. Neben einem völlig liberalen Kapitalismus, der keinerlei staatliche Regulierungen akzeptiert, gibt es nämlich verschiedene Spielarten eines sozialen Kapitalismus; neben dem marxistischen, bürokratischen Sozialismus gibt es Wirtschaftsvorstellungen eines freiheitlichen, demokratischen Sozialismus. Kurzum: Weder der Begriff Kapitalismus noch der Begriff Sozialismus sind am Ende des 20. Jahrhunderts für eine wirtschaftsethische Positionsbestimmung des Protestantismus tauglich. Vorzuziehen sind Bezeichnungen der beiden alternativen Grundpositionen wie

Marktwirtschaft und Zentralverwaltungswirtschaft. Beide Wirtschaftsordnungssysteme sind deshalb Idealtypen: Im Markt koordinieren die Wirtschaftssubjekte mit Hilfe von freiem Tauschverkehr und Wettbewerb die wirtschaftlichen Entscheidungen und Wirtschaftspläne. *Adam Smith* spricht von der „invisible hand", der „unsichtbaren Hand", welche im „System der natürlichen Freiheiten" für das optimale Ergebnis sorgt. Die Triebfeder ökonomischen Handelns in der Marktwirtschaft ist das Eigeninteresse des Einzelnen. Das alternative Wirtschaftssystem der Zentralverwaltungswirtschaft sucht die Koordination wirtschaftlichen Handelns mit Hilfe von Wirtschaftsplänen und staatlichen Kontrollen über eine Zentralinstanz zu erreichen. Die Zentralverwaltungswirtschaft – die man mißverständlich auch Planwirtschaft nennt – geht nicht von der Freiheit der Konsumenten und Produzenten aus, sondern setzt auf die Steuerung „von oben" durch eine Entscheidungsinstanz. Um steuern zu können, benötigt man in der Zentralverwaltungswirtschaft politische Macht und außerdem umfassende Informationen. Die Zentralverwaltungswirtschaft des „real existierenden Sozialismus" ist an ihrer eigenen Ineffektivität gescheitert. Das heißt freilich nicht, daß es nicht andere Mischsysteme und Übergänge zwischen Markt und Plan geben kann. In unserem Zusammenhang geht es allein um die Einstellung des Protestantismus zum wirtschaftlichen Handeln.

Am Anfang dieses Abschnitts war die Rede von der Doppelgesichtigkeit in der Einstellung des Protestantismus zu Marktwirtschaft und Kapitalismus einerseits, zu Zentralverwaltungswirtschaft und Sozialismus auf der anderen Seite. Dies ist zu präzisieren: Es gibt eine protestantische Fundamentalkritik am Kapitalismus (z. B. heute bei *Helmut Gollwitzer,* Die kapitalistische Revolution, 1974, oder bei *Ulrich Duchrow,* „Weltwirtschaft heute – ein Feld für bekennende Kirche?", 2. Aufl. 1987, ders., „Alternativen zur kapitalistischen Weltwirtschaft", Gütersloh/Mainz 1994). Der Kapitalismus wird grundsätzlich als Götzendienst gebrandmarkt. Denn er bete das Geld, eine diabolische Macht an. Kapitalismus sei widerchristlich, unmenschlich. Ihm ist daher mit dem Bekenntnis des Glaubens zu antworten. Wahre Protestanten sind Bekenner gegen den Kapitalismus. Sie fordern ein völlig anderes Wirtschaften, die Rückkehr zu kleinen Gemeinschaften, Abschaffung der Zinsen als Wucher, Umkehr zur Bedarfswirtschaft der kleinen Gruppe und anderes mehr.

Dagegen steht die sogenannte *Max-Weber-These: Max Weber* entdeckte die Wurzeln der Wirtschaftsform des Kapitalismus zunächst im Calvinismus. Calvinistisch geprägte Lebensführung, die die rationale Gestaltung des Lebens anerzog, den Verzicht auf Luxus verlangte, also Sparsamkeit und innerweltliche Askese einübte, ermöglichte erst eine rationale Wirtschaftsführung. Der „Geist des Kapitalismus" ist Folge einer Rationalisierung, Säkularisierung spezifisch protestantischer, calvinistischer Glaubensüberzeugung und Lebensanschauung. In der Tat entstand der moderne Kapitalismus geographisch gesehen zuerst in calvinistisch beeinflußten Ländern, in England, den Niederlanden und Nordamerika. Die Max-Weber-These, ihre Deutung von Calvinismus, Luthertum und Protestantismus haben eine bis heute anhaltende kontroverse Diskussion ausgelöst. Ohne auf historische Zusammenhänge im einzelnen einzugehen, ist schwerlich zu bestreiten, daß zwischen der rationalen, methodisch disziplinierten und auf Selbstverantwortung gegründeten Einstellung zu Arbeit, Beruf und Eigentum des Kapitalismus und leistungsbezogener Lebenshaltung im Protestantismus Zusammenhänge bestehen. Die Reformation lenkte das alltägliche Handeln des Christen von jenseitigen Heilszielen um auf seine alltägliche Berufstätigkeit. Der Kapitalismus als solcher ist zwar sicher nicht eine unmittelbare Frucht religiösen Geistes. Utilitaristische Kriterien spielen eine entscheidende Rolle. Eine direkte Ableitung des kapitalistischen Geistes aus der calvinistischen Erwählungslehre mit ihrer Ungewißheit des Heilsstandes für den Einzelnen und der Verweis des Suchens nach dem Gnadenstand im Lebenserfolg („syllogismus practicus") übersieht außerdem den Beitrag der Aufklärung. Die Wirtschaftsgesinnung oder das Wirtschaftsethos des Protestantismus ist allenfalls eine Ursache modernen Wirtschaftens, aber nicht kausal die Ursache schlechthin.

Neben der Wirtschaftssgesinnung, dem Ethos der wirtschaftlich Tätigen ist genauso die Wirtschaftsordnung zu bedenken. „Wirtschaftsordnung" nennt man die Gesamtheit der für den organisatorischen Aufbau und Ablauf geltenden Regeln und der wirtschaftsgestaltenden Institutionen. Eine Wirtschaftsordnung enthält Regelsysteme und Institutionen. Bei dem folgenden historischen Rückblick sind daher sowohl das Wirtschaftsethos, die „Gesinnung", wie die Wirtschaftsordnung zu berücksichtigen.

7.2. Rückblick auf reformatorische Ansätze des Wirtschaftsethos

Das Reformationsjahrhundert war eine Zeit wirtschaftlicher und sozialer Umbrüche. Das auslösende Ereignis der Reformation war bekanntlich wirtschaftlicher Art: Der Ablaßhandel diente als Finanzierungsunternehmen zum Bau des Petersdoms in Rom, vorfinanziert vom Bankhaus der Fugger. Die marxistische Deutung, welche nur ökonomisch urteilt, bewertete deshalb die Reformation als frühbürgerliche Revolution und nannte die gesamte Epoche „Frühkapitalismus".

Karl Marx entdeckte in Luther sogar den ältesten deutschen Nationalökonomen; das ist sicherlich übertrieben. Aber man sollte nicht bestreiten, daß Luther sich immer wieder mit wirtschaftlichen Fragen und mit den sozialen Folgen ökonomischen Handelns ausdrücklich befaßt hat. Anlaß dazu boten neben Veränderungen der sozio-ökonomischen Wirklichkeit einerseits das kanonische Zinsverbot und die Frage des Wuchers, andererseits die damals beginnende Herausbildung wirtschaftlicher Monopole. Zu nennen sind Luthers beide Sermone zum Wucher (1519/1520) und die „Vermahnung an die Pfarrherrn, wider den Wucher zu predigen" (1539/40). Das Zinsnehmen war als „unsittlicher Wucher" den Christen von kirchlichen Instanzen, Konzil und Papst, ausdrücklich untersagt worden und wurde nur Juden erlaubt. Das kanonische Verbot des Zinsnehmens wurde einmal begründet mit der aristotelischen These von der Unfruchtbarkeit des Geldes („nummus nummum non parit"), andererseits mit alttestamentlichen Bibelstellen, die Wucherern unersättliche Geldgier unterstellen. Die Verurteilung des Zinses als Wucher betrachtete im Zinsnehmen nur den Konsumptivkredit. Für das gesamtwirtschaftliche Verständnis des Zinsphänomens fehlte noch der Kapitalbegriff, genauer: die Vorstellung, daß durch ein Darlehen Investitionen in Kapitalgüter möglich werden und damit Produktionschancen verbessert werden, die eine Entschädigung des Geldgebers rechtfertigen. Auch war der

Zusammenhang zwischen Zinshöhe und Geldwertstabilität bzw. Geldentwertung (Inflation) nicht im Blick. Luther steht insoweit in der Tradition der kanonischen Anschauung vom Zins. Luthers sozial- und wirtschaftsethische Aussagen sind also im Einzelnen nicht auf die Gegenwart übertragbar und anzuwenden.

Die sozial- und wirtschaftsethischen Grundsätze, von denen her *Luther* argumentiert, sind allerdings nicht ökonomisch, sondern theologisch. *Luther* stellt bei der Auslegung des ersten Gebots die Antithese von Gott oder Mammon heraus. Er mahnt, auch im wirtschaftlichen Handeln das Gebot der Nächstenliebe zu beachten, Regeln der Billigkeit (Epikie) zu berücksichtigen und Arbeit und Eigentum mit dem Glauben zu verbinden. *Luthers* Auslegung des achten Gebots im Katechismus („Du sollst nicht stehlen") ist dafür in der eingehenden Beschreibung der personalethischen Fürsorge vorbildhaft. Außerdem ist an *Luthers* Neubewertung des weltlichen Berufs und der Arbeit zu erinnern. In der Arbeit dient der Christ dem Mitmenschen. Er schafft Güter. *Luther* respektiert das Privateigentum, das durch Arbeit erworben ist. Er erklärt: „Soll ein Christ geben, so muß er zuvor haben; was nichts hat, das gibt nichts". Geld und Gut gehören zum weltlichen Regiment. Demgemäß lehnte *Luther* den von den Schwärmern geforderten Gemeinbesitz, den Kommunismus, ab. Nicht Verzicht auf Eigentum, sondern richtiger Umgang mit Besitz und Eigentum ist dem Christen aufgetragen. Das Streben um soziale Gerechtigkeit war freilich ein Anliegen der Reformation; sie verkündete nicht nur die geistliche Gerechtigkeit, die Gerechtigkeit aus Glauben. Dies gilt besonders für Ulrich Zwingli. Für die Zürcher Reformation waren noch stärker sozialpolitische Anliegen mit auslösend: Zwingli, der Ethiker unter den Reformatoren, betonte den Gegensatz zwischen Gotteswort und Geizwort und den Zusammenhang von göttlicher und irdischer Gerechtigkeit. Auch bei Calvin finden sich eingehende wirtschaftliche Anweisungen.

Der Protestantismus hat also von Hause aus einen Bezug zum Wirtschaftsgeschehen und prägt eine besondere Wirtschaftsgesinnung. Es ist kein Zufall, daß die kapitalistische Revolution zuerst in protestantischen Ländern begann. Gegen diese Affinität ökonomischer Innovation zum Protestantismus spricht auch nicht das Bemühen der spanischen Spätscholastik um eine Wirtschaftsethik im 16. Jahrhundert. Historisch entstand die Marktwirtschaft zunächst in England und den Niederlanden im 18. und 19. Jahrhundert, weil protestantisches Weltverständnis für ökonomische Rationalität offener war. Jedoch ist hinzuzufügen, daß es im Reformationsjahrhundert keine Marktwirtschaft im modernen Verständnis gab. Zu Luthers Zeit war die Wirtschaft auf Bedarfsdeckung ausgerichtet. Die Produktion war vorindustriell. Die „industrielle" Welt entwickelte sich etwa seit 1790. Im 16. Jahrhundert waren Bauern und Handwerker Träger der wirtschaftlichen Aktivität. Die Grundlage war die „Haus"wirtschaft, also das „Haus" als Lebens-, Produktions- und Konsumgemeinschaft unter der patriarchalischen Leitung des Hausvaters. Die Gesellschaft war im wesentlichen agrarisch. Erst das Industriesystem geht dann von der Deckung von Bedürfnissen zur Angebotswirtschaft über. Die feudal-ständische Gesellschaft orientierte die Bedarfsdeckung zudem am jeweils „standesgemäßen" Unterhalt und an der Leitvorstellung des „gerechten" Preises, der noch nicht mit dem Marktpreis gleichgesetzt wurde. Die Gesellschaft war noch ständisch und hierarchisch geschichtet. „Luxusverbote" setzten im Ständestaat Aufwandsbegrenzung durch. Politische Herrschaft beruhte auf dem Grundeigentum. Standesprivilegien verhinderten von vornherein eine Begründung gesellschaftlicher Rollen auf ökonomische Leistung und verhinderten einen offenen Wettbewerb. Die Theorie des Merkantilismus vertrat in Theorie und Praxis ferner einen Schutz der binnenstaatlichen Wirtschaft gegen die Auslandskonkurrenz, vor allem mit Hilfe von Zöllen. Die die Wirtschaft regulierende Macht war der Fürst. Merkantilismus war Staatswirtschaft. In Europa wurde in kleinräumigen Wirtschaftszellen, in Dorf, Stadt und fürstlichem Territorium produziert. Mit der Entdeckung Amerikas und der Kolonialwirtschaft, die zugleich Geldwirtschaft (Gold) ist, beginnt die Neuzeit. Im 17./18. Jahrhundert betreibt der Staat bewußt den Übergang von agrarisch-handwerklicher Produktion zu Industrie und Handel (z. B. in der Manufaktur). Gegen den Merkantilismus entwickelte dann Adam Smith die liberale Idee der Marktwirtschaft. Die Vorbedingung von Marktwirtschaft ist der Abbau der Monopole, Privilegien und des Zunftwesens. Im 19. Jahrhundert entstanden in Reaktion auf die vom Liberalkapitalismus verursachten gesellschaftlichen und sozialen Schäden Initiativen der Sozialreform und der Sozialpolitik, also die Anfänge des Sozialstaates. Der „organisierte Kapitalismus" des Kaiserreiches, die Ansätze zu Sozialstaat und Wirtschaftsdemokratie in der Weimarer Republik, die in der Weltwirtschaftskrise 1929-1932 weithin zerstört wurden, führten sodann zur Wirtschaftsdiktatur des Nationalsozialismus und dann, nach dem Zusammenbruch des NS-Regimes, zur „sozialen Marktwirtschaft" in der Bundesrepublik Deutschland wie zur Plan- und Lenkungswirtschaft in der DDR.

7.3. Das marktwirtschaftliche Konzept

Auf dem Hintergrund der Wirtschaftsgeschichte ist die Stellung des Protestantismus zu den Wirtschaftssystemen zu sehen. Die Idee der Marktwirtschaft hat Adam Smith entwickelt. Smith war Moralphilosoph, als Schotte Presbyterianer, somit Protestant.

Das Weltbild des ersten Vertreters der liberalen Marktwirtschaft war optimistisch. Die Versorgung eines Volkes mit Gütern hängt ab von dessen Sparsamkeit, vom Arbeitsfleiß und vor allem von der Fähigkeit, Produktionsabläufe effektiv zu gliedern. Durch Arbeitsteilung kann die Arbeitsproduktivität entscheidend gesteigert werden. Smith' theoretischer Ansatz ist eine Produktionstheorie; eine geschlossene Verteilungstheorie findet sich bei ihm nicht. Der vielzitierte Satz, wonach wir beim Kauf von Brötchen nicht davon abhängig sind, ob der Bäcker uns Wohlwollen entgegenbringt, sondern daß dieser seine Brötchen gewinnbringend verkaufen will, formuliert knapp den Ausgangspunkt. Smith setzt bei den Interessen des aufgeklärten Egoisten an. Jeder Mensch will seine eigenen Lebensbedingungen verbessern. Dazu kommt eine natürliche Neigung des Menschen zu Tausch und Handel. Dem Menschen eingestiftet ist ein Bereicherungstrieb: Er will haben. Dieses natürliche Verlangen, das man auch Streben nach Gewinn, nach Profit nennen kann, versetzt in Konkurrenz zu anderen. In offenen Märkten bewirkt der Wettbewerb, daß die Mittel dort am effizientesten eingesetzt werden, wo ein optimales wirtschaftliches Ergebnis erzielt werden kann. *Smith* meint gleichnishaft, hinter dem Marktgeschehen wirke eine unsichtbare Hand („invisible hand") steuernd. Voraussetzung dieses möglichen Ausgleichs der Interessen ist ein „System der natürlichen Freiheiten". Darum lehnt Smith staatliche Eingriffe in Märkte ab. Er befürchtet, daß mit solchen Eingriffen Politiker sich zu Lasten der Allgemeinheit bereichern könnten. *Smith* war freilich kein Vertreter eines völligen „Laissez-faire-Systems". Er plädierte vielmehr dafür, daß der Staat Anstalten und Werke betreiben soll, welche „öffentliche Güter" bereitstellen. Zu solchen Staatsaufgaben zählte er etwa die Landesverteidigung, die Aufrechterhaltung innerer Sicherheit, die Rechtspflege, Umweltschutz (Brandmauern), Beseitigung des Analphabetismus (Bildungspolitik) u.ä. Diese Ausgaben sind aus Steuern zu finanzieren. Das Werk „Wealth of Nations" arbeitete weithin empirisch, beobachtend und verweist auf historische Beispiele. Smith ist also ein an der Empirie orientierter Ökonom, kein Ideologe des Marktes. Das ist im Blick auf heutige Auseinandersetzungen um Staatseingriffe in den Markt und um die Bedeutung staatlicher Rahmensetzung zu bedenken.

Zwei Prämissen in *Smith'* Ansatz sind aus der Sicht der Ethik, insbesondere des christlichen Glaubens, kritisch zu beleuchten:

Einmal ist sein Ausgangspunkt das aufgeklärte Selbstinteresse des Egoisten; Menschen arbeiten und handeln wirtschaftlich vernünftig, um Gewinn zu machen, also weil sie selbst etwas davon haben wollen; das ist zweifellos eine zutreffende Beobachtung. Wie verträgt sich jedoch das egoistische Interesse an Selbstdurchsetzung und Selbstbehauptung mit dem christlichen Gebot der Nächstenliebe, mit den Forderungen des Altruismus? Zur Beantwortung dieser Frage ist darauf aufmerksam zu machen, daß *Smith* selbst nicht nur einen einzigen Trieb kennt, die „Selbstliebe". In einer bereits 1759 veröffentlichten „Theory of Moral Sentiments" sieht er vielmehr die Handlung der Menschen durch zwei Triebe bestimmt, den Trieb, sich vor anderen auszuzeichnen (Selbstliebe) und den Trieb, mitzufühlen (Sympathie). Smith kennt also nicht nur ein durch Eigeninteressen gesteuertes Marktverhalten, sondern auch Mitgefühl, Wohlwollen für andere (das freilich nicht den Markt als solchen reguliert).

Zum anderen ist bei der Eigenliebe zu differenzieren. Jeder Mensch hat ein natürliches Interesse an Selbsterhaltung, am

Überleben, an Selbstentfaltung. Dieser Trieb, dieses grundmenschliche Bedürfnis ist folglich nicht bereits an sich schlecht und böse. Wenn die Selbstbehauptung allerdings mit allen Mitteln durchgesetzt werden soll und auf Kosten anderer geht, dann sind ethische Korrekturen notwendig. Der christliche Glaube lehnt aufgrund des Schöpfungsgedankens „Selbstliebe" nicht von vornherein und absolut ab. Das Gebot, den Nächsten „wie sich selbst zu lieben", setzt vielmehr stillschweigend voraus, daß Menschen „von Natur" sich selbst „lieben", und nicht etwa sich hassen, sich ablehnen. *Wie* Selbstliebe im Umgang mit Mitmenschen jeweils praktiziert wird, das bleibt allerdings durchaus eine ethische Frage.

Der *andere* Einwand christlichen Glaubens richtet sich gegen den Wettbewerb als Steuerungsinstrument des Marktes, gegen das Konkurrenzprinzip. Ist es, ethisch und christlich betrachtet, vertretbar, den Konkurrenten auszuschalten, ihn „niederzukämpfen", ihn aus dem Markt zu werfen, ihn zu „eliminieren"? Wiederum ist zur Klärung dieser Frage Differenzierung geboten. Zunächst ist zu prüfen, ob Wettbewerb Selbstzweck, Ziel – „Wettbewerb um des Wettbewerbs willen" – sein soll oder lediglich Mittel, Instrument ist. Das Ziel des Wettbewerbs soll doch die Produktion von Gütern, der Ertrag, nicht einfach der Sieg über andere Wettbewerber sein. Die Interpretation des Wettbewerbs als sozialdarwinistisches Ausleseprinzip ist ethisch kritisch zu sehen. Über die Nutzung des Wettbewerbs als Mittel effizienter Ressourcenallokation ist hingegen durchaus nachzudenken. Außerdem muß jeder Wettbewerb Regeln einhalten und darf nicht einfach nach dem Grundsatz „catch as catch can" geführt werden. Für den wirtschaftlichen Wettbewerb ist es wichtig, daß er sowohl fair und effizient, als auch wirksam ist. Ein unlauterer, unfairer Wettbewerb bevorzugt nämlich den unfairsten Wettbewerbsteilnehmer. Dafür stehen als Kennworte „Schmutzkonkurrenz" oder „Grenzmoral". Gegen unfairen Wettbewerb bedarf es eines vom Staat zu überwachenden Gesetzes gegen den unlauteren Wettbewerb. Weiterhin soll es einen wirksamen, wirklich „funktionierenden" Wettbewerb geben. Monopol- und Oligopolbildung, Kartellabsprachen, auch Staatseingriffe durch Marktregulierungen sind darum wettbewerbsfeindlich. Der Preismechanismus wird durch Eingriffe in den Wettbewerb außer Kraft gesetzt. Deshalb ist das Wettbewerbsrecht das Herzstück staatlichen Wirtschaftsrechts und der Wirtschaftspolitik. Schließlich kann am Wettbewerb nur teilnehmen, wer wettbewerbsfähig ist. Hinter dem Wettbewerb steht ideell der Leistungsgedanke: Jeder Leistungsfähige soll in gleicher Weise Zugang zum Markt haben. Ein Wettbewerb richtet sich gegen Privilegien und Ungleichheit. Weder ein Geburts- und Standesprinzip, noch ein Ideologieprinzip soll einen Wettbewerbsteilnehmer bevorzugen. Hinter dem Leistungsgedanken steht also der Gleichheitsgedanke. Promotoren und Träger der Marktwirtschaft waren historisch die Bürger, die gegen Privilegien von Adel und Klerus auf Chancengleichheit bestanden. Problematisch wird es freilich, wenn diejenigen, die nicht leistungsfähig sind oder auch keinen Zugang zu Markt und Wettbewerb haben, am Erfolg des Wettbewerbs gar nicht teilnehmen und partizipieren können. Dies trifft vor allem Kranke, Behinderte, Ungebildete, Arbeitslose, also große Gruppen der Gesellschaft. Heute ist vor allem der Zugang zum Arbeitsmarkt ein ungelöstes Problem. Deshalb ist eine Ergänzung und Korrektur des Leistungs- und Wettbewerbsprinzips durch ein Sozialprinzip, durch den Ausgleich zwischen Erfolgreichen und Benachteiligten, den Hilfsbedürftigen notwendig.

Ausgehend von A. Smith' theoretischer Begründung der Marktwirtschaft wurden bereits einige ethische Probleme angesprochen, die gerade den Protestantismus herausforderten.

7.4. Der soziale Protestantismus

Wie steht der Protestantismus grundsätzlich zur Marktwirtschaft? Die Frage stellt sich so noch nicht für die Reformatoren und den Altprotestantismus, sondern erst für den Neuprotestantismus. Akut wird die Frage in Deutschland seit der Mitte des 19. Jahrhunderts. Denn da wird die „soziale Frage" zur zentralen Aufgabe. Der Markt ist kein Mechanismus, der auf Knopfdruck funktioniert. Er wird von Menschen gestaltet und von den Marktteilnehmern beeinflußt. Auch befindet sich der Markt in einem staatlichen und kulturellen Rahmen. Unausweichlich stellen sich Wert- und Wertungsfragen. In welcher Richtung soll der Protestantismus den Markt beeinflussen?

Im Unterschied zum Katholizismus, der ein traditionelles Gesellschaftsbild und eine berufsständische Ordnung vertrat, öffnete sich der Protestantismus der Wirtschaftsfreiheit. (Der „soziale Katholizismus" seit der Enzyklika „Rerum novarum" von Papst Leo XIII., 1891, ist hier nicht darzustellen.) Der Protestantismus hatte sich dabei gegen zwei Konzeptionen abzugrenzen. Die eine Konzeption war die des religions- und kirchenfeindlichen Sozialismus, die andere Konzeption die Vorstellung von einer ständisch strukturierten Gesellschaft mit Zunftordnung, ständischen Privilegien, geschlossenem Markt, staatlichem Dirigismus. Im Unterschied zu diesen beiden Konzepten hat der Protestantismus sich bewußt auf die Wirtschaftsfreiheit eingelassen. Die Anerkennung der Produzentenfreiheit und der Konsumentensouveränität entspricht protestantischem Verständnis von Freiheit. Allerdings war der Protestantismus mitnichten unkritisch gegenüber den Auswüchsen des Wirtschaftsliberalismus. Er sah sehr scharf die gesellschaftlichen und sozialen Schäden. Angesichts der „sozialen Frage" forderte er folglich mit Nachdruck soziale Ausgleichsmaßnahmen. Nicht nur im Blick auf England, sondern auch im Blick auf Deutschland ist von Wurzeln der sozialen Marktwirtschaft im Protestantismus zu sprechen. Diese Wurzeln werden häufig übersehen und vergessen. Eine Reihe bis heute bestehender Probleme wurde damals erkannt. Da ist zunächst *Johann Heinrich Wichern* (1808-1881), der Begründer der Inneren Mission, zu nennen. Er formulierte 1848 auf dem Wittenberger Kirchentag die Idee einer „Inneren" Mission, welche Diakonie und Mission an dem „heillosen Volk" praktizieren sollte. Massenelend, Verarmung, Alkoholismus, sittliche Verwilderung sollte die Innere Mission durch karitatives Handeln, durch Erziehung und Bildung, durch erweckliches Handeln und erweckliche Verkündigung bekämpfen. *Wichern* hielt 1871 seine letzte Rede „Die Mitarbeit der Kirche an den sozialen Aufgaben der Gegenwart", in der er seine Grundsätze darlegte. Sozialreform war für ihn freilich zuerst und vor allem Gesinnungsreform und soziale und diakonische Fürsorge. Die sozialen Schäden, welche eine bestimmte Art von Wirtschaften verursachte, sollten vor allem durch Wohltätigkeit und Fürsorge der oberen Stände an den niederen Ständen ausgeglichen werden. Einen Schritt weiter ging sodann 1878 der Hofprediger Adolf Stöcker, der in Konkurrenz zur Sozialdemokratie eine christlich-soziale Arbeiterpartei zu gründen versuchte. Der Gründungsversuch scheiterte. Aus Stöckers Arbeiterpartei wurde rasch eine kleinbürgerliche, antisemitische Partei. Noch weitere Vertreter eines sozialkonservativen Protestantismus sind zu nennen. Der Pfarrer *Rudolf Todt* (1838 – 1887) folgte in der Analyse der sozialen Frage zwar der radikalen Kritik der Sozialdemokratie, setzte aber für die Beseitigung der sozialen Schäden auf einen Staatssozialismus, auf ein soziales Königtum. Neben dem sozialkonservativen Protestantismus gibt es außerdem eine bürgerliche Sozialreform, die sich sowohl gegen die Doktrin des Manchestertums wie gegen den radikalen Sozialismus abgrenzte. Zu erinnern ist beispielsweise an die Berliner Nationalökonomen *Adolph Wagner* (1835-1917) und *Gustav Schmoller* (1838-1917). Diese sogenannten „Kathedersozialisten" forderten, bei grundsätzlicher Zustimmung zur Marktwirtschaft, sozial korrigierende Eingriffe des Staates. Der „Verein für Socialpolitik", den 1872 Wissenschaftler, Unternehmer und Staatsbeamte gründeten, wurde von (Kultur-)Protestanten getragen. Alle diese Initiativen zielten auf eine Sozialreform, nicht auf eine soziale Revolution. Sie wandten sich freilich ebenfalls gegen eine naturrechtliche Verherrlichung des Individuums im Manchestertum.

Die Grundlagen des Sozialstaats in der Bismarckzeit schufen weiterhin protestantische Beamte. *Theodor Lohmann* (1831-1905) ist in diesem Zusammenhang hervorzuheben. Die von ihm verfaßte Denkschrift der Inneren Mission von 1884 beeinflußte die Sozialgesetzgebung. Aus der evangelischen Kirche heraus wurde die Ordnungsfrage sozialstaatlicher Intervention mit deutlicher Kritik an Liberalismus und Sozialismus angemahnt und thematisch angesprochen.

Nach der Bismarckzeit, welche innenpolitisch durch Kulturkampf und Sozialistenverfolgung geprägt wurde, schien mit Kaiser Wilhelm II. und dessen arbeiterfreundlichen Februarerlassen eine „neue" Ära der Sozialpolitik anzubrechen. Sogleich wurde der deutsche Protestantismus erneut aktiv. Adolf Stöcker, der Kathedersozialist Adolph Wagner und der Führer der evangelischen Arbeitervereine, Ludwig Weber, gründeten am 28.5.1890 den „Evangelisch-Sozialen Kongreß". Der Evangelisch-Soziale Kongreß vereinte unterschiedliche kirchenpolitische Richtungen, welche das soziale Engagement verband. Von 1890-1914 war dieser Kreis das sozial- und wirtschaftsethische Forum des Protestantismus. Will man das wirtschaftsethische Profil des Protestantismus im wilhelminischen Deutschland kennenlernen, muß man die Vorträge, Diskussionen und Resolutionen des Evangelisch-Sozialen Kongresses studieren. Es stimmt nicht, daß es damals keine protestantische Sozial- und Wirtschaftsethik gegeben habe; es gibt zwar keine kirchenoffizielle, „lehramtliche" Wirtschaftsethik. Aber protestantische Laien und Theologen vertraten sehr wohl protestantisch begründete und fundierte wirtschaftsethische Forderungen und Leitgedanken. Auch wenn der konservative Flügel um Adolf Stöcker und Ludwig Weber 1895 aus kirchenpolitischen Gründen den Evangelisch-Sozialen Kongreß verließ und die Freie Kirchlich-Soziale Konferenz gründete, blieb der Kongreß der Ort, auf dem Fachleute und Theologen soziale und ökonomische Probleme erörterten, beispielsweise die Eigentumsfrage diskutierten, sich mit der Gewerkschaftsfrage, mit Steuer- und Finanzpolitik, mit Wohnungsfragen und schon damals mit der Mitbestimmung beschäftigten. *Friedrich Naumann* setzte sich beispielsweise für eine Arbeitergesetzgebung unter dem Motto „Vom Industrieuntertan zum Industriebürger" ein (1907). Neben Theologen, wie Adolf von Harnack und Ernst Troeltsch sind Max Weber, Friedrich Naumann sowie die Kathedersozialisten zu nennen. Der Evangelisch-Soziale Kongreß war bürgerlich, reformerisch, also nicht proletarisch und sozialistisch ausgerichtet. Mit dem Beginn des Ersten Weltkriegs geriet dieser bürgerliche Protestantismus, der „Kultur"-Protestantismus, in eine tiefe Krise. Dies zeigt sich auch und besonders ausgeprägt in der Wirtschaftsethik.

Die Jahre zwischen 1919 und 1945 sind in der wirtschaftsethischen Debatte eine Zwischenzeit. In der Weimarer Republik wird der Protestantismus in sich selbst pluralistisch. Neben die bürgerliche Sozialreformbewegung tritt der religiöse Sozialismus. Der kirchlich und politisch konservative „Kirchlich-soziale Bund" behauptet sich gleichfalls. Der Evangelisch-Soziale Kongreß verliert hingegen an Bedeutung und Einfluß. Die zahlenmäßig geringe religiös-sozialistische Bewegung war antikapitalistisch und antimilitaristisch. Die einzige Wirtschaftsethik für fast 50 Jahre in der deutschen evangelischen Ethik verfaßte Georg Wünsch (1887-1964). Diese Wirtschaftsethik blieb freilich weitgehend wirkungslos. Dies lag nicht nur an ihrer religiös-sozialistischen Herkunft und

Verankerung, sondern vor allem an einer wertphilosophischen Grundlegung, die zeitlos abstrakte Prinzipien formulierte und der Geschichtlichkeit jeder Wirtschaftsordnung nicht angemessen Rechnung trug. Daneben gab es eine offizielle sozialkirchliche Arbeit. *Friedrich Brunstäd* (1883-1944) unterschied in diesem Zusammenhang wegweisend zwischen „verabsolutierter" Eigengesetzlichkeit, die verkennt, daß Wirtschaft nur ein „Dienstwert" ist und der Bedürfnisbefriedigung durch Produktion von Gütern dient, und berechtigter, legitimer Eigengesetzlichkeit, die er „Eigenständigkeit" nennt. Er würdigt die eigenständige Struktur der tauschwirtschaftlichen (oder marktwirtschaftlichen) Organisation der Wirtschaft positiv und bejaht deswegen die kapitalistische Wirtschaftsweise grundsätzlich. Wird der Kapitalismus jedoch verabsolutiert, und d. h. nicht in ein übergreifendes Kultursystem eingegliedert, dann pervertiert Wirtschaft zum Mammonismus. Eine Eingliederung in die staatliche Rechtsordnung, Wirtschafts- und Sozialpolitik ist erforderlich. Denn: „Der Staat ist der Hüter und Ordner des kulturellen nationalen Wertganzen, er ist ein sittlich-kulturelles Gebilde, die Zusammenfassung ringenden Wertwillens in einem Volk". *Brunstäd* tritt bei aller Achtung der Eigengestaltigkeit der Wirtschaft für Staatseingriffe ein, auch wenn wahr bleibt: „die beste Sozialpolitik ist eine gute Wirtschaftspolitik".

Mit dem Dritten Reich und dem Kirchenkampf seit 1933/34 bricht die Auseinandersetzung mit Wirtschaftsfragen im deutschen Protestantismus völlig ab. Die Fragen kirchlichen Selbstverständnisses und politischer Standortbestimmung im Totalstaat werden dringlicher. Dazu kommt unter dem Einfluß der Dialektischen Theologie seit den 20er Jahren eine grundsätzliche Ablehnung allen Bindestrich-Christentums, wie christlich-sozial, kirchlich-sozial, evangelisch-sozial und eine Aversion gegen den Kulturprotestantismus. Die Wirtschaft im Dritten Reich war ferner eine Wirtschaftsdiktatur und eine zentral gesteuerte Kriegswirtschaft; deshalb wurde nach 1945 ein völliger Neuansatz notwendig. Impulse aus der ökumenischen Bewegung, vor allem von der Weltkirchenkonferenz in Oxford 1937, die auf eine regulierte marktwirtschaftliche Ordnung hinzielten, konnten dafür Anregungen geben.

7.5. Soziale Marktwirtschaft und Protestantismus

Am Entwurf einer sozialen Marktwirtschaft waren nach Kriegsende deutsche Protestanten entscheidend und maßgeblich beteiligt. Zu erinnern ist an die „Grundsatzerklärung Wirtschaft des Kreisauer Kreises" (1942), in der eine gegliederte Selbstverwaltung der Wirtschaft gefordert wird und der Betrieb als Wirtschaftsgemeinschaft der in ihm schaffenden Menschen Grundlage der Wirtschaftsordnung sein soll. Diese wirtschaftliche Selbstverwaltung soll staatlicher Aufsicht unterstehen. „Das Grundprinzip der Wirtschaft ist der geordnete Leistungswettbewerb, der sich im Rahmen staatlicher Wirtschaftsführung vollzieht und hinsichtlich seiner Methoden ständiger staatlicher Aufsicht unterliegt." In diesem Konzept ist eher an eine gegliederte, d.h. in Kammern organisierte Wirtschaftsverfassung gedacht als an eine liberale, offene Marktwirtschaft. Die Denkschrift des Freiburger Bonhoeffer-Kreises „In der Stunde Null" (1943) setzt hingegen anders an. Die wirtschaftspolitischen Vorstellungen des Freiburger Kreises sind die eines Ordo-Liberalismus. Ausgangspunkt ihrer Überlegungen ist die Subjektstellung des Menschen im Wirtschaftsgeschehen, die Eigenverantwortung des Einzelnen. Ein solcher personaler Ansatz führt zur Ablehnung der zentralistischen Organisation der Wirtschaft. Der Krieg hinterläßt, so die Diagnose bereits 1943, eine „ungeheure materielle Zerstörung". Die Wirtschaftsdiktatur des NS-Regimes hat moralische und mentale Schäden angerichtet. Allein mit moralischen Appellen ist die Wirtschaft nicht zu erneuern. Deshalb spricht sich die Freiburger Denkschrift für eine staatliche Einflußnahme auf die Wirtschaft aus. Der Staat als Verkörperung des Gemeinwohls hat übergeordnete Interessen gegen partikulare Einzelinteressen zur Geltung zu bringen. Er hat wirtschaftliche Machtkonzentration durch Kartelle und Monopole zu begrenzen. Die Freiburger zogen sogar die Verstaatlichung von Grundstoffindustrien in Betracht. Sie suchen als Christen die Sachnotwendigkeiten des Wirtschaftens mit christlichen Grundsätzen, z.B. dem Doppelgebot der Liebe, und biblischen Weisungen zu verbinden. Dabei wissen sie, daß solche Grundsätze und Weisungen nur eine Richtungsangabe geben und Grenzmarkierungen setzen können, also „Richtschnüre und Verbote". Es geht ihnen nicht um ein spezifisch kirchliches oder christliches Wirtschaftsprogramm, sondern um ein funktionsfähiges und humanes, ein menschlich verträgliches Wirtschaften. Eine Neugestaltung der Wirtschaft setzt allerdings eine „Gesamtordnung des Wirtschaftslebens" voraus. Die Freiburger ziehen bewußt Folgerungen aus den Erfahrungen mit der Wirtschaftskrise von 1929 und mit dem Dritten Reich. Notwendig ist deshalb eine Wirtschaftsordnungspolitik: der moderne Staat ist zuständig für die Währungspolitik, für eine geordnete Finanzwirtschaft, für eine Wettbewerbsordnung. Dazuhin ist er wichtigster Träger der Sozialpolitik. Außerdem wird um der Selbstverantwortlichkeiten der Einzelwirtschaft willen eine Stärkung und Förderung genossenschaftlicher und berufsständiger Vereinigungen empfohlen, also das, was später mit den Stichworten Mitbestimmung, Partizipation, Demokratisierung gefordert wird. Die einzelnen Vorschläge des Reformprogramms sind nicht zu erörtern. Entscheidend ist allein das Grundsätzliche. Protestantische Wirtschaftswissenschaftler, also theologische „Laien", haben nach 1945 wesentlich zur Entstehung der sozialen Marktwirtschaft beigetragen. In katholische Kreisen folgte man nach 1945 z. T. noch der Idee eines „christlichen Sozialismus", des Solidarismus, Familiarismus (vgl. z.B. den Walberger Kreis, das „Kölner" Konzept). Die Kontroversen um die wirtschaftlichen Konzepte nach 1945 im evangelischen Bereich sind nicht eingehender zu betrachten. Manches davon ist inzwischen in Vergessenheit geraten. Andere Themen und Probleme drängten in den Vordergrund, vor allem die Spaltung Deutschlands und der Beginn des Ost-West-Konflikts, sowie die Auseinandersetzung um die Wiederbewaffnung Deutschlands und um die Atombewaffnung. Der Systemgegensatz zwischen Ost und West, zwischen Sozialismus und Kapitalismus und das Bemühen um die Erhaltung der Einheit der EKD führte außerdem dazu, kontroverse Themen möglichst auszuklammern. Dazu kam eine Verkirchlichung des Protestantismus. Kirchenoffizielle Stellungnahmen zu wirtschaftlichen Streitfragen sind selten konsensfähig. Ab 1968/69 verbreitete sich unter den Intellektuellen, und dazu zählen gerade auch Theologen, weithin eine politik-, demokratie- und kapitalismuskritische Stimmung. „Gerechtigkeit" lautete die Parole der Zeit. Der Zeitgeist war links. Liberale Wirtschaftsideen, vor allem der Kapitalismus, gerieten in den Verdacht der Vergötzung des

Materiellen und des Egoismus. Die Kapitalismuskritik gab sich als „Götzenkritik". In dieser historischen Konstellation entfremdeten sich Kirche und Wirtschaft, Theologie und Ökonomie. Der Beitrag des Protestantismus zur Gestaltung des Ordnungsmodells einer „Sozialen Marktwirtschaft" geriet weitgehend in Vergessenheit.

Ein weiter Bogen spannt sich also von den Anfängen eines deutschen Sozialprotestantismus bis zur heutigen Diskussion um eine „Soziale Marktwirtschaft". Seit den Anfängen einer bürgerlichen Sozialreform war es ein urprotestantisches Motiv, das Prinzip der Freiheit auf dem Markte mit dem des sozialen Ausgleichs zu verbinden. Man suchte einen Weg jenseits der Konzeptionen eines individualistischen Kapitalismus und des totalitären Kollektivismus.

Die Denkschrift der *EKD* „Gemeinwohl und Eigennutz" 1991 hat diese „protestantischen Wurzeln der Sozialen Marktwirtschaft" (so der Titel des von Günter Brakelmann und Traugott Jähnichen herausgegebenen instruktiven „Quellenbandes") kaum thematisiert. Das wirtschaftsethische Erbe eines sozialen und liberalen Protestantismus geriet unter der Dominanz anderer theologischer Fragestellungen und wegen kirchenpolitischer Umorientierungen in Vergessenheit.

7.6. Zukunftsperspektiven

Der historische Rückblick ist letztlich im Ergebnis verwirrend. Protestantische Beiträge bei der Entstehung der sozialen Marktwirtschaft gerieten in evangelischer Theologie und Kirche weitgehend in Vergessenheit. Ein Grund dafür ist wahrscheinlich, daß diese Beiträge keine kirchenamtliche und theologisch professionelle Herkunft haben. Es sind Beiträge von Laien, von engagierten evangelischen Christen. Der Rückzug der evangelischen Kirche auf die eigenen, binnenkirchlichen Fragen, auf eine „innere" Linie ließen ferner die Wirtschaft weitgehend aus dem Blickfeld geraten. Es kam zu einer Entfremdung zwischen Wirtschaft und Protestantismus. Die Auswirkungen der Entfremdung wiederum sind utopische und illusionäre Erwartungen und Forderungen an die Wirtschaft seitens der Kirche. Kirchliche Äußerungen tendieren gelegentlich dahin, die Gestaltungsmöglichkeiten der Wirtschaft zu überschätzen und zu überfordern. Fragwürdig ist auch eine theologische Überformung wirtschaftsethischer Vorschläge. Die Wirtschaft zum Feld evangelischen Bekennens zu machen, den status confessionis in der Weltwirtschaft auszurufen, widerspricht protestantischem Selbstverständnis. Es gibt auch einen höchst fragwürdigen „linken" evangelischen Klerikalismus. Die Wirtschaftsökonomie gehört in das „weltliche" Regiment. Fundamentaler Zweck der Wirtschaft ist die Güterversorgung, die Bedarfsdeckung. Ökonomisches Handeln soll den Lebensunterhalt sichern. Neben diesem fundamentalen Zweck gibt es weitere Zwecke, wie den humanen Zweck: Vor allem in der Arbeit und Produktivität wollen Menschen ihre Kräfte entfalten und die Welt gestalten. Der soziale oder kommunikative Zweck des Miteinanderarbeitens, des Zusammenwirkens ist ebenfalls wichtig. Und schließlich gilt es, den ökologischen Zweck zu respektieren: Die Nutzung und Gestaltung der Umwelt, der Umgang mit Natur soll schonend und umweltgerecht erfolgen. Von einer absoluten, unveränderbaren Eigengesetzlichkeit der Wirtschaft kann also keinesfalls die Rede sein. Der Maßstab des Sachgerechten ist freilich in der Wirtschaft unverzichtbar. Was ökonomisch nicht geht, trägt auch für die Menschen nichts Hilfreiches aus. Allerdings ist auch nicht alles, was ökonomisch und technisch machbar ist, in seinen menschlichen Auswirkungen automatisch zuträglich und zumutbar. Neben dem Gesichtspunkt des Sachgerechten muß daher der Maßstab des Menschengerechten treten. Was „menschengerecht" ist, ist freilich allgemeinmenschlich (und gemeinchristlich) zu bestimmen. Es gibt kein evangelisches Monopol für die Definition des Menschengerechten, einer menschenwürdigen Wirtschaft. Und noch weniger gibt es gemäß evangelischem Selbstverständnis ein alternatives christliches Wirtschaftsmodell. Die Wirtschaftsordnung als solche ist nicht direkt theologisch zu begründen. Im Blick auf eine wirtschaftsethische Urteilsbildung empfiehlt sich deswegen eine Unterscheidung von drei Aspekten oder Betrachtungsebenen (im Anschluß an Arthur Rich). Grundlegend ist die Grundentscheidung, die Grundorientierung. Man kann diese Grundunterscheidung – mit *A. Rich* – „Humanität aus Glaube, Hoffnung, Liebe" nennen. Von dieser Grundentscheidung abzuheben ist die Bewertung einer tatsächlich bestehenden Wirtschaftsordnung anhand von Kriterien des

Menschengerechten. Dies ist die zweite Betrachtungsebene. Diese Kriterien sollen einer Verständigung unter den Teilnehmern am Wirtschaftsgeschehen dienen. Sie müssen kommunikabel, mitteilbar und plausibel, vernünftig einsehbar sein. Solche Kriterien sind Verträglichkeitskriterien, die neben dem Maßstab wirtschaftlicher Effizienz zu beachten sind: Humane, soziale, kulturelle, demokratische, ökologische, internationale (d.h. beispielsweise Übertragbarkeit auf Entwicklungsländer) Verträglichkeit. Die Anwendung solcher Verträglichkeitskriterien schließlich erfolgt auf einer dritten Ebene: Praktische Maximen sozialer und ökonomischer Entscheidung formulieren Handlungsempfehlungen für bestimmte Situationen. Solche praktischen Maximen verbinden normative Bewertung, in Form der Kriterien, mit empirischen Vorgaben, realen Gegebenheiten. Ist eine derartige Differenzierung sinnvoll, dann sollte protestantisches Ethos zwar die Wirtschaftsordnung, das Regelsystem insgesamt ethisch reflektieren, aber vor allem auf das Wirtschaftsethos das Augenmerk richten.

Neben einer funktionsfähigen Zuordnung von Sachgerechtem, und Menschengerechtem sind ferner zwei andere Verhältnisbestimmungen wichtig. Das ist einmal der Ausgleich zwischen Eigenverantwortung, Eigenleistung und Solidarität. Das Leitbild des sozialen Untertans und des betreuten Bürgers, des „Versorgungsfalls", widerspricht protestantischem Verständnis von Freiheit in der Weltgestaltung, in der Ermöglichung von Selbstverantwortung. Zum anderen darf über Gesichtspunkte ökonomischer Rationalität und formaler Gerechtigkeit im Sinne von Gleichbehandlung nicht die Barmherzigkeit vergessen werden. Barmherzigkeit kennt Ausnahmen. Sie wendet sich besonders den Benachteiligten, den Armen, den Notleidenden, auch den selbstverschuldet in Not Geratenen zu.

Protestantisches Urteilsvermögen und Engagement ist heute vor gegenwärtige Herausforderungen und ungelöste Zukunftsaufgaben gestellt. Das ist das Thema der Globalisierung der Wirtschaft.

Ungelöst ist, trotz mancher Weltgipfel, die Frage einer gerechteren Ordnung der Weltwirtschaft. Es gibt keine internationale Sozialpolitik, keine Weltsozialordnung.

Ungelöst sind weltweit Probleme der ökologischen Verträglichkeit industrieller Produktionsweisen. Umweltverbrauch, Energieverbrauch, eine drohende Klimakatastrophe, die Strittigkeit der Energienutzung (z. B. der Kernkraft, aber auch fossiler Energieträger) fordern ökonomisches Handeln und bestimmen die Zukunftsfähigkeit der Gesellschaft. Die steigende und fortdauernde Arbeitslosigkeit und Verarmung in den Industrieländern und Entwicklungsländern, damit zusammenhängend die Diskussion um Grenzen und Umbau des Sozialstaates, um die Armut sind ebenfalls Themen. Schließlich ist die Wechselwirkung von Wirtschaft und Demokratie bedeutsam. Gemeinsamkeiten und Verschiedenheit von Konsumentensouveränität, Wirtschaftsfreiheit und politischer Wahlmöglichkeit und Partizipation sind immer wieder neu zu klären; Mitbestimmung der Arbeitnehmer und Unternehmerentscheidung sind in Balance zu bringen. Der soziale Friede ist ebenfalls eine Voraussetzung wirtschaftlichen Erfolges. An Aufgaben mangelt es also nicht. Kirchenamtliche Erklärungen und kirchenoffizielle Forderungen können dazu Anstöße geben. Das „Sozialwort" des Rates der *EKD* und der Katholischen Deutschen Bischofskonferenz „Für eine Zukunft in Solidarität und Gerechtigkeit", 1997, gibt nach einem breit angelegtem Konsultationsprozeß Denkanstöße und Anregungen. Es sucht soziale Sicherung und wirtschaftliches Leistungsvermögen in Übereinstimmung zu bringen und fordert zu einer Weiterentwicklung einer sozialen und ökologischen Marktwirtschaft auf. Gerechtigkeit, Solidarität, vorrangige Option für die Armen, Schwachen und Benachteiligten sind für die Orientierung leitende Perspektiven, Zukunftsfähigkeit und Nachhaltigkeit zentrale Maßstäbe. In diesem ökumenischen Wort sind protestantische Impulse aufgenommen. Sie betreffen in erster Linie Einstellungen und Verhaltensweisen. Bei der Umsetzung sind auch Protestanten als Träger wirtschaftlicher Aktivität angesprochen. Es bedarf des Verantwortungssinns, Urteilsvermögens, sozialer Sensibilität und eines praktischen Engagements. Kirchliche Handlungsprogramme allein bewirken wenig. Daher sollten Kirche und Theologie den Schwerpunkt auf die Bildung und Förderung von Menschen, von „Humankapital" legen. Bewußtseinsbildung, Erziehung der Persönlichkeit, Einübung kritischer Solidarität sind Voraussetzungen humanen Wirtschaftens. Wenn Protestanten wirtschaftliche Verantwortung übernehmen, dann sollten sie dies aus der Überzeugung ihres Gewissens tun können.

§ 8 PROTESTANTISMUS IN DER GESELLSCHAFT

8.1. Die Wiederentdeckung der Zivilgesellschaft

Nach dem Zusammenbruch des sozialistischen Imperiums, der „Wende" 1989, hatte ein neues Wort Konjunktur, nämlich „Zivilgesellschaft". Zivilgesellschaft wurde zum Leitbegriff in östlichen Reformstaaten. Etwa gleichzeitig bildete sich im Widerspruch gegen die Wirtschafts- und Gesellschaftspolitik des Präsidenten Ronald Reagan in den USA ebenfalls eine Gegenbewegung. Die Antwort auf die völlige Liberalisierung und Individualisierung der Gesellschaft, auf die Reaganomics, ist der Kommunitarismus. Zivilgesellschaft und Kommunitarismus lenken das Augenmerk auf die Gesellschaft als eigenständigen Bereich neben Staat und Kirche. *Gesellschaft* ist staatsfreier Raum. Das Wort „Zivilgesellschaft" hebt zunächst den Anspruch auf eine „zivile", gewaltfreie und friedliche Regelung und Beilegung von Konflikten hervor. Gegenbegriffe zu Zivilgesellschaft sind dann z.B. eine militarisierte Gesellschaft, eine Gewaltgesellschaft, eine auf Konfrontation ausgerichtete Konfliktgesellschaft. Im Begriff Zivilgesellschaft klingt im lateinischen Wort „zivil" zudem verfremdet das alte Wort „bürgerlich" an. Die bürgerliche Gesellschaft beanspruchte in der Aufklärung einen eigenen Bereich, einen Freiraum, neben Staat und Kirche. Gesellschaft als Ort der freien, selbstbestimmten Geselligkeit löste sich aus der Vormundschaft von Staat und Kirche. Nicht staatliche Instanzen, nicht der Herrscher, auch nicht die Kirche sollten das private und persönliche Leben der Bürger gestalten und auch nicht kontrollieren. Kants berühmte Definition von Aufklärung gibt diesem Willen Ausdruck. Am Ende des 20. Jahrhunderts regt sich dieses Streben nach Emanzipation von staatlich-politischer Bevormundung nach wie vor. An die Stelle der Kirche war in sozialistischen Ländern die ideologische Vormundschaft durch eine Partei getreten. Aber auch Vorbehalte gegen klerikale Ansprüche im weltlichen und politischen Leben gibt es nach wie vor. Das Wort *Bürger, bürgerlich* ist freilich in Verruf geraten oder gebracht worden. Bei „bürgerlich" denkt man häufig an den Kleinbürger, den Spießbürger – weniger an den politischen Aktivbürger. Der Ersatz des Terminus „bürgerliche" Gesellschaft durch Zivilgesellschaft soll also eine Lücke schließen, die durch die Kritik am Bürgertum entstanden ist. Auch und gerade in der evangelischen Kirche und Theologie war eine solche Kritik an der Verbürgerlichung von Kirche und Religion im Schwange – so bei Karl Barth und in der von ihm beeinflußten und geprägten Theologie. „Bürgerlich" (oder gar „scheißbürgerlich") wurde zum Schimpfwort, zum negativen Kennzeichen. Dabei waren bis zum Kirchenkampf gerade die sogenannten bürgerlichen Schichten Träger des Protestantismus. Die Transformation und innere Veränderung der evangelischen Kirchen in der DDR hin zu einer „Kirche im Sozialismus" ist auch Folge des Verlustes der bürgerlichen Schichten infolge von Abwanderung in den Westen oder infolge von Proletarisierung. Die gegenwärtige Krise des Protestantismus ist mit verursacht durch den teilweisen Verlust des Bürgertums.

Der Neuprotestantismus formierte sich in der Aufklärung auch deswegen, weil er sich von der von Luther aufgenommenen Dreiständelehre löste. Aus der ständisch geschichteten Gesellschaft wird die bürgerliche Gesellschaft der Gleichen und Freien. Die Ständelehre wies dagegen jedem Christen seinen Platz in der Gesellschaft, im Haus, im Staat und Gemeinwesen, in der Kirche an. Die Abkehr von der Ständelehre der Orthodoxie, mit deren Hilfe die altprotestantische Theologie die Sozialethik in Form einer Lehre von Standespflichten formulierte, veränderte das protestantische Gesellschaftsverständnis. Zwischen Protestantismus und Gesellschaft gibt es also auch hier ein Wechselverhältnis. Gesellschaftliche Veränderungen und Umbrüche wirken auf den Protestantismus ein und zurück; er ist immer nicht nur eine geistige oder religiöse Idee, sondern zugleich eine gesellschaftliche Erscheinung. Gesellschaft gibt es freilich nur im Plural: z.B. als römische Sklavenhaltergesellschaft, als indianische Stammesgesellschaft, als byzantinische Gesellschaft, als industrielle Gesellschaft, afrikanische Clangesellschaften usw. Dies gilt auch für die „bürgerliche" Gesellschaft. Im Blick auf diese bürgerliche Gesellschaft ist folglich die Verbindung von Protestantismus und Bürger zu bedenken.

Das Wort *Bürger* hat zwei Äquivalente: „Bourgeois" bezeichnet den Wirtschaftsbürger, „citoyen" den Staatsbürger. Das klassische Griechisch leitete das Wort *polites* von *polis*, Stadt ab. Auch der lateinische *civis* meint „civis Romanus", den Angehörigen des Stadt und Land umfassenden Stadtstaates Rom. Bürger waren die Träger der politischen Verwaltung der Polis. Nur Freie konnten das Bürgerrecht in einer Polis haben. Die Zugehörigkeit zur Bürgerschaft fordert ferner die Identifikation mit dem Gemeinwesen.

Im Mittelalter bildet sich erneut eine Stadtkultur. „Bürger" wurde politischer Rechtstitel für den freien, privilegierten Stadtbürger. Die Reichsstädte blühten wirtschaftlich auf. Die wichtigsten städtischen Berufe waren die des Kaufmanns und des Handwerkers. Die Stadt verwaltete sich als soziales System selbst. Das kommunale Selbstverständnis kam in Repräsentativbauten zum Ausdruck. In Italien war der Stadtstaat die „grundlegende Renaissancetatsache". Dies betrifft nicht nur das Bauliche; es entwickelte sich eine reiche städtische Kultur. Die Schriftlichkeit wird in den Städten heimisch. Die Bildung konzentriert sich in den Städten, die neben den Klöstern die Bildung pflegen. In religiöser Hinsicht boten im Mittelalter die Städte auch den Ketzereien Raum. Die Stadt war im 16. Jahrhundert Träger der reformatorischen Bewegung. Die katholische Kirche war und blieb in ihrer Spitze Adelskirche. Der niedere katholische Klerus war bäuerlicher Herkunft, noch in der Zeit der Französischen Revolution. Evangelische Pastoren hingegen waren nach Herkunft und Lebensführung bürgerlich. So war von Anfang an der Protestantismus mit dem Bürgertum verbündet.

Im absolutistischen Zeitalter erweiterte sich im Territorialstaat das Verständnis des Bürgers vom Stadtbürger zum Staatsbürger. Bei *Thomas Hobbes* („De cive", 1642) garantiert der Staat dem Bürger unmetaphysisch Leben und Sicherheit. Die Französische Revolution veränderte in den Jahren zwischen 1790 und 1830 das politische Selbstverständnis vom Untertan zum Staatsbürger, zum Bürger. Eine bürgerliche Elite, ein Mittelstand, eine Mittelschicht entstand. Das 19. Jahrhundert wird zum bürgerlichen Zeitalter. Die Verstädterung, demokratische Bestrebungen und wirtschaftlicher Liberalismus schaffen eine bürgerliche Kultur. Inbegriff dieser Kultur wird die bürgerliche Familie. Kant unterscheidet, in Anlehnung an Rousseau, den Stadtbürger, den bourgeois, vom Staatsbürger, vom citoyen. Der citoyen ist politisch interessiert, der bourgeois nur ökonomisch. Karl Marx' Kritik am Bürgertum, an der Bourgeoisie ist zu erwähnen.

Das Substantiv „Bürger, Staatsbürger" hält sich länger als das Adjektiv „bürgerlich". Bürgerlich wird vornehmlich abwertend gebraucht, weil für bourgeois ein entsprechendes Adjektiv fehlte. In der Nachkriegszeit trat seit etwa 1950 in den „sozialistischen" Ländern Europas eine Nivellierung nach unten ein, wohingegen im westlichen Teil Europas ein sozialer Ausgleichsprozeß nach oben sich abspielte. Das bürgerliche Zeitalter, ja das spezifische Bürgertum scheint damit untergegangen zu sein. Ähnlich wie das Wort „Proletariat" wirkt „bürgerlich" trotz gewisser Nachklänge in der Umgangssprache nur noch wie ein historischer Begriff, der der heutigen Wirklichkeit nicht mehr entspricht.

Wie verändert sich unter dieser Perspektive das Verständnis von Gesellschaft? Ursprünglich bezeichnete das Wort alle möglichen Arten von Gesellschaften – z.B. Tiergesellschaften, gelehrte Gesellschaften, Aktiengesellschaften. Gesellschaft ist in diesem Fall synonym mit Kultur oder Gemeinschaft (societas, communitas). Die Verselbständigung der gebildeten Gesellschaft gegenüber dem Staat schuf Gesellschaft als einen Raum freier Kommunikation und persönlicher Beziehungen, die civil society. Das eigentliche materielle Substrat der bürgerlichen Gesellschaft wurde die Wirtschaft als staatsfreie Sphäre. Eine Theorie der „bürgerlichen Gesellschaft" hat *Hegel* in der Rechtsphilosophie formuliert. In der Gesellschaft verfolgen die Privatpersonen ihre eigenen Zwecke. Staat und bürgerliche Gesellschaft treten auseinander. Familie und Staat sind ursprüngliche sittliche Institutionen. Die Gesellschaft hingegen ist das „System der Bedürfnisse", in welchem ökonomische Interessen verfolgt und wirtschaftliche Bedürfnisse befriedigt werden. Kategorien wie Bedürfnis und Arbeit, Tausch und Arbeitsteilung, Wert und Vermögen kennzeichnen die moderne bürgerliche Gesellschaft, so *Hegel*. Gesellschaftliche „Interessen" bestimmen das Zusammenleben, die

Kommunikation in der Gesellschaft, wohingegen der Staat nach *Hegel* die Wirklichkeit der „sittlichen Idee" verkörpert. Schon *Hegel* sah ferner negative Folgen des bürgerlichen Arbeits- und Konkurrenzprinzips voraus, wenn fortschreitende Teile der Bevölkerung, eine große Masse, „unter das Maß einer gewissen Subsistenzweise" herabsinken und ein „Pöbel" erzeugt wird. An diese innere „Dialektik" der bürgerlichen Gesellschaft bei Hegel knüpfte *Karl Marx* an, wenn er einen Klassenantagonismus von Bourgeoisie und Proletariat kontrastiert. Das Verständnis der bürgerlichen Gesellschaft ist dabei auf ökonomische Aspekte verengt und verkürzt. Eine Folge dieser ökonomischen Verkürzung des Gesellschaftsverständnisses ist es auch, daß die geistigen und kulturellen Grundlagen der bürgerlichen Gesellschaft allenfalls als Randfrage in den Blick kommen oder nur noch marxistisch als ideologischer „Überbau" über der materiellen Basis betrachtet werden. Vor allem Religion wird als reines Überbauphänomen, als ideologische Überhöhung materieller Interessen bewertet. An dieser Stelle berührt sich wiederum eine theologische Kritik der bürgerlichen Religion mit marxistischer Gesellschaftstheorie.

Eine Folge der Kritik an der bürgerlichen Gesellschaft ist die Ablehnung der *Zivilreligion*, der Religion des Bürgers, unter Berufung auf den Exklusivitäts- und Autoritätsanspruch der Offenbarung Gottes. Dialektische Theologie und Barthianismus verknüpfen dabei eine Fundamentalkritik am Materialismus und Ökonomismus der bürgerlichen Gesellschaft mit der Abkehr vom Kulturprotestantismus: Gesellschaft ist Ort der Entfremdung, der Ausbeutung. Sie ist, theologisch, der Lebensraum und das Betätigungsfeld des Sünders. Der „Christ als Bourgeois" wird als exemplarischer Sünder entlarvt; seine konkrete Sündhaftigkeit wird von der Offenbarung aufgedeckt. Kirche hingegen wird zur Gegengesellschaft, zur „Kontrastgesellschaft". Eine Ambivalenz, Zwiespältigkeit und innere Spannung der bürgerlichen Gesellschaft ist nicht zu bestreiten. Sie ist aber nicht bloß kennzeichnend für die bürgerliche Gesellschaft, sondern für jede Gesellschaft. Als Teil der menschlichen Lebenswelt hat sie die Ambivalenz alles Menschlichen. Die bloße Negation und Ablehnung der „bürgerlichen" Gesellschaft hinterläßt hingegen eine Lücke, wie gerade der neue Begriff Zivilgesellschaft aufzeigt. Ohne Gesellschaftsverständnis ist Religionssoziologie, die das Wechselverständnis von Gesellschaft und Religion beschreibt, und auch eine soziologische Beschreibung des Protestantismus unmöglich. Sinnsysteme und Rationalitätstypen von Gesellschaft lassen sich nicht ohne Berücksichtigung ihrer tragenden geistigen Kräfte, ohne Glaubensvorstellungen und Gemeinschaftsgedanken beschreiben. Zeitdiagnostische Analyse ist jedoch noch zu erweitern und zu ergänzen. Das Bürgertum ist ursprünglich in der Aufklärung verankert. Bürgerliche Religion will darum „vernünftige" Religion sein. Eine „aufgeklärte" Gesellschaft ist außerdem „säkular" geprägt.

8.2. Säkulare Gesellschaft

Der Neuprotestantismus ist Folge der Aufklärung. Aber er setzt sich auch mit der Religions- und Kirchenkritik der Aufklärung auseinander. Hinsichtlich Religion und Denken proklamierte die Aufklärung Toleranz und das individuelle Grundrecht der Glaubens- und Gewissensfreiheit. Das vornehmste „Regal", Vorrecht des Fürsten, sollte in protestantischen Territorien nicht mehr das ius reformandi, das Recht, Kirche zu gestalten und zu reformieren, sondern das ius tolerandi, der Schutz der individuellen Freiheit des Bürgers sein. Der Staat wird angerufen gegen die Kirche und gegen theologische Zensur als Garant von Toleranz und zum Schutz der persönlichen Überzeugung. Er wird zur weltanschaulichen und religiösen Neutralität verpflichtet. Der Staat wird säkular, profan. Zugleich wird die Gesellschaft pluralistisch. Vielfältigkeit und Vielgestaltigkeit sind das Kennzeichen der neuen Zivilgesellschaft. Mit der Säkularisierung von Staat und Gesellschaft verbindet sich der Anspruch von Aufklärung auf Rationalität. Vernunft ist die aufgeklärte Religionskritik. *I. Kant* reflektierte „Die Religion innerhalb der Grenzen der bloßen Vernunft" (1793). Beide Aspekte, Säkularität und Rationalität, hängen untrennbar zusammen. Sie sind folglich zusammen zu bedenken.

Für die Säkularität von Staat und Politik kann man sich auf die reformatorische Unterscheidung der zwei Regierweisen Gottes beziehen und berufen. Das weltliche Regiment ist nämlich ein Vernunftreich. Das in keiner anderen Sprache sich so findende Wort „Weltfrömmigkeit" ist Ausdruck solcher

Weltsicht. Ist die reformatorisch verstandene Eigenständigkeit des weltlichen Regiments freilich dasselbe wie die aufgeklärte Säkularität? Gewiß bestehen zwischen beiden innere Zusammenhänge. Aber auch im weltlichen Reich gilt nach reformatorischer Sicht Gottes Gesetz im usus politicus, im „öffentlichen" Gebrauch. Das Weltliche ist kein wertfreies, wertungsfreies Gebiet.

Was heißt also Säkularisierung? *Martin Heckel* spricht zurecht von einer „proteusartigen Vieldeutigkeit des Begriffs". Das Wort „saecularis", weltlich, war ursprünglich Gegenbegriff zu „sacer", heilig. Der „Welt"priester unterscheidet sich vom Ordensgeistlichen. Im kanonischen Recht bezeichnet „Säkularisation" die Rückkehr eines Ordensgeistlichen in den weltlichen Stand. Die Spannung von säkular und sakral, von Säkularisierung und Sakralisierung, von Verweltlichung und Vergeistlichung ist konstitutiv. Säkularisation wurde sodann zum rechtlichen Terminus. Er wurde benutzt als Fachbegriff für die Überführung von Kirchengütern in weltlichen Besitz. Durch den Reichsdeputationshauptschluß von Regensburg 1803 wurde der Begriff in Europa geprägt. Damals wurden die geistlichen Fürstentümer, der Besitz von Klöstern und geistlichen Herrschaften konfisziert, um mit ihnen beim Untergang des heiligen römischen Reiches deutscher Nation die weltlichen Fürsten zu entschädigen. Dies betraf 1295 Quadratmeilen mit mehr als 2,3 Millionen Einwohnern. Säkularisationen dieser Art gab es jedoch schon früher. Bereits in karolingischer Zeit wurde Kirchengut für weltliche Zwecke, vor allem zur Belehnung von Rittern umgewidmet. In der Reformation wurde ebenso häufig Kirchengut von den Fürsten eingezogen, wurden Klöster und Stifte säkularisiert. Der bekannteste Fall ist die Umwandlung des Deutschordenslandes durch Albrecht von Brandenburg-Ansbach 1525 in das erbliche Herzogtum Preußen. Auch der österreichische Kaiser Joseph II. nahm als katholischer Aufklärer Säkularisationen vor. Den eigentlichen Durchbruch zur Säkularisation brachte freilich die Französische Revolution, die 1789 alles Kirchengut zum Nationaleigentum erklärte.

Aus dem Rechtsbegriff wurde inzwischen eine umfassende geschichtsphilosophische Schlüsselkategorie. Er soll den geistes- und kulturgeschichtlichen Vorgang, der sich seit der Aufklärung abspielt, auf den Begriff bringen. Heute wird das

Wort auf vergleichbare Modernisierungsschübe in der Dritten Welt übertragen. Daß das Wort vieldeutig ist, wurde schon angedeutet. Säkularisierung kann idealtypisch dreifach verstanden werden (a) Säkularisierung kann man den Abfall der Moderne von Christentum und Kirche nennen. Das Wort ist dann eine Verfallskategorie: Die Moderne ist geprägt durch den Abfall vom Glauben. Offizielle Stellungnahmen der Kirchen, z.B. die Weltmissionskonferenz in Jerusalem 1928, katholische Hirtenbriefe, vor allem der Nachkriegszeit, deuten mit dem Vorwurf der Säkularisierung oder des Säkularismus die Moderne rein negativ. *Romano Guardini,* „Das Ende der Neuzeit", 1950, repräsentiert eindrucksvoll diese Position. Sie ist im vorkonziliaren Katholizismus und im konservativen kirchlichen Protestantismus verbreitet. (b) Dagegen wird Säkularisierung als Fortschrittskategorie gesetzt. *Hegel* sprach von der Reformation als Fortschritt im Bewußtsein der Freiheit, aufgrund derer die Idee der Freiheit im neuzeitlichen Rechtsstaat verwirklicht werden konnte. Im Gefolge *Hegels* erwartete der liberale Protestant *Richard Rothe,* daß die Verweltlichung des Christentums durch die Reformation dazu führe, daß die Kirche als besondere Gemeinschaft im christlichen Staat aufgehe. Religionskritisch gewandt wird diese Fortschrittsdeutung durch Ludwig Feuerbach und Karl Marx. In der Säkularisierung beerbt die atheistische Philosophie die Religion. Religion wird als Aberglaube entlarvt. Sie stirbt ab. Die Linkshegelianer nutzen die Säkularisierung als Mittel der Abschaffung von Religion. (c) Schließlich kann Säkularisierung ohne Wertung hermeneutisch als geistesgeschichtliche Kategorie verwendet werden. Die Kategorie soll hermeneutisch die Umwandlung von christlichen Vorstellungen in Säkularisate, nachchristliche Anschauungen, erklären. In diesem Sinne benutzen z.B. Ernst Troeltsch und Max Weber den Begriff *Säkularisierung*: Die innerweltliche Askese des Calvinismus wird zum Geist des Kapitalismus. Aus der Zukunftshoffnung christlicher Eschatologie wurde der innerweltliche Fortschritt, aus dem reformatorischen Berufs- und Arbeitsethos die säkulare Arbeitsdisziplin. Solcher Gebrauch von Säkularisierung ist ebenso strittig wie die beiden anderen. *H. Blumenberg* (Die Legitimität der Neuzeit, 1966) sah in der Säkularisierung nicht einen Akt der „Enteignung" und Umformung christlicher Gehalte in der Neuzeit, sondern die Tat humaner Selbstbehauptung gegen theologische Absolutheitsansprüche. Im Begriff Säkularisierung geht es also um eine Gesamtbewertung der Neuzeit und Moderne. Man kann somit drei Weisen des Gebrauch von Säkularisierung typisierend voneinander unterscheiden: (1) Säkularisierung als Kampfparole, an der sich die Geister scheiden, (2) als Friedensformel der Kultursynthese, in der Konflikte dialektisch aufgehoben werden sollen und Spannungen versöhnt werden, (3) als Programm der Distanzierung und Neutralität, die der Entzweiung wie der Vereinigung gleich kühl gegenübersteht. Diese idealtypischen Deutungen von Säkularisierung können sich bei der Anwendung auf den konkreten Einzelfall überlappen und verwischen.

Säkularisierung ist primär die Folge eines gesellschaftlichen Differenzierungsprozesses. In dem einen Wort ballt sich das ganze ambivalente Spannungsverhältnis von Christentum, Religion und Moderne, Aufklärung zusammen. Die Auflösung einer einheitlichen „christlichen Gesellschaft", des mittelalterlichen corpus Christianum und des konfessionellen Territorialstaates in der Nachreformationszeit wird damit ebenso subsumiert wie der Autonomieanspruch aufgeklärten Denkens. Die Entkirchlichung des Alltagslebens wird in ein Wort gefaßt. Daraus ergibt sich die Frage nach der Identität und Relevanz des Christentums, auch des Protestantismus in moderner Gesellschaft und neuzeitlicher Lebenswelt. Die praktischen Konsequenzen waren sehr unterschiedlich: Auf der einen Seite führte dies zu einem organisatorischen Ausbau der Kirche, einer Professionalisierung, einer „Verkirchlichung der Religion" *(Ernst Troeltsch)*. Die Selbstthematisierung von Kirche, Rechristianisierungsprogramme sind Reaktion auf den Säkularisierungsvorgang. Unter dem Eindruck der Krise von Kultur und Gesellschaft tendierte auch evangelische Theologie zu einem Rückzug auf das Eigene, auf das „Proprium", auf Offenbarung, auf die Autorität des Wortes Gottes. Auf der anderen Seite bemühte man sich um eine Öffnung zur neuzeitlichen Welt, um eine Anpassung des Christentums, um eine „nicht-religiöse Verkündigung", um eine Aufnahme der Mündigkeit der Welt, um die Konzeption einer „Gott-ist-tot-" Theologie. Zwischen „Emigration der Kirche aus der Gesellschaft" *(Joachim Matthes)* und einer Auflösung des Christentums in die Gesellschaft, Transformation des Protestantismus in kritisches Denken und Bewußtsein oszillieren die Einstellungen. Vor allzu pauschalen Bewertungen sollte man sich also hüten.

Der neuzeitliche Vorgang der Säkularisierung läßt sich weder monokausal christlich, noch monokausal antichristlich einordnen. Der Protestantismus hat sich ihm zu stellen, ohne ideologische Scheuklappen und Vorurteile. Er sollte zwischen Geistlichem und Weltlichem, zwischen religiösem Glauben und weltlichen, öffentlichen Vorgängen, zwischen Profanität und der Wahrnehmung Gottes als „Geheimnis der Wirklichkeit" im konkreten Einzelfall theologisch unterscheiden. Das nötigt allerdings dazu, zwischen der Säkularisierung von Recht, Politik und Staat einerseits, einer inneren Selbstsäkularisierung von Kirche und Theologie andererseits zu differenzieren. In modernen pluralistischen und freiheitlichen Staaten und Gesellschaften müssen Recht, Politik, Staat religiöse Neutralität wahren. Das Recht wird darüber säkular. Aber dies kann nur eine „Rahmensäkularisierung" *(M. Heckel)* sein. Das Recht soll Distanz zur Religion halten, aber in Respektierung des Religiösen diesem durchaus Raum zur Selbstentfaltung lassen. Auch in religiös pluralistischen Gesellschaften und säkularen Staaten kann Glaube geistlich wirken. Säkularität heißt keineswegs staatliche Unterdrückung des Religiösen. Vielmehr ist der Zweck von Recht und Staat die Sicherung des Rechtsfriedens. Deshalb muß jedoch der Staat die Wahrheitsfrage ausklammern. Die Wahrheitsfrage jedoch kann der christliche Glaube, auch der Protestantismus nicht beiseite lassen. Die Säkularität der modernen Politik und des Staates nötigt geradezu den christlichen Glauben zur eigenen Wahrheitsvergewisserung und zur theologischen Weltdeutung. Solche theologische Weltdeutung achtet die relative Eigenständigkeit von Welt und Gesellschaft; sie kritisiert mit solcher „Relativierung" zugleich Verabsolutierungen gesellschaftlicher Vorstellungen. Theologische Weltdeutung ist immer auch ideologiekritisch. Denn wenn erst in der Unterscheidung von „geistlich" und „weltlich" und in der Fundamentalunterscheidung von Gott und Welt protestantische Weltdeutung möglich ist, dann sperrt sich protestantisches Denken gegen eine universale und totale Geschichtsdeutung mit Hilfe der Kategorie Säkularisierung.

Die Schwierigkeit zeigt sich nochmals angesichts der Strittigkeit des *Vernunftbegriffs*. „Vernunft" war das Leitwort der

Aufklärung. Inzwischen wird von der Postmoderne Vernunft prinzipiell in Zweifel gezogen. Statt von Vernunft spricht man auch von Rationalität; Rationalität klingt anspruchsvoller und wissenschaftlicher als das altväterliche Wort Vernunft. Im Namen der Vernunft wurde in der Aufklärung Kritik an Religion und Kirche geübt. Glaube schien unvernünftig zu sein. Der Fortschritt der Vernunft wird dagegen weltweit Frieden, Menschenrechte, Freiheit, Glück bringen. Mit dem Scheitern des Fortschrittsglaubens geriet auch die Vernunft in die Krise. Friede, Freiheit und Gerechtigkeit sind inzwischen fernergerückt. Die Schrecken und die Unmenschlichkeit des 20. Jahrhunderts lassen grundsätzlich am Leistungsvermögen der Vernunft zweifeln. Auch die ökologische Krise erschüttert den Glauben an die Vernunft. Die Möglichkeit eines Umschlages von Rationalität in Irrationalität ist heute möglich. Der Protestantismus ist nicht prinzipiell vernunftfeindlich. *Luther* hatte zwar kritische Vorbehalte gegen den Gebrauch der Vernunft in der Theologie. Er betonte: Der Glaube tötet die Vernunft („fides occidit rationem"). Die Vernunft erkennt nämlich nicht aus sich selbst Gott. Für den weltlichen Bereich, für die Gesellschaft, ist freilich die Vernunft nach Luther das oberste Vermögen.

Inzwischen sind in der Moderne die Grenzen der Vernunft unübersehbar geworden. Es gibt noch nicht einmal *die* Vernunft im Singular. „Vernunft" ist keine zeit- und situationsungebundene Größe und Gegebenheit. Man kann und muß von Vernunft in der Mehrzahl, im Plural, reden, von „Vernünften": Theoretische und praktische Vernunft, humane Vernunft und technische Rationalität orientieren sich an unterschiedlichen Maßstäben. Ökonomische Rationalität und vernünftiges, kultiviertes Zusammenleben können in Konflikt zueinander geraten. *Max Weber* unterschied bereits zwischen Wertrationalität und Zweckrationalität. Neuerdings werden recht unterschiedliche Rationalitätskonzepte und -theorien unterschieden. Cartesianische Vernunft, Kants kritische Vernunft, kritische Transzendentalphilosophie, verstehende Vernunft der Hermeneutik usw. verfolgen unterschiedliche Zielsetzungen und verwenden verschiedene Argumente. Den *einen* Standpunkt der Vernunft gibt es gar nicht. Vernunft ist somit nicht abstrakt zu erfassen. Sie ist und bleibt stets menschliche Vernunft, Vernunft des Menschen, der sich auf sie beruft, sich ihrer bedient. Vernunft ist deshalb nicht ontologisch zu definieren. Sie ist vielmehr lediglich Argumentationsprinzip, Mittel der Verständigung. Vernunft erweist sich allein im Gebrauch. Die Geltungs- und Begründungsansprüche des neuzeitlichen Rationalismus und Szientismus sind damit ebenfalls relativiert. Weder die Selbstdeutung des Menschen noch die Gesellschaftstheorie können sich allein und ausschließlich auf ein einziges Vernunftprinzip gründen. „Vernunft" ist Kennzeichen des Menschseins und menschlichen Zusammenlebens; aber die Gehalte und Einsichten der Vernunft müssen immer wieder neu bestimmt und konsensuell festgestellt werden. Praxis der Vernunft bleibt Aufgabe, Rationalität soll in Verständigung sich bewähren.

Wenn jedoch Grenzen und Vielfältigkeit von Vernunft erkennbar werden, im Gegenzug zu einer die Vernunft geschichtslos und kontextfrei denkenden Reflexion der Aufklärung, dann wird gleichfalls die schroffe Antithese von Vernunft und Glaube, von Vernunft und Offenbarung fragwürdig. Glaube ist keine Gegenvernunft. Rationalität widerlegt auch nicht die innere Gewißheit und Zuversicht des Glaubens. Anthropologisch läßt sich dies daran verdeutlichen, daß der Mensch nicht nur von der Vernunft, sondern auch vom Willen und von Affekten, Motivationen bestimmt wird. Kopf und Herz sind symbolhafte Verortungen von Vernunft, Verstand einerseits und von Gefühl, Gemüt andererseits. Liebe ist doch kein Ergebnis rationalen Kalküls, sondern Folge und Wirkung affektiver Beziehungen. Die affektive Dimension des Glaubens wird freilich nicht immer zureichend bedacht. Dies führt dann zu einem intellektualistischen Glaubensverständnis. Zwar betont protestantisches Glaubensverständnis in der Tat das Streben nach Evidenz und intellektueller Einsichtigkeit des Glaubens. Aber Glaube besteht nicht nur aus Glaubensvorstellungen und Glaubensgedanken. Er prägt eine Grundausrichtung der Person, die Subjektivität des Glaubenden. Das glaubende Subjekt ist aber Ausgangspunkt des Protestantismus. Säkularität und Rationalität haben die Möglichkeit und Notwendigkeit protestantischen Glaubens deshalb nicht beseitigt, widerlegt, zum Verschwinden gebracht. Im Gegenteil provozieren sie geradezu Rückfragen nach der Bedeutung des Glaubens. Das ist nicht nur Privatsache des Einzelnen. In der Gesellschaft will Glaube nach außen, öffentlich in Erscheinung treten, auch in einer Vielfalt von Glaubensvorstellungen. Dies bedingt einen protestantischen Pluralismus.

8.3. Volkskirche im Pluralismus

Volkskirche ist kein eigentlich theologischer Begriff. Das Wort als solches ist diffus. Vorstellungen von Volkskirche erhalten Profil und Konturen daher erst durch die Gegenbegriffe. Die Debatte um den Begriff Volkskirche ist zudem höchst verwirrend. In ihr verschränken sich Überlegungen zum gesellschaftlichen Ort von Kirche mit innerkirchlicher Selbstdeutung und Selbstdefinition. Schleiermacher berief sich 1822/23 in der Abwehr der vom König in Preußen oktroyierten Unionsagende unbefangen auf die Volkskirche, die für ihn Inbegriff religiöser Gewissensfreiheit, Allgemeinen Priestertums und antihierarchischer Mündigkeit der Gemeinden war. Volkskirche ist hier Gegenbegriff zu Staatskirche. „Volkskirche" ist außerdem ein protestantisches Wort. Die katholische Formulierung lautet: „Volk Gottes". Denn für die katholische Auffassung von Kirche sind andere Strukturmerkmale maßgeblich. Die katholische Kirche begreift sich als eine die Nationen übergreifende Organisation, deren Mittelpunkt und Leitungszentrale Rom ist. Das Wort „Ultramontanismus" thematisiert diesen Bezug der katholischen Ortskirchen auf Rom. Auch der qualitative Unterschied zwischen Klerus und Laien stellt auf eine Gegenüberstellung von hierarchischer Führung der Ortskirchen durch die Bischöfe und dem geführten Kirchenvolk der Laien ab. Das gestiegene Selbstbewußtsein der Laien hat im Zweiten Vatikanischen Konzil Ausdruck gefunden in der Herausstellung der Metapher „Volk Gottes" (vor allem in der Kirchenkonstitution „Lumen gentium"). Die Spannung im katholischen Kirchenverständnis zwischen der hierarchischen Leitung und dem Anspruch des Volkes Gottes aufgrund der Leitideen des Allgemeinen Priestertums der Gläubigen und der Freiheit der Kinder Gottes ist nicht aufgehoben. In Lateinamerika tritt diese Spannung besonders deutlich zu Tage in der Deutung der „Option für die Armen" mit Hilfe einer „Theologie des Volkes" oder einer „Kirche des Volkes". Dieses befreiungstheologische Kirchenverständnis orientiert sich an den Basisgemeinden „unten" statt an der Hierarchie „oben". Die Armen bilden das Gottesvolk. Zugleich wird vom Katholizismus eine Einwurzelung, eine Inkulturation, in das Volk gefordert; sie soll die Volksreligiosität aufnehmen und in die Glaubenslehre und Katechese integrieren. Die Forderung nach einer „Kirche des Volkes", vor allem in der lateinamerikanischen Befreiungstheologie, ist eine kontextuelle Theologie.

Die Programmformel „Volkskirche" im deutschen Protestantismus des 19. Jahrhunderts war ebenfalls nur kontextuell bezogen. Volkskirche kann einmal die Kirche des Kirchenvolkes, die Gemeindekirche, meinen im Widerspruch zu einer Staatskirche, zur Kirche der bürokratischen Staatsverwaltung. Das Wort Volkskirche kann weiterhin eine volksmissionarische Kirche fordern, d.h. eine Kirche, die für alle da sein will, aber in besonderer Weise sich den entkirchlichten und entchristlichten Volksmassen zuwendet. Diese Sicht vertrat Johann Hinrich Wichern, der Begründer der Inneren Mission. Wichern ging es gerade mit der Inneren „Mission" um die Wiedergewinnung der von Kirche und Glaube Entfremdeten, um die Mission des „heilvollen Volkes am heillosen Volk". Zu Beginn des 19. Jahrhunderts entstand ebenso die Forderung nach einer nationalen, nach einer deutschen Kirche, einer völkischen Kirche. Die Romantik forderte, daß insbesondere die evangelische Kirche den Besonderheiten deutschen Volkstums entsprechen müsse. Die Identifikation von evangelischer Kirche und Nation wurde durch die Aufsplitterung der evangelischen Kirchen in Landeskirchen befördert. Während die römisch-katholische Kirche international ausgerichtet ist, fehlte im 19. Jahrhundert in den deutschen evangelischen Kirchen die ökumenische Dimension vollständig. Die Deutschen Christen haben im 20. Jahrhundert mit ihrer völkischen Theologie wie mit der Forderung nach einer evangelischen Nationalkirche die nationalsozialistische Politik vorbehaltlos unterstützt und wollten die Kirche in den nationalen Staat eingliedern; die Ablehnung übernationaler ökumenischer Beziehungen hat diese völkische Sicht völlig diskreditiert. Deswegen liegt über dem Wort Volkskirche heute der Verdacht einer folgenschweren theologischen Verirrung. Volkskirche kann aber nicht nur Gemeindekirche, volksmissionarische Kirche oder Volkstumskirche bedeuten, sondern auch den Anspruch auf das ganze Volk erheben. Volkskirche ist dann eine für unterschiedliche Frömmigkeitsformen und Glaubensäußerungen offene Kirche. Sie will für die gesamte evangelische Bevölkerung da sein: Kennzeichen solcher Offenheit für alle ist vor allem die Kirchentaufpraxis. Evangelischer Christ wird man mit der Geburt, nicht erst aufgrund einer bewußten Entscheidung oder eines bestimmten, öffentlich abgelegten Aktes des Bekenntnisses. Möglichst alle evangelischen Gesellschaftsmitglieder sollen zur evangelischen Kirche gehören und gehören können. Und schließlich enthält Volkskirche noch einen Anspruch auf öffentliches Wirken. Die Eigenständigkeit und Unabhängigkeit der Kirche vom Staat wird im Gegensatz zur Staatskirche gewahrt. Gleichwohl liegt der Kirche an einem öffentlichen Wirken. Sie ist von sich aus bereit, mit dem Staat zusammenzuarbeiten, beispielsweise im Religionsunterricht, in den Theologischen Fakultäten, in der Diakonie, bei der Militärseelsorge, im Medienwesen usw. Die Volkskirche ist also willens, gesamtgesellschaftliche Verantwortung zu übernehmen und an der öffentlichen Bewußtseins- und Willensbildung mitzuwirken. Sie will einen Öffentlichkeitsauftrag wahrnehmen.

Die Entwicklung solcher Konzepte der Volkskirche ist somit Folge eines gesellschaftlichen Differenzierungsprozesses. Die Thematik der Integration von Gesellschaft und Kirche, von Kultur und religiösem Glauben ist hier aufgenommen. Zugleich enthält Volkskirche ein innerkirchliches Programm: Volkskirche grenzt sich als Gemeindekirche, Kirche der Basis ab gegen eine bloße „Amtskirche", gegen die Pastorenkirche.

Häufig wird als Alternative zur Volkskirche die Freikirche genannt. „Freikirche" ist eine Übersetzung des ebenfalls erst Anfang des 19. Jahrhunderts entstandenen englischen Wortes „Free Church". Freikirche ist gleichfalls ein mehrdeutiges Wort mit verschiedenen Stoßrichtungen. Freikirche kann einmal eine „staatsfreie", eine unabhängige Kirche beinhalten. Merkmal ist dabei die Unabhängigkeit vom Staat. In diesem Sinne grenzen sich Freikirchen auf den Britischen Inseln vom anglikanischen Staatskirchentum, in Deutschland im 19. Jahrhundert vom landesherrlichen Kirchenregiment ab. Freikirche kann sodann heißen: Freiwilligkeitskirche. Die Zugehörigkeit zur Kirche wird nur durch eine ausdrückliche freie Entscheidung erworben. Man wird nicht als Kind in die Kirche hineingeboren, in sie „hineingetauft", sondern tritt als Erwachsener aufgrund eigener Entscheidung bei. Zur Freikirche gehören auch die Verpflichtungen zu freiwilligen (oft erheblichen) finanziellen Beiträgen. Freikirche kann schließlich noch eine bekenntnisfreie Kirche meinen, die konfessionelle Traditionen ablehnt und sich nur auf die Bibel berufen will. Alle drei Bedeutungen – staatsfreie Kirche, Freiwilligkeitskirche, konfessionsfreie Kirche – haben gesellschaftliche Implikationen. Eine Kirche, die ohne jede konfessionelle Tradition sein will, muß nämlich, will sie konsequent sein, die Tradition der Kirchengeschichte und der Kultur durchweg ablehnen. Volkskirche und Freikirche repräsentieren also unterschiedliche Kirchentypen. Für die Volkskirche kennzeichnend sind: Kirchenzugehörigkeit als Normalfall, deshalb Praxis der Kindertaufe; innerkirchlicher Pluralismus; Zusammenarbeit der Kirche mit Staat und Gesellschaft; öffentlicher Status der Kirche. Für die Freikirche hingegen sind folgende Merkmale kennzeichnend: Kirchenzugehörigkeit aufgrund persönlicher Entscheidung; Kirchenmitgliedschaft als Verpflichtung zu aktiver Mitwirkung und Beteiligung; Distanz der Kirche zu Staat und Politik; Konzentration auf die innerkirchlichen Aufgaben.

Zwischen beiden Kirchentypen kann es Übergänge geben. Die innerevangelischen Auseinandersetzungen um Volkskirche oder Freikirche, Volkskirche oder bekennende Kirche setzen sowohl theologische wie gesellschaftliche Entscheidungen voraus. Minderheitenkirchen fällt es schwer, einen volkskirchlichen Anspruch aufrechtzuerhalten. Volkskirche ist also auch eine Frage der Größe und Zahl. Der Protestantismus ist keineswegs auf die Organisationsform der Volkskirche festgelegt. Auch eine protestantische Freikirche ist denkbar. Aber auch als Freikirche müßte der Protestantismus seine geistige und kulturelle Offenheit, seinen Bezug zur Öffentlichkeit und seinen theologischen Pluralismus aufrechterhalten.

Volkskirche ist in der Gegenwart Ausdruck von Pluralismus. Gesellschaftlicher und geistlicher *Pluralismus* sind jedoch Faktum, Realität, nicht Ideal, Ziel. Denn eine offene Gesellschaft, eine freiheitliche Gesellschaft eröffnet Wahlmöglichkeiten. Die Trennung zwischen Staatszugehörigkeit und Kirchenzugehörigkeit, gesichert durch ein staatliches Kirchenaustrittsrecht, ermöglicht und erzeugt religiösen und konfessionellen Pluralismus. Die Wahlmöglichkeit zwischen unterschiedlichen Parteien schafft politischen Pluralismus. Verschiedene Verbände, Interessenorganisationen, Zugehörigkeit zu Gewerkschaften oder Arbeitgeberverbänden und dergleichen gestalten einen sozialen Pluralismus. Pluralismus ist die Alternative sowohl zum Individualismus wie zum Kollektivismus. Ein radikaler Individualismus macht den Einzelnen gegenüber staatlichen, wirtschaftlichen und kulturellen Mächten ohnmächtig und hilflos. Gegen die Ohnmacht des atomisierenden Individualismus finden sich im Pluralismus Menschen, Interessen und Gruppen zur gemeinsamen Vertretung von Anliegen und Zielen zusammen. Ein Kollektivismus hingegen unterdrückt unterschiedliche Überzeugungen und Interessen. Er vereinheitlicht, erforderlichenfalls mit Zwang. Pluralismus der Organisationen, Überzeugungen, Interessen und freigewählte Zugehörigkeit sind Merkmal einer offenen, freiheitlichen Gesellschaft. Dieser soziale, gesellschaftliche, politische und kulturelle Pluralismus sollte in einer „evangelischen" Kirche Raum haben. Einseitigkeit in Gestalt von Parteilichkeit wie eine Selektion nach kulturellem, sozialem, politischem Verhalten widerspricht evangelischer Grundüberzeugung. Wenn man die pluralistische Gesellschaft akzeptiert, dann muß dem auch die Struktur und Verfassung der Kirche Rechnung tragen.

Dazu kommt noch ein weiterer Faktor: der *theologische Pluralismus* und die Vielfalt der Glaubens- und Frömmigkeitsgestalten. Schon das Urchristentum war nicht einförmig, uniform. Der neutestamentliche Kanon spiegelt in seinen vier Evangelien, in den Synoptikern neben dem Johannesevangelium, in den Briefen des Apostels Paulus neben dem Jakobusbrief eine theologische und gemeindliche Vielfalt wider. Es gibt eine Pluralität urchristlicher Gemeinden. Durch die Kirchengeschichte hindurch gab es weiterhin eine Vielgestaltigkeit von Traditionen, Frömmigkeitstypen – Mönchtum, Volksfrömmigkeit –, Verfassungstypen, liturgischer Praxis, Riten, Bekenntnissen, theologischen Schulen usw. Jeder unbefangene Blick sieht, wie vielgestaltig, z.T. gegensätzlich das Christentum ist. Regionale Unterschiede und konfessionelle Eigentümlichkeiten kommen hinzu und sind auch nicht zu beseitigen.

Der theologische Pluralismus ist in gleicher Weise Faktum wie der gesellschaftliche Pluralismus. Gibt es Grenzen des theologischen und innerkirchlichen Pluralismus? Wenn es nämlich keine solchen Grenzen geben sollte, dann wäre Pluralismus identisch mit Relativismus. Aus Pluralismus würde Beliebigkeit, die alles für vertretbar und legitim hält – anything goes. Daß der Protestantismus durch die Verwechslung von Pluralismus mit prinzipiellem Relativismus gefährdet ist, ist nicht zu leugnen. Deshalb ist nach Gemeinsamem, Gemeinchristlichem in der Vielgestaltigkeit der Ausdrucksformen des Glaubens zu fragen. Solches Gemeinsame enthalten Vaterunser und Glaubensbekenntnis. Für den christlichen Glauben unverzichtbar sind: Der Glaube an Gott bei einem legitimen Pluralismus von Gottesvorstellungen; der Bezug auf Jesus Christus, auf seine Botschaft, sein Leben; die Überzeugung, daß der Mensch nicht sich selbst erlösen kann, sondern auf Gnade angewiesen ist; die Orientierung am Liebesgebot; die Bereitschaft, auf die Bibel zu hören und Gemeinschaft mit anderen Christen zu halten, auch in Taufe und Herrenmahl; die Hoffnung, daß dieses Leben nicht alles ist. Das sind recht vage Formulierungen; sie bilden auch nicht einen Katalog von Glaubenssätzen. Wohl aber formulieren sie eine Grundbestimmung des Christlichen, welche christlichen Glauben von anderen Religionen und Weltanschauungen unterscheidbar macht. Diese Grundbestimmung ist maßgeblich auch für den Protestantismus. Von ihr hängt Identität ab. Die Spannung von Freiheit und Identität kann nur dann in der Volkskirche als Institution evangelischer Freiheit erhalten werden, wenn man in einer zeitgerechten Übersetzung der Botschaft des Evangeliums den besonderen Auftrag des Protestantismus sieht. Die Spannung zwischen Verbindlichkeit und Eindeutigkeit der Botschaft auf der einen Seite, Offenheit und Eingehen auf neue Fragen und veränderte Situationen andererseits kann jedoch nur dann durchgehalten werden, wenn das Evangelium als Grenze des Pluralismus, aber auch dabei die Auslegungsaufgabe bedacht wird. Pluralismus setzt Verschiedenheit voraus. Verschiedenheit ist konfliktträchtig. Konflikte dürfen – so protestantisches Pathos – nicht unterdrückt und verschleiert werden. Aber im Konflikt ist die Verständigung anzustreben, und Konflikte können theologisch nur dann ausgetragen werden, wenn ein Grundkonsens anerkannt bleibt. Keine pluralistische Gesellschaft ist spannungs- und konfliktfrei. Auch der theologische und innerkirchliche Pluralismus ist konfliktträchtig. Deshalb bedarf es des Dialoges als Streit um die Wahrheit. Solcher Streit kann freilich allein in Offenheit und Freiheit geführt werden. Protestantische Sicht ist daher zurückhaltend im Blick auf kirchenrechtliche Konfliktlösungen. Lehrzuchtverfahren und Disziplinarverfahren können allenfalls bei schwerer, nicht anders zu lösender fundamentaler Mißachtung und Bestreitung der Grundlagen des Glaubens in Betracht gezogen werden. Im übrigen sollte man in der evangelischen Kirche mit dem Vorwurf von Häresie und Ketzerei vorsichtig sein und dagegen besser die eigenen Glaubensaussagen selbst überzeugend öffentlich vertreten. Die innerevangelische Diskussion um die Volkskirche hat (zum einen) einen Anlaß in der Situation der Kirche und des Protestantismus im allgemeinen Pluralismus, (zum anderen) in den Differenzen im innerevangelischen Glaubens-, Kirchen- und Weltverständnis.

Eine Folge dieser Einschätzung der Volkskirche ist die Bewertung von Kirchenmitgliedschaft. Die Frage, wer zur Kirche gehört, ist ein altes klassisches Thema, ein altes Thema der Lehre von der Kirche. Kirchenmitgliedschaft wird in den Konfessionen unterschiedlich begründet. Gemeinchristlich ist der Verweis auf zwei Merkmale, Taufe und Glaube. Ob dazu das „Band" der Kirchengemeinschaft in den Sakramenten, das mit Ausgeschlossenen, Exkommunizierten, zerschnitten ist, notwendig ist, ist zwischen den Kirchen strittig. Für römisch-katholische Sicht sind nicht nur Taufe und Zustimmung zum katholischen Glauben Bedingungen der Kirchenmitgliedschaft, sondern ebenso die Gemeinschaft mit dem Papst. Evangelisches Kirchenverständnis sieht dies anders. Kirchenmitgliedschaft kann so aus protestantischer Sicht sowohl theologisch, als auch soziologisch, als auch juristisch beschrieben werden. Im Blick auf die öffentliche Feststellung der Kirchenmitgliedschaft, an welche die Kirchensteuerpflicht anknüpft, sind rechtliche Kriterien wie Wohnsitz und offizielle Zugehörigkeit – neben dem geistlichen Merkmal der Taufe und des Bekenntnisstandes – maßgeblich. Die einzelnen kirchenrechtlichen und staatskirchenrechtlichen Regelungen müssen hier beiseite bleiben. Unter gesellschaftlichen Gesichtspunkten zu erörtern ist aber, ob nur engagierte Christen, die aktiven Teilnehmer am Gemeindeleben, die „Kerngemeinde", oder auch „distanzierte" Kirchenmitglieder, bloße „Namenschristen", im eigentlichen Sinne Kirchenmitglieder sind. Unter dem Blickwinkel der Volkskirche sind auch passive und distanzierte Protestanten vollberechtigte Mitglieder, so erwünscht Partizipation und Engagement durchaus sind. Die alte Kirche lehrte, daß die Kirche eine „gemischte Körperschaft", ein corpus permixtum ist; in ihr finden sich Fromme und Gottlose, Heuchler, Böse, Sünder. Die Grenze der Kirchenmitgliedschaft zieht dann allein der offizielle Kirchenaustritt, nicht die Art und Weise der Teilnahme am kirchlichen Leben. Martin Luther empfahl, die Zugehörigkeit zur Kirche am Maß der Liebe, nicht am Maß des Glaubens zu messen („canone charitatis, non canone fidei"). Das Urteil über den Glauben eines Menschen steht allein Gott zu, der ins Herz sieht. Menschen sollen folglich einander als Mitchristen achten und respektieren, auch und gerade dann, wenn der andere Christ nicht dem eigenen Bild vom Glaubenden entspricht.

8.4. Verbandsprotestantismus

Neben der verfaßten Kirche kennt der Protestantismus eine Vielzahl von freien Vereinigungen und Initiativen. Der Protestantismus des 19. Jahrhunderts organisierte sich in Vereinen. Der Zusammenschluß von Menschen zu Vereinigungen ist ein ebenso ursprüngliches, altes Phänomen wie die Bildung von Gruppen und Bruderschaften. Historisch gesehen gehen dem Vereinswesen des 19. Jahrhunderts im Pietismus voraus die Privatversammlungen, „collegia pietatis", eigentlich Bibelstunden, die erstmals Philipp Jakob Spener 1670 in Frankfurt/Main ins Leben rief. Vergleichbare Vorläufer des Vereinsgedankens gibt es im England des 17. Jahrhunderts. Analog zu Freimaurern und Geheimbünden (z.B. den Rosenkreuzern) entstanden seit 1678 „religious societies". Unter dem Einfluß des Methodismus fanden sich Missionsgesellschaften und Gesellschaften zur Bibelverbreitung zusammen. Im deutschen Bereich ist die erste Vereinsgründung die „Deutsche Christentumsgesellschaft"; sie wurde 1780 von J.A. Urlsperger (1728-1806) in Basel gegründet, um das Christentum gegen die Kritik der Aufklärung zu verteidigen. Im 19. Jahrhundert entstanden Bibel- und Missionsgesellschaften (Basler Mission 1815; Berliner Mission 1824; Rheinische Mission in

Barmen 1828; Bremer, Leipziger und Goßnersche Mission 1836, Bibelgesellschaften in Basel, Nürnberg, Berlin, Danzig, Königsberg, Stuttgart und Leipzig). Die Vereinsgründung kam dann im liberalen Zeitalter zur vollen Blüte. Vereine sind Zweckgemeinschaften; die Mitgliedschaft ist freiwillig; anders als in einen Stand und in eine Korporation wird man nicht in einen Verein hineingeboren. Sie sind auch keine Großstrukturen wie Parteien oder Volkskirchen. Neben der Erfüllung des Vereinszweckes dienen sie auch einem Bedürfnis nach Geselligkeit und Bildung. Man muß kein Amt oder Mandat haben, um Vereinsmitglied werden zu können.

Die Zeit der Vereine wird durch geschichtliche Daten markiert: Die Erweckungszeit Anfang des 19. Jahrhunderts führte zu Gruppen- und Gemeinschaftsbildungen, die pietistisch geprägt waren. Auch in diakonischen Notlagen suchte man mit Hilfe freier Assoziationen Abhilfe zu schaffen. Die diakonischen, missionarischen und kulturellen neuen Aufgaben konnten vom Staatskirchentum nicht oder nur ungenügend wahrgenommen werden. Es entstanden örtliche Armenanstalten. Wohlhabende Laien, vor allem im Beruf des Kaufmanns, organisierten und finanzierten in Handelsstädten Unterstützungsmaßnahmen. Zahlreiche Wohltätigkeitsvereine entstanden. Zwischen 1826 und 1836 gründeten beispielsweise Theodor Fliedner und Johann Hinrich Wichern Diakonieeinrichtungen (Kaiserswerth, das Rauhe Haus in Hamburg). Der Gustav-Adolf-Verein in Deutschland, 1842 gegründet, dient der geistigen und materiellen Förderung evangelischer Gemeinden in der Diaspora im Inland und Ausland. 1848 wurde in Wittenberg auf dem Kirchentag der Central-Ausschuß der Inneren Mission gegründet. Das Jahr 1848 ist insofern ein Einschnitt, als das die Vereinsgründungen einschränkende Vereinsrecht des Deutschen Bundes wegfiel. Die evangelischen Vereine im 19. Jahrhundert sind Teil der allgemeinen Assoziations- und Emanzipationsbewegung, nicht zuletzt im Bürgertum. Geistig standen Aufklärung und Pietismus, Rationalismus wie Erweckungsbewegung Pate. Nach 1848 wurden im katholischen Deutschland Vereine kirchenamtlich errichtet. Der Volksverein für das katholische Deutschland, 1890 von Franz Hitze und dem Zentrumsführer L. Windthorst in Köln mit Sitz in Mönchengladbach begründet, wurde der mitgliederstärkste Bildungs- und Schulungsverein. Er propagierte eine „christliche Sozialreform", in der organisierte Selbsthilfe und fortschrittliche soziale Gesetzgebung zusammenwirken sollten. Die evangelischen Vereine entstammten hingegen freien Initiativen. Sie hatten auch weithin je ein eigenes kirchenpolitisches, politisches, kulturelles und geistliches Profil. Der Protestantenverein (1863) sammelte die liberalen Protestanten, die Allgemeine Evangelisch-Lutherische Konferenz (1868) die Konfessionslutheraner, die Positive Union (1876) die theologische „Mitte" der unierten Kirchen. Bildungsvereine waren auf christliche Volksbildung ausgerichtet; der Verein für Reformationsgeschichte (1883) widmete sich der historischen Forschung, der Reformierte Bund (1884) sammelte die Reformierten. Im Kulturkampf vertrat seit 1886 der Evangelische Bund die deutsch-protestantischen Interessen. Aus der Fülle der Vereinigungen ragt heraus der Evangelisch-Soziale Kongreß, der seit 1890 das Forum für die Diskussion sozial- und wirtschaftsethischer und sozialpolitischer Themen bot. Ebenfalls 1890 begründet wurde der Gesamtverband Evangelischer Arbeiterverein. 1920 entstand der Bund religiöser Sozialisten. Insbesondere Bestrebungen der Diakonie und Evangelisation, auch Jugendvereine wie der Christliche Verein Junger Männer (CVJM), Mädchenbünde, der Jugendbund für „Entschiedenes Christentum" entstanden in der zweiten Hälfte des 19. Jahrhunderts. 1899 ist das Gründungsjahr des Deutschen Evangelischen Frauenbundes.

Die Vielzahl und unterschiedliche Ausrichtung der protestantischen Vereine stieß auch auf Kritik. Gegen die Zersplitterung eines pluralistischen Verbandsprotestantismus wurde die Einheit der Kirche beschworen. Den Vereinsinteressen gegenüber wurde auf die Bedeutung des Amtes und der Gesamtgemeinde verwiesen. Lutheraner nannten in den Anfängen der Inneren Mission diese ein „aussaugendes Schlinggewächs am Baum der Kirche". Die Alternative lautete sogar gelegentlich: Vereinskirche oder Volkskirche. Tiefe Einschnitte stellen deshalb die Jahre 1918, 1933 und 1945 dar. Der Zusammenbruch des landesherrlichen Kirchenregiments nötigte zur überregionalen Konzentration der örtlichen Vereine. Verbandszusammenschlüsse überschritten zur Stärkung des Verbandseinflusses Grenzen von Landeskirchen. Wirtschaftliche Not – Inflation, Weltwirtschaftskrise – zogen Verbandsreformen nach sich. Die nationalsozialistische Machtergreifung

1933 brachte kirchliche Verbände und Vereine in eine schwierige Lage. Abgesehen von rein diakonischen Anstalten und Missionsgesellschaften wurde die Verbandsarbeit im Totalstaat faktisch lahmgelegt und praktisch ausgeschaltet. Die Eingliederung der kirchlichen Jugendarbeit in die Partei- und Staatsjugend, in die „Hitlerjugend", ist das bekannteste Beispiel. Das Stichwort lautete im Dritten Reich: „Entkonfessionalisierung" des öffentlichen Lebens. Die Vereinsform wurde deshalb teilweise bewußt von den Vereinen selbst aufgegeben; sie suchten Schutz unter dem Gesamtdach der Kirche.

Nach dem Ende des Zweiten Weltkriegs 1945 wurde zwar die Freiheit der Vereinsgründung wiederhergestellt und gesichert. Viele Verbände und Vereine entstanden in kurzer Zeit neu. Aber das Selbstverständnis hatte sich unter dem Eindruck des Kirchenkampfes doch gewandelt. Aus den freien Initiativen wurden „Werke und Verbände der Kirche". Die Integration in die verfaßte Kirche zeigt sich am deutlichsten am neugegründeten Hilfswerk der EKD, das von vornherein auf die Vereinsform verzichtete. Aus dem Zusammenschluß von Hilfswerk und Innerer Mission entstand das Diakonische Werk der EKD. Auch das Evangelische Missionswerk (1977) lehnt sich an die Kirche an. Die Verkirchlichung und stärkere Integration evangelischer Vereine in die verfaßte Kirche nähert die Organisationsform des Verbandsprotestantismus der des Verbandskatholizismus an. Dieser Vorgang ist freilich ambivalent. Einerseits sind viele Vereinigungen nur in der Anlehnung an die Institutionen der verfaßten Kirchen und mit deren Hilfe lebensfähig, und sie können nur so ihr Fortbestehen sichern. Mission und Diakonie sind zudem Grundfunktionen und „Wesens- und Lebensäußerungen" von Kirche. Die Integration der Vereine in die Kirche ist also sinnvoll. Aber sie ist andererseits auch Zeichen von Schwäche und von Verlust an Engagement. Die Vereinsgründungen entstanden, um offenkundige Mängel im kirchlichen Leben des evangelischen Deutschlands zu schließen. Lücken im missionarischen, diakonischen und kulturellen Handeln der Kirche aktivierten freie Initiativen. Ehrenamtlich übernahmen Gemeindeglieder ohne Rücksicht auf Geschlecht, Alter, Stand und Bildungsweg Aufgaben und Verantwortung. Das Ehrenamt wurde dadurch entscheidend aufgewertet. Die Veramtlichung der Verbandstätigkeit läßt dagegen den Beitrag der Ehrenamtlichen wieder zurücktreten. Gelegentlich führt dies auch zur Bürokratisierung analog zur Bürokratisierung in der Sozial- und Kulturpolitik. Die Gefahr der Aufsplitterung der Kräfte freier Initiativen sowie einer Konkurrenz der Verbände und Vereine untereinander wird dann bei Abwägungen zum geringeren Übel, wenn die Veramtlichung und Bürokratisierung die Initiative von Nichtprofessionellen lähmt und hemmt. Vielfalt der Tätigkeiten war jedoch ein Merkmal des Protestantismus. Die Verkirchlichung in Form bürokratischer Verwaltung ist ein Hemmnis freier protestantischer Gestaltung. Diese innerkirchliche Entwicklung ist zweifellos durch eine gesamtgesellschaftliche Entwicklung mitverursacht, welche zur Professionalisierung sozialen Handelns nötigte. Die Rückbesinnung auf die Bedeutung der Laien und von Kirchenleitungen wie Kirchenverwaltungen unabhängig tätiger Protestantinnen und Protestanten ist für die Zukunft des Protestantismus entscheidend.

Wolfgang Huber hat mehrfach in Anschluß an Hans Dombois in Erinnerung gerufen, daß es vier Gestalten von Kirche gibt: Die Ortsgemeinde, die Initiativgruppe, die Regionalkirche und die Föderation. Organisatorisch stark sind im evangelischen Kirchentum die Ortsgemeinde, die Parochie, und die Regionalkirche, die Landeskirche (katholisch: die Diözese). Die im Katholizismus traditionell in den Orden und Kommunitäten ihren Ort findenden Initiativgruppen gab es zunächst unter dem landesherrlichen Kirchenregiment nicht. Erst der Pietismus und das 19. Jahrhundert haben den freien Initiativen einen Freiraum in Gesellschaft und Kirche erobert. Sie durchbrachen das Lokalprinzip. Auch die das landeskirchliche Territorialprinzip sprengende Föderation, welche durch überregionale Zusammenarbeit und Zusammenschlüsse der Universalität der Kirche Ausdruck geben soll, ist verhältnismäßig schwach. Darauf ist unter der Frage nach dem Verhältnis von Protestantismus und Ökumene nochmals zurückzukommen. Die Einheitsgestalt der Kirche ist keine protestantische Zielvorstellung. Der Kirchentag als Forum der Vielfalt ist dagegen ein urprotestantisches Anliegen. Würde der Kirchentag den Namen „Protestantentag" tragen – wie anfangs in Entsprechung zum Katholikentag erwogen – käme die Verpflichtung dieser Veranstaltung auf Anliegen und Ziele des Protestantismus klarer zum Vorschein.

Den Verbandsprotestantismus des 19. und beginnenden 20. Jahrhunderts haben weithin inzwischen die evangelischen Synoden beerbt.

8.5. Die Rolle der Synode

Die theologische Theorie und die praktische Wirklichkeit evangelischer Synoden sind nicht deckungsgleich. Synodos, Zusammenkunft, lautete die Bezeichnung für übergemeindliche Entscheidungsversammlungen, zu denen sich Repräsentanten der Gemeinden zusammenfinden. Im Neuen Testament ist Vorbild das Apostelkonzil (Apostelgeschichte 15,28). Das lateinische Wort ist: Konzil. Konzile waren in der Alten Kirche seit dem zweiten und dritten Jahrhundert Bischofsversammlungen auf der Ebene der Kirchenprovinzen. „Ökumenische Konzile" wie das erste von Kaiser Konstantin nach Nicäa 325 einberufene Konzil oder das Konzil von Chalcedon 451 faßten dogmatische Grundsatzbeschlüsse, vor allem zur Christologie und zur Trinitätslehre. Die katholische Lehre vom Konzil sieht im Konzil die Versammlung, welche die Einheit und Gemeinschaft, die Kollegialität der Bischöfe darstellt. Neben der Bischofssynode, der communio der Bischöfe, gibt es im Katholizismus Pastoralsynoden, bei denen auch Laien und Priester an den vom Bischof geleiteten Beratungen mitwirken können. Auch nach orthodoxer Auffassung sind Synoden Versammlungen von Bischöfen und Klerikern. Die Ausrichtung auf den Universalepiskopat des Papstes fehlt freilich, im Unterschied zur römisch-katholischen Lehre. „Panorthodoxe Synoden" sind Bischofskonzile.

Die Kritik am Konzil und am Lehranspruch Roms im 16. Jahrhundert brach im Protestantismus zunächst grundsätzlich mit dem Konzils- und Synodalgedanken. Heute sind evangelische Landessynoden Versammlungen gewählter und berufener Kirchenmitglieder, die aus Laien und Theologen zusammengesetzt sind, häufig nahezu paritätisch. Synoden haben ihre Aufgabe in einer arbeitsteiligen Kirchenleitung als Gesetzgebungs- und Kontrollorgan. Im Rheinland erhebt die Synode sogar den Anspruch, die Kirchenleitung zu sein. Synoden sind also „Kirchenparlamente".

Diese evangelische Vorstellung von Synoden hat drei Wurzeln: Calvin wies dem aus Pfarrer, Ältesten, Diakonen zusammengesetzten Presbyterium die Entscheidung von Lehrfragen und Kirchenzuchtfällen und andere Entscheidungen zu. Die Presbyterien schlossen sich zu Synoden zusammen, 1561 in Schottland mit der Presbyterialverfassung, in den Niederlanden (Emdener Synode 1571, Dordrechter Synode 1619) und in den verfolgten Gemeinden „unter dem Kreuz" am Niederrhein (Duisburger Generalsynode 1610). Reformierte Synoden waren Amtsträgersynoden. Nur während der Tagungen selbst waren sie entscheidungsfähig. Ein ständiges Gremium waren sie nicht. In lutherischen Kirchen bildete sich unter dem landesherrlichen Kirchenregiment dagegen eine Konsistorialverfassung: Konsistorien waren die landesherrlichen Kirchen- und Aufsichtsbehörden. Neben den reformierten Synodalgedanken trat sodann im 19. Jahrhundert die Auffassung von der Synode als Repräsentation des Kirchenvolkes. Im Zuge staatlicher Verfassungsentwicklung und konstitutioneller Bestrebungen sowie der Trennung von Kirche und Staat sollte die staatliche Verwaltung in den deutschen Landeskirchen durch eine gewählte Kirchenvertretung ergänzt und beschränkt werden. Vorbild dieser Entwicklung wurde die rheinisch-westfälische Kirchenordnung von 1835. Postulate staatlicher Verfassungstheorie, wie Vertretung des Kirchenvolkes, Gewaltenteilung, Beschränkung der Kirchengewalt des Landesherrn, wurden auf die Kirchenverfassung übertragen. Die dritte Wurzel gegenwärtigen Synodalverständnisses sind die Synoden der Bekennenden Kirche im Kirchenkampf, vor allem die erste Bekenntnissynode der Deutschen Evangelischen Kirche in Barmen 1934. Die Bekenntnissynoden betonten entschieden den wesenhaften Unterschied zwischen weltlichen Parlamenten und kirchlichen Synoden. Nicht die parlamentarische Mehrheitsentscheidung, sondern der Vollzug des Bekenntnisses sei für eine Synode maßgeblich. „Bekennende" Synoden verstanden sich deshalb auch als gottesdienstliche Versammlungen. Entscheidend waren in diesem Fall nicht verfassungsrechtliche Zuständigkeiten. Der Vollzug des Bekenntnisses war entscheidend.

Die drei Wurzeln des Synodalgedankens sind sehr unterschiedlich. Hinter reformierter Amtsträgersynode, demokratischer Repräsentation im Kirchenparlament und Bekenntnissynoden steht je ein eigenes Kirchenbild. Nach 1945 vermischten sich nun die verschiedenen Anschauungen. Synoden nehmen für sich eine umfassende Kompetenz in Anspruch: Zu ihren Aufgaben gehören Gesetzgebung, Entscheidung über den teilkirchlichen Haushalt, über die Kirchensteuerhebesätze, Wahlen, z.B. des Landesbischofs und des Präses, Entgegennahme und Diskussion des Berichts der Kirchenleitung. Außerdem können sie sich mit Kundgebungen und Erklärungen an die Gemeinden und an die gesamte Öffentlichkeit wenden. Und schließlich treffen sie Lehrentscheidungen, im Rheinland allein, und setzen kirchliche Ordnungen (Agenden, Gesangbuch, Tauf- und Trauordnung) in Kraft. Bei dieser umfassenden Zuständigkeit der Synoden verschwimmen freilich leicht die Grenzen zwischen geistlichem Anspruch, theologischer Kompetenz und demokratischer Willensbildung in Abstimmungen. Parlamentarische Verfahren und geistliche Vollmacht durchdringen sich dann in eigentümlicher Weise. Kirchlicher Konstitutionalismus und Bekenntnisvollzug, status confessionis, fließen zusammen. In der Praxis der Synoden gibt es zudem Absprachen, Gruppenbildung, Verhandlungen, genauso wie in politischen Parlamenten. Dem Anspruch nach sollen es zwar geistliche Entscheidungen sein. Wie passen aber faktische Realität und theologische Selbstdeutung von Synoden zusammen? Den Widerspruch kann man nicht so auflösen, daß man Demokratie in der Kirche mit Christusherrschaft gleichsetzt und den Mehrheitsbeschluß zur Wahrheit erklärt. Manche theologische Selbstauslegung von Kirchenparlamenten ist nicht frei von ideologischen Zügen. Die synodalen Gremien im „Bund evangelischer Kirchen in der DDR" verstanden und bezeichneten sich selbst als „Lerngemeinschaft" und „Dienstgemeinschaft". Lediglich gemeinschaftliches Handeln der Kirche konnte sich im realen Sozialismus behaupten. Eine Folge war daher die Verminderung individueller Anschauungen und ein Prozeß innerkirchlicher Homogenisierung der „Kirche im Sozialismus". Kollektivistische Tendenzen im synodalen Verständnis dringen auf ein geschlossenes Auftreten der Synode nach außen. Die Synoden sind sich immer noch nicht so richtig über ihre Aufgaben und ihre Selbstdeutung im klaren. *Hans Hermann Walz* schrieb bereits 1958 zur Frage, wie Synoden die „Regie" in der „Kirche" übernehmen können: „Überhaupt die Synoden!... mir scheint, daß in den gegenwärtigen westdeutschen Verhältnissen die Synoden geradezu eine Verkörperung des Versuchs sind, das, was die Christenheit zu tun hätte, in die Regie der Kirche zu nehmen. Das aber ist ein katholisierender Versuch. Freilich landen wir damit nicht in Rom, sondern wir landen in Düsseldorf und in Stuttgart und in Karlsruhe, in Lippe-Detmold und in Eutin. Die Verkirchlichung der Christenheit auf evangelischem Boden verhält sich zur Verkirchlichung im Katholizismus wie die lächerlichen deutschen Duodezfürstentümer zur Herrschaft Ludwigs XIV". Für protestantisches Selbstverständnis ist die Christenheit nicht mit dem geistlichen Amt oder mit kirchlichen Verfassungsorganen ineinszusetzen. Fragen der Zuständigkeit und der Verfahren von Synoden sind darum dauernd zu überprüfen. Dabei sind auch Erfahrungen aus Kultur und Gesellschaft zu bedenken. Beschlüsse über Finanzen und Wahlen sind weltliche Angelegenheiten, nicht direkt geistliche Entscheidungen. Synoden können auch so wenig wie politische Instanzen Gewissen binden. Synoden sind zudem in Landeskirchen Machtzentren: Sie beschließen über Geld, machen durch Wahlen Personalpolitik und treffen Richtungsentscheidungen. Von solchen kirchenpolitischen Aktivitäten und Aktionen sind theologische und geistliche Grundsatzfragen zu unterscheiden. Man kann sie auf Synoden beraten, erörtern, Tendenzen feststellen. Aber in Gewissens- und Glaubensfragen bindet nicht der Gehorsam gegenüber einer Mehrheitsentscheidung, sondern allein die eigene Überzeugung. Auch Konzile können irren – und auch eine überwältigende synodale Mehrheit garantiert nicht die Wahrheit. Protestantische Freiheit besteht deshalb auch gegenüber Synoden und ihren Beschlüssen. Verfahren und Praxis der Synoden sind also aus der Sicht eines Protestantismus, der nicht auf eine Gemeinschaftsideologie festgelegt und vereidigt ist, zu betrachten. Eine nüchterne Analyse der Zuständigkeit und der Grenze des Handelns von Synoden ist an der Zeit. Vor allem haben im Protestantismus Synoden kein Monopol auf Stellungnahmen und Äußerungen gegenüber der Öffentlichkeit. Synodale Stellungnahmen zu gesellschaftlichen und politischen Fragen sind im Protestantismus eine Stimme neben anderen.

8.6. Protestantismus und Öffentlichkeit

„Öffentlichkeit" ist modernes gesellschaftliches Strukturprinzip: Transparenz, Information, Kontrolle, Partizipation, öffentliche Vertretung sozialer, politischer, kultureller und religiöser Interessen geschehen im Medium und vor dem Forum der Öffentlichkeit. Dieses Verständnis von Öffentlichkeit ist deshalb ein Produkt von Aufklärung und bürgerlicher Gesellschaft. In der Öffentlichkeit sind alle gleich. In ihr soll universale Kommunikation möglich sein und geschehen. Nach älterem Verständnis von Öffentlichkeit war öffentlich das, was allgemein wahrnehmbar und zugänglich ist, im Unterschied zum Verborgenen oder Geheimen. Das „öffentliche" Gericht tagt vor dem Publikum, es hat Publizität, im Unterschied zum „geheimen" Gericht, zur Feme. Öffentliches ist kontrollierbar und bekannt; es gehört vor das forum externum. Das Gewissen ist hingegen persönliche Sache; über das Gewissen ist im forum internum, vor dem „inneren Gerichtshof", zu urteilen. Da das Öffentliche allen zugänglich sein soll, nimmt das Wort öffentlich auch die Bedeutung von gemeinschaftlich, „gemein", im Sinne von staatlich an; staatliche Gewalt ist dann eben öffentliche Gewalt.

Von diesem Verständnis des Öffentlichen im engeren Sinne zu unterscheiden ist die Ausweitung der Öffentlichkeit auf das gesamte Leben seit der Aufklärung. Eine bürgerliche Öffentlichkeit emanzipierte sich von Staat und Gesellschaft. Das öffentliche Leben, die öffentliche Meinung, bilden nach dem liberalen Modell einen eigenen Bereich, den Markt der öffentlichen, freien Diskussion der Bürger. Im vernünftigen Diskurs soll sich Überzeugung bilden, Wahrheit herausstellen und Wollen, „voluntas", zur „Vernunft", „ratio", werden. In diesem geschichtlichen Kontext formte sowohl der Neuprotestantismus seinen Anspruch auf wissenschaftliche Erkenntnis und Fortschritt, als auch der Vereinsprotestantismus entstand. Pressefreiheit, Zensurfreiheit, Meinungsfreiheit waren Grundforderungen und Bedingungen liberaler Öffentlichkeit; auch die Informations- und Versammlungsfreiheit ist Voraussetzung für Kommunikation. Öffentlichkeit darf darum nicht staatlich reglementiert und kontrolliert werden.

Im 20. Jahrhundert ist dieses liberale Verständnis von Öffentlichkeit nunmehr in eine Krise geraten. Nicht nur in totalitären Staaten kann nämlich Öffentlichkeit manipuliert, beeinflußt, kann öffentliche Meinung „gemacht" werden. Die individuelle Meinungsfreiheit bleibt dabei sogar möglicherweise formal unangetastet. Aber die Strukturbedingungen freier Kommunikation haben sich verändert. Massenmedien üben Macht aus. Es gibt Träger von Meinungsmacht, gegen welche der Einzelne mit seiner Stimme sich gar nicht mehr Gehör verschaffen kann. Zugleich kann die Öffentlichkeit dank ihrer technischen Mittel unbefugt und unberufen in die Privatsphäre des Einzelnen eindringen. Öffentlichkeit kann zum Instrument, zum Mittel der Manipulation, zur Herstellung eines „Meinungsterrors" werden. Die Aufhebung von Grenzen zwischen öffentlich und privat läßt sie bis in das Heiligtum des Gewissens vordringen. Die Beichte gehört allein vor das forum internum und unterliegt deshalb einer Verschwiegenheitspflicht. Totalitäre Systeme machen sie hingegen öffentlich in Gestalt von Selbstkritik. Aber auch in demokratischen Gesellschaften bedarf der private Bereich, die Intimsphäre, ausdrücklich des Schutzes in einem Recht „auf informationelle Selbstbestimmung". Der Datenschutz gewinnt an Gewicht. Spiegelbildlich dazu kann sodann eine „Tyrannei der Intimität" *(R. Sennett)* politisches Handeln unmöglich machen. Denn ein Intimitäts- und Persönlichkeitskult verhindert gerade ein distanziertes und objektives politisches Handeln. Die Ambivalenz von „Öffentlichkeit" ist damit angedeutet: Es gibt auf der einen Seite keine Kommunikation, keine gesellschaftliche Konfliktregelung und keine Konsensfindung ohne Öffentlichkeit. Auf der anderen Seite gewährleistet öffentliche Meinung mitnichten, daß Wahrheit sich einstellt, oder daß Verzerrungen und Mißbrauch durch Öffentlichkeit verhindert werden. Die politischen und rechtlichen Folgerungen aus dieser Ambivalenz sind hier nicht zu diskutieren. Ebensowenig ist eine soziologische empirische Analyse der Wirkung von medial vermittelter Kommunikation, der Produktion öffentlicher Meinung und der Rezeption von öffentlichen Äußerungen vorzustellen. Politische Überlegungen werden die Notwendigkeit der Förderung und des Schutzes von Partizipation ebenso zu bedenken haben wie die Bedeutung von Meinungsvielfalt in den Informationsangeboten und von einer „Gegenöffentlichkeit", ohne die Kritik und selbständiges Urteil nicht möglich sind.

Wie steht nun der Protestantismus zu der und in der Ambivalenz moderner Öffentlichkeit? (Einmal) Fragen von Öffentlichkeit werden in der evangelischen Diskussion zumeist unter der Fragestellung des Verhältnisses von Kirche zur Öffentlichkeit und der öffentlich-rechtlichen Stellung der Kirche erörtert. Öffentlichkeit ist dann ein Problem kirchlichen Handelns und kirchlicher Zuständigkeit. Die Kirche als Institution ist davon betroffen. Das bekannteste Beispiel dafür ist die Denkschriftenpraxis. Es geht in diesem Fall um Kompetenzen, um Verfahrensregeln, kurzum um den Öffentlichkeitsauftrag, das öffentliche oder politische Mandat von Kirche. Dies ist ein Thema. Es betrifft den Protestantismus selbst aber nicht zentral. Denn die Eigenständigkeit protestantischen Gewissensurteils bleibt auch gegenüber kirchlichen Stellungnahmen zu öffentlichen Angelegenheiten bestehen. Für einen Protestanten sind formale Zuständigkeitsfragen letztlich nicht ausschlaggebend. Zwar wird die Glaub- und Vertrauenswürdigkeit kirchlicher Instanzen und Gremien erschüttert, zum Teil schwer und langandauernd, wenn Verfahren nicht eingehalten werden, Informationen einseitig oder unvollständig benutzt werden, Argumente falsch sind. Aber die für offizielle Stellungnahmen grundlegende Frage: Wer was zu wem wann in welchem Medium und mit welchem Erfolg sagt, ist ein sekundärer Aspekt verglichen mit dem Faktum, ob und wie Protestantismus selbst überhaupt öffentlich präsent ist. Der Protestantismus hat sich als Teil der Öffentlichkeit zu begreifen und muß sich bemühen, im jeweiligen Kontext sein eigenes protestantisches Profil in Gesellschaft und Kultur zu entwickeln und einzubringen. Institutionelle Stellungnahmen und Aktivitäten der Kirchen und protestantische Teilnahme am Zeitgespräch sind nicht ineinszusetzen, sondern zu unterscheiden.

(Zum anderen) Eine Besonderheit protestantischen Bewußtseins ist die Respektierung der persönlichen Gewissensfreiheit. Wer für Gewissensfreiheit eintritt, kann aber nicht totaler Öffentlichkeit zustimmen. Die Wahrnehmung der unlösbaren Spannung zwischen öffentlichem und privatem, persönlichem Bereich gehört zum protestantischen Profil. Eine „totale" Öffentlichkeit widerspricht evangelischem Verständnis von Mensch, Welt und Gott ebenso wie die Verbannung oder der Rückzug in die vollständige Nicht-Öffentlichkeit, in das Mystische. Das Evangelium richtet sich an alle Welt (Matthäus

28, 18-20). Der Glaube wird öffentlich bekannt. Die Öffentlichkeit der Verkündigung und des Glaubenszeugnisses, das „publice docere", ist daher eine reformatorische Grundeinsicht. Protestantisches Eintreten für Verkündigungsfreiheit, für die öffentliche Ausübung von Religionsfreiheit berührt und trifft sich hier mit Grundforderungen der Menschenrechte, vor allem mit der Meinungsfreiheit. Gerade in der Besinnung auf evangelische, urprotestantische Anliegen entdecken somit Protestanten ihre eigene Verantwortung für die Gesellschaft. Auf diese Weise leisten sie überdies einen authentischen Beitrag zur Entstehung und Erhaltung von Zivilgesellschaft.

§ 9 PROTESTANTISMUS IN DER ÖKUMENE

Bislang war von einem eigenen Selbstverständnis des Protestantismus aus der Innenperspektive heraus die Rede. Mit der Frage nach der Stellung des Protestantismus in der Ökumene kommt eine Außenperspektive in Sicht. Wie urteilen andere Konfessionen und Kirchen über den Protestantismus? Neben den orthodoxen Kirchen ist die römisch-katholische Sicht zu bedenken. Für die orthodoxe Kirche und Theologie war die Reformation ein Vorgang innerhalb des lateinischen, des westlichen Christentums. Gegen die westliche, augustinische Gnaden- und Sündenlehre betont das östliche Christentum nach wie vor die Freiheit und die Bedeutung des menschlichen Bemühens um das Heil. Orthodoxe Theologie hat die historisch-kritische Exegese nicht übernommen und liest auch die Kirchenväter nicht historisch-kritisch, sondern spirituell und mystisch. Dem östlichen Christentum blieb die Aufklärung fremd. An der Stelle von kritischer Reflexion steht für sie die Bewahrung der Tradition und der Vollzug der heiligen Liturgie. Im Sakraments- und Amtsverständnis gibt es eine große Nähe zur katholischen Sicht und Lehre. Neuprotestantismus und Orthodoxie sind einander fremd geblieben. Dies zeigt sich beispielhaft an Adolf von Harnacks, des großen Kirchenhistorikers, Urteil über die Orthodoxie. Erst im 20. Jahrhundert führte äußerer politischer Druck zu Dialogen zwischen Orthodoxen und evangelischen Kirchen, in denen die Dialogteilnehmer einander besser kennenlernten und Gemeinsamkeiten entdeckten.

9.1. Katholische Kritik am Protestantismus

Der Protestantismus entstand wegen innerkirchlicher Auseinandersetzungen um die Reform der Kirche. Theologische Kontroversen waren leitend. Es ging um das Verständnis von

Rechtfertigung und Gnade, um das Verhältnis von Autorität der Schrift und kirchlichem Lehramt, um die Stellung von Papst und Klerus, um das Kirchenverständnis. Der Anspruch des Katholizismus, *die* eine wahre Kirche Jesu Christi zu sein und die historische Kontinuität mit der alten Kirche bewahrt zu haben, stößt auf evangelischen Widerspruch. Bereits angesichts der Frage, ob evangelischen Kirchen das Prädikat „Kirche" seitens der katholischen Kirche zukommt oder ob man nicht nur von „kirchlichen Gemeinschaften" reden darf, bricht der Dissens auf. Gegen die Allgenügsamkeit der Schrift wird auf die lebendige Verkündigung des Wortes Gottes in der Kirche verwiesen. Die Schrift, so der katholische Einwand, sei zwar maßgebliche Quelle des Inhalts der Verkündigung, aber nicht auch letztes Urteil. Auch in der Auffassung von Sakramenten und Amt bestehen zwischen evangelischer und katholischer Lehre nach wie vor Gegensätze. Die Grunddifferenz entzündet sich am Kirchenverständnis, wie oben schon angeführt. Katholisches Selbstverständnis bestreitet zwar nicht die bona fides, die gute Absicht, der Protestanten, fordert diese aber zur Rückkehr in den Schoß der katholischen Kirche auf und erinnert dabei an das gemeinsame Erbe. Angestrebt wird durchaus eine Verständigung, und zwar auf der Grundlage der gemeinsamen Botschaft des Evangeliums und der Erinnerung an die gemeinsame Herkunft.

Die katholische Kritik am Protestantismus kann man in einem einzigen Vorwurf zusammenfassen, im Vorwurf des Subjektivismus. Diese Kritik kommt am deutlichsten zum Vorschein im katholischen Lutherbild. Das katholische Lutherbild hat im 16. Jahrhundert *Johannes Cochläus* (1479-1552) geprägt. *Cochläus'* Lutherkommentare, 1549 publiziert, führten Luthers Entwicklung zum Reformator auf dessen persönliches Versagen zurück. Luther ist der Zerstörer der Einheit der Kirche und er hat unermeßliches Leid über die Christenheit und über Deutschland gebracht. Bis in das 20. Jahrhundert bestimmte dieses Lutherbild die katholische Sicht (vgl. *Heinrich Denifle,* Luther und Luthertum in der ersten Entwicklung, Bd. 1 u. 2, Mainz 1904/1907; *Hartmann Grisar,* Luther, 3 Bde., Freiburg 1911, ³1924). Eine neue Sicht brachte *Joseph Lortz* (1887-1975) mit seinem Buch „Die Reformation in Deutschland", Freiburg 1939/40. Er versteht Luther als homo religiosus und erkennt seine geschichtliche

Größe an. *Johannes Hessen* (1889-1971) sucht in seiner Schrift „Luther in katholischer Sicht", Bonn 1947, den Reformator in den Kosmos der katholischen Kirche zu integrieren. Vor allem Lortz und seiner Schule verdanken sich eine neue Sicht der Reformation, der Persönlichkeit des Reformators und der theologischen Absicht der Reformation. In der zweiten Hälfte des 20. Jahrhunderts wird, nicht zuletzt im Zusammenhang des Zweiten Vatikanischen Konzils, Martin Luther als katholische Möglichkeit entdeckt. Insbesondere die katholischen Anfänge der Reformation werden dafür herangezogen. *Peter Manns* (1923-1991) hat sich besonders um den „katholischen" Luther, sein Verständnis von Rechtfertigung, von Liebe und Hoffnung, seine Stellung zu den Heiligen u.a. bemüht. Luthers Kritik an der Kirche war nicht Ablehnung der Kirche, sondern Kritik an eklatanten und manifesten Irrungen und Irrtümern des Spätmittelalters. *P. Manns* nennt Luther sogar „Vater im Glauben", den es für die gesamte Christenheit zu entdecken gelte.

Peter Manns steht für den einen Flügel katholischer Lutherdeutung. Daneben gibt es freilich nach wie vor die bloße polemische Verwerfung Luthers und seines Glaubensverständnisses. So hat beispielsweise *Paul Hacker* (1913-1979) in seinem Buch, „Das Ich im Glauben bei Martin Luther", 1966, Luther als einen religiösen Egozentriker dargestellt. Neben dem Themenkreis Kirche und Sakramente, Priesteramt, Papst gibt es also innerkatholische Differenzen in der Bewertung Luthers. Die Gesamtsicht führt zumeist weg vom polemischen und konfessionalistischen Lutherbild. Dieser Weg zur Verständigung führt freilich dabei über die Entdeckung des katholischen, des vorreformatorischen Luther. Der Einstieg zum „katholischen" Luther wird über das gemeinsame Erbe aus der alten Kirche und aus dem Mittelalter gesucht. Es ist also in der katholischen Lutherforschung und in der katholischen Bewertung des Protestantismus etwas in Bewegung geraten. Die Instruktion „De motione oecumenica" der *Kongregation des Heiligen Offiziums* (veröffentlicht am 20. Dezember 1949) warnte noch: „Die Bischöfe werden es auch mit allem Ernste fernhalten, daß man in der Darstellung der Reformations- und Reformatorengeschichte die Fehler der Katholiken übertreibt und die Schuld der Reformatoren abschwächt und daß man Nebensächliches derartig ins Licht rückt, daß darüber das Allerwesentlichste, der

Abfall vom katholischen Glauben, kaum noch zum Bewußtsein kommt und empfunden wird." Diese Warnung war 1949 gegen *J. Lortz'* Thesen gerichtet, der knapp erklärt hatte: „Die Reformation ist eine katholische Angelegenheit im Sinne katholischer Mitverursachung, also auch katholischer Mitschuld." Auf der fünften Vollversammlung des Lutherischen Weltbundes in Evian 1975 führte dagegen *Kardinal Willebrands* aus: „Wer vermöchte heute (...) zu leugnen, daß Martin Luther eine tief religiöse Persönlichkeit war, daß er in Ehrlichkeit und Hingabe nach der Botschaft des Evangeliums forschte? Wer vermöchte zu verneinen, daß er, obwohl er die römischkatholische Kirche und den Heiligen Stuhl bedrängte – man darf es der Wahrheit wegen nicht verschweigen –, einen bemerkenswerten Besitz des alten Glaubens beibehalten hat?"

Zwischen diesen beiden konträren Äußerungen auf kirchenamtlicher Seite liegt zeitlich das Zweite Vatikanische Konzil. Außerdem hat sich eine katholische Lutherforschung entwickelt, die nicht mehr der konfessionellen Polemik, sondern allein der wissenschaftlichen Wahrheit verpflichtet ist. Die evangelische Lutherforschung hat heute nicht mehr das Monopol der Lutherdeutung und Lutherforschung. Historischen Beiträgen sieht man oft die konfessionelle Herkunft ihres Verfassers nicht an. Im kirchlichen Kontext geht es darüber hinaus um ein Urteil über reformatorische Lehre und Theologie, um Wahrheit und Rechtgläubigkeit. Hier bleibt das katholische Urteil nach wie vor zwiespältig. Die Gegensätze wurden seit dem 16. Jahrhundert sogar noch vertieft und verbreitet. Denn im Unfehlbarkeitsdogma des Ersten Vatikanischen Konzils (1870) wurde der Autoritätsanspruch des Lehramtes verstärkt. Evangelischerseits haben kritische Exegese, Entmythologisierung und kritische Dogmengeschichtsschreibung den Blick für die Wahrnehmung des Abstandes zwischen protestantischer Überzeugung und katholischer lehramtlicher Interpretation geschärft. Der katholische Vorwurf des Subjektivismus wird nach wie vor erhoben. So meinte *Papst Johannes Paul II.* beim ökumenischen Gottesdienst in Paderborn (22. Juni 1996) im Blick auf Martin Luther, die Protestanten würden die Bedeutung der Gemeinschaft nicht ernst genug nehmen: „Luthers Denken war geprägt durch die starke Betonung des Individuums, wodurch das Bewußtsein für die Anforderungen der Gemeinschaft geschwächt wurde."

Evangelischen Kirchen wird also wegen ihrer Lehre über Kirche, Amt, Sakramente und damit wegen der Bestreitung der Möglichkeit einer institutionellen Heilsvermittlung die umfassende und zureichende Qualität des Kircheseins von katholischer Seite auch heute noch strittig gemacht. Dieser Sachverhalt sollte bei ökumenischen Konsensbestrebungen nicht übersehen werden.

9.2. Protestantismus in Europa

Die protestantischen Kirchen bilden in Europa eine Minderheit. Das belegt die Konfessionsstatistik:
In Deutschland sind von ca. 80 Millionen Bevölkerung ca. 29,2 Millionen evangelisch, 26,7 Millionen katholisch. Dabei wird in Zukunft der katholische Bevölkerungsteil zahlenmäßig eher zunehmen, der evangelische dagegen abnehmen. Parität zwischen Katholiken und Protestanten herrscht auch in den Niederlanden: Von den 14,9 Millionen Niederländern sind ca. 30 % evangelisch, ca. 36 % katholisch. In der Schweiz sind von 6,87 Millionen Einwohnern 94,5 % Christen, davon 45 % evangelisch, vor allem reformiert, 47,6 % katholisch. Überwiegend protestantisch sind Dänemark (mit ca. 91 % Lutheranern), Island (93 % evangelisch), Norwegen (3,8 Millionen Lutheraner bei 4,24 Millionen Einwohnern, daneben evangelische Freikirchen, so daß mehr als 90 % der Norweger evangelisch sind), Schweden (92 % evangelisch). In Finnland sind von 4,7 Millionen Einwohnern 4,6 Millionen evangelisch. Daneben besteht eine finnisch-orthodoxe Kirche mit 56.000 Mitgliedern. In allen anderen europäischen Ländern sind die Protestanten in der Minderheit. In Griechenland sind 98,2 % der Griechen orthodox. In Belgien gibt es bei 9,98 Millionen Einwohnern 8,7 Millionen Katholiken und ca. 40.000 evangelische Christen. Frankreich zählt 78 % Christen, darunter bei 57,2 Millionen Einwohnern ca. 1,4 Millionen evangelische. In Italien sind 84 % der Einwohner Christen, davon 83 % Katholiken. Die evangelischen (Waldenser, Methodisten, Lutheraner, Pfingstler, Baptisten u.a.) und orthodoxen Minderheiten erreichen unter 1 % der Einwohner. In Österreich sind 4,9 % evangelisch. Ansonsten bilden die Protestanten in katholischen und orthodoxen Ländern eine

kleine, oft verschwindende Minderheit. Auf den britischen Inseln gehören in England von 47,69 Millionen Einwohnern 30 Millionen der anglikanischen Staatskirche an, 4,2 Millionen sind römisch-katholisch, ca. 1 Millionen zählen die anderen evangelischen Denominationen. In Schottland sind von 5,09 Millionen ca. 1,5 Millionen evangelisch (1,3 Millionen Presbyterianer) und 800.000 katholisch. Rein statistisch ist der Protestantismus in Europa in der Minderheit. Sieht man von Skandinavien, Deutschland, der Schweiz und den Niederlanden ab und läßt man die anglikanische Staatskirche in England außer Betracht, so sind es keine Volkskirchen, sondern Diasporagemeinden. Dazu kommt erschwerend die nationale Aufteilung hinzu und eine innerevangelische konfessionelle Vielfalt von Lutheranern, Reformierten und Unierten Kirchen. Verglichen mit der katholischen Weltkirche und dem europäischen Katholizismus wirkt der Protestantismus schwach und nahezu bedeutungslos.

Daraus erklärt sich manche Unklarheit des Protestantismus im Blick auf den Europagedanken. Europa bildet keinen eigenen Erdteil. Das erweist allein schon die Schwierigkeit, seine Ostgrenze festzulegen. Zum „Westen" gehört außerdem nicht bloß Europa, sondern geistig auch Nordamerika. Die Antike entwickelte noch keine eigene Europavorstellung. Die griechische und römische Welt umschloß den gesamten Mittelmeerraum. Seiner Herkunft nach ist das Christentum schon wegen seiner jüdischen Wurzeln in Vorderasien verankert. Eine Europaidee bildete sich erstmals beim Übergang von der Spätantike zum Mittelalter. Das Imperium Romanum (das römische Reich) war dem Ansturm der Völkerwanderung zum Opfer gefallen und zusammengebrochen. Unter den geschundenen romanischen, germanischen und zum Teil auch slawischen Völkern entstand erstmals ein Zusammengehörigkeitsgefühl. Sie sahen sich als Christenheit in einer Schicksalsgemeinschaft. Diese Europavorstellung setzt sich zugleich von Byzanz ab: Konstantinopel, Byzanz, lag in Kleinasien. Europa begreift sich im Unterschied zum „Morgenland" als christliches „Abendland". In der Reichsidee Karls des Großen gewinnt dieser Europagedanke Gestalt. Eine Wiederbelebung dieser Europaidee brachte der Ansturm des Islam gegen das Christentum und der Fall von Konstantinopel 1453. Der karolingische Europagedanke war monistisch: Es geht um die eine abendländische Christenheit. Im 16. Jahrhundert entsteht mit der Herausbildung der nationalstaatlichen Souveränität ein neues Verständnis von Europa: Es geht in der Neuzeit um das Gleichgewicht der Kräfte. Außer protestantischen Mächten gibt es katholische Mächte. Der neuzeitliche Europagedanke ist polyzentrisch. Gedacht ist an einen europäischen Staatenbund. Infolge der Katastrophe des Zweiten Weltkriegs sollte der europäische Gedanke den Frieden sichern und verhindern, daß politische und wirtschaftliche Gegensätze in Europa nochmals einen Weltkrieg auslösen können. Zugleich war es Ziel der europäischen Integration, Deutschland unter Kontrolle zu halten, freilich anders als nach dem Ersten Weltkrieg nicht als Paria unter den europäischen Staaten, sondern als Partner. Schließlich kam als wesentlicher Antrieb für die europäische Einigung der Ost-West-Konflikt hinzu, also die Konzeption einer europäischen Verteidigungsgemeinschaft. Politische und wirtschaftliche Interessen trieben die europäische Einigung voran. Kulturelle und geistige Impulse spielten allenfalls im Hintergrund mit eine Rolle.

Wie sind heute die Einstellungen der Konfessionen zu Europa? Die orthodoxen Kirchen lagen bis zum Jahr 1989 nahezu vollständig hinter dem Eisernen Vorhang und hatten wegen ihrer Zugehörigkeit zum sozialistischen Lager keine Gelegenheit, eine eigene Europavorstellung zu entwickeln. Die römisch-katholische Kirche ist Weltkirche. Sie erneuerte die Konzeption des christlichen Abendlandes. Das Christentum und die katholische Kirche sollten die „Seele" Europas sein. Die christliche Religion hat Europa erstmals ein eigenes Gesicht gegeben; daran sei zu erinnern. Eine gemeinsame europäische Kultur und eine europäische Wertegemeinschaft sind nur auf der Grundlage des Christentums möglich. Daraus ergibt sich die Forderung nach einer Neu-Evangelisierung Europas. Die katholische Europaidee knüpft an die karolingische Reichsidee an. Sie ist im Ansatz monistisch. Die Kirche ist dabei für die geistigen Grundlagen zuständig. Sie sichert die Gemeinsamkeit von Glaube und Kultur und stiftet so eine europäische Identität.

Mit dieser imponierenden Konzeption verglichen stellt Europa für den Protestantismus eine Verlegenheit dar. Schon die Frage, wer denn zu Europa gehöre, wurde bis 1989 im deutschen Protestantismus unterschiedlich beantwortet. Ob

Europa an der Elbe oder am Ural endet, war Anlaß zu Kontroversen. Die politische und wirtschaftliche Einigung Westeuropas stand unter dem Verdacht, Mittel- und Osteuropa auszugrenzen. Ein tiefes Mißtrauen gegen die westliche und katholische Europaidee findet man bei manchen Protestanten (z. B. bei Martin Niemöller). Die Verknüpfung der europäischen Einigung mit Friedenssicherung und militärischer Integration verstärkte das Mißtrauen. Hinzu kommt, daß eine protestantische Sicht Europas nicht monistisch, sondern polyzentrisch sein muß. Außer dem Einfluß des Christentums gibt es weitere prägende Kräfte, die vorchristliche Antike, griechische und römische Philosophie, römisches Recht sowie die Aufklärung. Europa ist geistig pluralistisch. An die Stelle des Einheitskonzepts eines christlichen Abendlandes tritt seine kulturelle und geistige Vielgestaltigkeit. Diese Vielfalt verbindet sich schließlich mit den nationalen und kulturellen Besonderheiten und Selbstbildern europäischer Völker und Staaten. Evangelische Kirchen sind landeskirchlich ausgerichtet. Es gibt keinen übergreifenden europäischen Protestantismus. Dies befördert kleinteiliges Denken. Eine evangelische Blockbildung in Europa ist allein schon deshalb ausgeschlossen. Von einem spezifisch protestantischen Europakonzept kann deshalb nur ansatzweise die Rede sein. Bessere ökumenische Zusammenarbeit der evangelischen Kirchen in Europa wird allerdings angestrebt und vorangetrieben. Dafür fehlen zum Teil noch institutionelle Strukturen der Kooperation und Kommunikation. Problematisch wäre es überdies, wenn der Protestantismus in Europa sich nur als Anwalt des „sozialen" Europas verstehen und betätigen wollte und die kulturelle Aufgabe vernachlässigen würde. Ohne Selbstverständigung und Klärung unter den evangelischen Kirchen in Europa kommt kein bedeutsamer protestantischer Beitrag zustande. Dabei kann es nicht um die Durchsetzung kirchlicher Machtansprüche und auch nicht um eine Verchristlichung Europas gehen. In „protestantischer Nüchternheit" *(Eberhard Jüngel)* ist europäische Vielfalt und das Erbe der Aufklärung anzunehmen. Die multikulturelle Gesellschaft Europas ist auf Toleranz und Versöhnung angewiesen. Dazu gehört die Achtung und Durchsetzung der Menschenrechte, der Grundfreiheiten der Person. Das Erbe des Protestantismus kann dann Europa bereichern: Evangelisches Verständnis von Freiheit, die Anerkennung der Unantastbarkeit des Gewissens, die Unterscheidung zwischen Aufgaben des Staates und Auftrag der Kirche, die Einsicht in die Verantwortung der Christen im weltlichen Beruf als „Laien", welche Europa gestalten sollen, und damit ein theologisch begründeter Umgang mit der Säkularität und Rationalität sind Merkmale und Beiträge eines protestantischen Zugangs zur europäischen Einigung. Die Botschaft des Evangeliums, die allein aus Gnade den Menschen, den Sünder freispricht und die allein im Glauben angenommen wird, erschließt evangelische Wahrheit. Solche Wahrheit ermächtigt zur Freiheit und stellt den Frieden zwischen Völkern und Staaten auf einen nicht der Verschleierung und Lüge bedürftigen Grund. Mangelt es an Wahrheit und Offenheit, werden gar Konflikte verleugnet oder verdrängt, dann schafft Unwahrhaftigkeit den Boden für säkularen und religiösen Fundamentalismus und Fanatismus. Es ist also sinnvoll, das protestantische Profil auch in seiner gesamteuropäischen Dimension und Bedeutung zu bedenken und ihm in Strukturen und Konzeptionen Gestalt zu geben. Das ist eine ökumenische Aufgabe und Verpflichtung.

9.3. Der Protestantismus und die Einheit der Kirchen

„Der Weg des ökumenischen Gedankens" ist der Titel von *Reinhard Frielings* „Ökumenekunde" (Göttingen 1992). Das 20. Jahrhundert wurde das Jahrhundert der ökumenischen Bemühungen und Prozesse. Die erste Weltkirchenkonferenz von Amsterdam 1948, das Zweite Vatikanische Konzil – mit dem Ökumenismusdekret „Unitatis redintegratio", 1964 – setzen Meilensteine. Vom Protestantismus gingen dazu in der ersten Hälfte des 20. Jahrhunderts starke Impulse aus. Dialoge, bilaterale und auf Weltebene, wurden angestoßen, Unionsbestrebungen gefördert, Lehrkonsense formuliert. Die „Ökumenekunde" von *R. Frieling* informiert darüber, über Ergebnisse, Konsenserklärungen, Konvergenzen und über die Themen der Dialoge (Liturgie, Spiritualität, Bibelauslegung, Amt, Sakramente, Sozialethik, Frieden u.a.). Nur die für den heutigen Protestantismus wesentlichen Ergebnisse und Texte sind wenigstens knapp zu nennen:

An erster Stelle ist auf die Leuenberger Konkordie, 1973, zu verweisen. Mit der Konkordie werden die Lehrdifferenzen zwischen Lutheranern und Reformierten in der Abendmahlslehre, in der Christologie und Prädestinationslehre, die im 16. Jahrhundert die innerevangelische Trennung der Konfessionen verursachten und prägten, für heute nicht mehr kirchentrennend erklärt. Die Leuenberger Konkordie ermöglicht dadurch auf europäischer Ebene Kirchengemeinschaft. Der jeweilige Bekenntnisstand wird zwar gewahrt. Die Übereinstimmung hinsichtlich des Verständnisses des Evangeliums, im Sinne der Rechtfertigungsbotschaft, wird festgestellt, ferner ein Konsens im Verständnis der Sakramente; sie sind „leibhaftige Gestalt der Gnadenzusage, die den Glauben weckt und stärkt". Die Verwerfungssätze des 16. Jahrhunderts treffen damit „heute die Lehre des Partners nicht mehr". Die Leuenberger Konkordie ermöglicht Kirchengemeinschaft, errichtet aber keine neue Kirche, keine Fusion bestehender Kirchen, zielt also nicht auf eine Union. Sie beläßt die bestehenden Bekenntnisse der jeweiligen Kirchen in Geltung. Die Leuenburger Konkordie ist theologische Voraussetzung eines zwischenkirchlichen Konsenses.

Die Kommission für Glaube und Kirchenverfassung des Ökumenischen Rates der Kirchen verabschiedete 1982 in Lima Konvergenzerklärungen über Taufe, Eucharistie und Amt. An dieser Ausarbeitung beteiligten sich alle im Ökumenischen Rat der Kirchen zusammengefaßten Kirchen, einschließlich der orthodoxen Kirchen; auch römisch-katholische Vertreter waren beteiligt. Die Limaerklärungen fassen die gesamte ökumenische Diskussion seit Lausanne 1927 zusammen und konstatieren ein erstaunliches Maß an Gemeinsamkeiten. Die Kirchen wurden gebeten, zu den Erklärungen „auf höchster Ebene der Autorität" Stellung zu nehmen. Diese Aufforderung zur Stellungnahme und zur Rezeption löste bis in die Ortsgemeinden hinein eine intensive Beschäftigung mit theologischen Fragen der Ökumene aus.

Ein anderer theologie- und kirchenpolitischer Versuch ist mißlungen: Aus Anlaß der 450-Jahrfeier des Augsburgischen Bekenntnisses 1980 wurde von katholischer Seite vorgeschlagen, offiziell eine katholische Anerkennung der Confessio Augustana anzustreben. Dieser Vorschlag kann sich auf die Absicht der Confessio Augustana berufen, den Konsens in der

Lehre mit der bisherigen Kirche festzuhalten. *Melanchthon* schrieb nach dem 21. Artikel, von den Artikeln des Glaubens werde „in unseren Kirchen nichts gegen die Heilige Schrift oder die allgemeine christliche Kirche (ecclesia catholica) gelehrt"; lediglich einige Mißbräuche seien in der Reformation geändert und abgeschafft worden. Uneinigkeit und Zank gebe es also nur wegen dieser Mißbräuche. Damit hat Melanchthon damals den Gegensatz in der Lehre verschleiert, wie sich ganz deutlich am Artikel über das Abendmahl (Artikel 10) veranschaulichen läßt. Viele Aussagen des Augsburgischen Bekenntnisses kann man deshalb auch katholisch auslegen. Gegen den Vorschlag einer katholischen Anerkennung des Augsburgischen Bekenntnisses spricht jedoch ein Doppeltes. Einmal besteht die Gefahr einer katholisch-evangelischen Einigung unter Ausklammern von und auf Kosten Luthers. Das Bekenntnis schweigt auffallend z.B. zum Papsttum. Luthers Schmalkaldische Artikel sind sicher nicht in derselben Weise konsensfähig. Zum anderen wird mit dem Rückgang auf das Jahr 1530 die Zeit seitdem übersprungen. Auf katholischer Seite fand das Konzil von Trient (1545-1563), das Erste Vatikanische Konzil mit der Definition des Unfehlbarkeitsdogmas (1870/71) und das Zweite Vatikanische Konzil statt.

Auf evangelischer Seite müßte die theologische Entwicklung vor allem der Neuzeit, also die gesamte neuprotestantische Fragestellung, ausgeklammert werden. So interessant der Versuch also ist, auf die Anfänge der konfessionellen Spaltung zurückzugehen, so eröffnet er doch keine weiterführende Perspektive für eine ökumenische Zukunft.

Ebenfalls an der Aufarbeitung der Ursachen der konfessionellen Spaltung orientiert ist das Projekt, die Lehrverurteilungen des 16. Jahrhunderts gegenseitig aufzuheben. Eine Gemeinsame Ökumenische Kommission (GÖK) hat 1985 für die drei Themen „Rechtfertigung, Sakramente und Amt" festgestellt, daß die meisten Verwerfungen der katholischen Lehre in den evangelischen Bekenntnisschriften und die Anathemata über die evangelische Lehre in den Dogmen von Trient „den heutigen Partner nicht mehr treffen". Dabei geht es allerdings lediglich um eine Aufhebung der Verwerfungen, nicht um die Feststellung einer bereits bestehenden gemeinsamen Lehre und eines gemeinsamen Glaubens-, Sakraments-, und Kirchenverständnisses. Auch dieses Ergebnis ist umstritten. Die

Erwartung der Verfasser an die katholischen und evangelischen Kirchenleitungen, diesem Ergebnis offiziell zuzustimmen, zielt darauf, durch die Aufhebung der Verurteilungen, des Damnamus und durch die Beseitigung von Hindernissen aus der Kirchen- und Theologiegeschichte Wege zur Kirchengemeinschaft zu öffnen. Auch hier steht die Rezeption, die Annahme, noch aus.

Das Thema *Rezeption* hat dabei zwei Dimensionen, eine verfahrensrechtliche und eine inhaltliche. In verfahrensrechtlicher Hinsicht geht es um Fragen der Zuständigkeit: Wer entscheidet über die Rezeption? In hierarchisch verfaßten Kirchen mit einem institutionellen Lehramt sind die Zuständigkeiten und Kompetenzen – relativ – geordnet. Anders steht es im Protestantismus, allein schon aufgrund des Allgemeinen Priestertums aller Gläubigen. Rechtlich ist die Rezeption ökumenischer Konsenstexte und Dialogergebnisse deswegen ein komplizierter Vorgang; es genügt auf evangelischer Seite nicht, wenn ein Lehramt, der Papst Zustimmung und Annahme ausspricht; auch Beschlüsse von Kirchenleitungen und Synoden reichen noch nicht aus. Rezeption ist dann gar kein rechtlicher Einzelakt, nicht mit der Beschlußfassung von Gremien und der Feststellung eines „magnus consensus" vollzogen. Die Umsetzung und Annahme ist folglich bereits im Verfahren langwierig und kompliziert. Nicht nur Theologen sind zu beteiligen. Rezeption nötigt inhaltlich überdies zur Selbstbesinnung auf die eigene Tradition. Sie ist auf die Zustimmung, die Einmütigkeit der evangelischen Christen angewiesen, den „consensus fidelium". Mehrheitsbeschlüsse sind bei Rezeptionen fragwürdig. Und schließlich muß die Rezeption bei Konsens- oder Konvergenzerklärungen wechselseitig sein: Alle beteiligten Kirchen müssen gleichermaßen zustimmen. Rezeption ist zugleich ein geistlicher Vorgang. Mit der Erklärung formeller Geltung ökumenischer Dokumente durch Beschlüsse kirchlicher Organe ist es nicht getan. Es geht um *sachliche* Übereinstimmung. Immer wieder führen Rezeptionsvorgänge darum zu innerkonfessionellen Auseinandersetzungen. Im Blick auf Dialogergebnisse stellt sich dann die Frage, ob die Aussagen evangelisch, protestantisch oder eben nicht evangelisch, nicht protestantisch sind. Schwierigkeiten der Rezeption von Dialogergebnissen, die inzwischen immer deutlicher im praktischen Prozeß der Rezeption zu Tage treten, machen Besinnung auf Grundfragen des Glaubens- und Kirchenverständnisses unumgänglich. Die vieldiskutierte Frage, ob zwischen evangelischer Kirche und Theologie und einer anderen Konfessionskirche (etwa der römisch-katholischen oder den orthodoxen Kirchen) ein Grundkonsens, bei fortbestehenden einzelnen Differenzen, oder nach wie vor ein Grunddissens besteht, ist nur am konkreten Thema zu klären und in einem mühsamen Prozeß der Rezeption voranzutreiben. Nach evangelischer Überzeugung reicht es für die ökumenische Gemeinschaft aus, in der Verkündigung des Evangeliums übereinzustimmen („consentire de doctrina evangelii"). Organisatorische und rechtliche Einheit ist nicht unerläßlich. Die Aufgabe der Rezeption ökumenischer Konsenstexte führt damit vor die Frage nach den Vorstellungen und Konzepten von kirchlicher Gemeinschaft und Einheit.

9.4. Einheitskonzepte und ökumenische Zielvorstellungen (aus Sicht des Protestantismus)

Die ökumenische Bewegung hat unterschiedliche Zielvorstellungen entwickelt. Dabei treten auch konfessionelle Unterschiede hervor. Die römisch-katholische Kirche vertrat lange Zeit nur das Konzept einer „Rückkehr-Ökumene", wonach die von Rom getrennten Christen und Kirchen die Lehre der katholischen Kirche übernehmen und die Autorität des Papstes anerkennen müssen. Einige Besonderheiten im Ritus und in der Frömmigkeit könnten dagegen zugestanden werden. Die Hoffnung auf kirchliche Einheit, welche die Ökumenische Bewegung zunächst begeisterte, ist freilich unsicherer geworden und wird differenzierter gesehen.

In Lausanne 1927 und in der ersten Epoche der ökumenischen Bewegung findet sich in Texten noch häufig der Begriff „Wiedervereinigung der Kirchen". Dabei dachte man zunächst, in Anlehnung an das anglikanische Konzept, an eine „organische Union". Das anglikanische Selbst- und Ökumeneverständnis ist gekennzeichnet durch das sogenannte Lambeth-Quadrilateral von 1888: Eine organische Union soll auf der Anerkennung von vier Grundsätzen beruhen: Die Heilige Schrift als Regel und Richtschnur des Glaubens; die beiden Glaubensbekenntnisse Apostolicum und Nicänum als hinreichende Darlegung des christlichen Glaubens; die beiden von Christus selbst eingesetzten Sakramente Taufe und Abendmahl; das historische Bischofsamt. Die ökumenische Bewegung wurde zunächst von den vom Quadrilateral beeinflußten Anglikanern angestoßen, die meinten, mit Hilfe ihres Konzeptes einer „organischen Union" könnten die getrennten Kirchen sich wiedervereinigen. Die meisten reformatorischen Kirchen und die Freikirchen vertraten hingegen die Vorstellung von einer „Föderation", einem Bund selbständiger Kirchen. Die Orthodoxen wiederum forderten die Rückkehr aller anderen Konfessionen zur altkirchlichen und orthodoxen Rechtgläubigkeit auf der Grundlage der ersten sieben ökumenischen Konzile. Auch Rom beharrte auf einer „Rückkehrökumene", nur eben nicht auf der orthodoxen Grundlage, sondern nach römischem Verständnis. Überlegungen der Folgezeit betonten die Wirkung praktischer Zusammenarbeit (cooperative action), die Abendmahlsgemeinschaft, Interkommunion, und die körperschaftliche Vereinigung (corporate unity) zweier oder mehrerer Kirchen: „Körperschaftliche Vereinigung" wurde der neue Name für „organische Union".

Seit der Toronto-Erklärung 1950 ist freilich klargestellt, daß der Ökumenische Rat der Kirchen keine Super- oder Weltkirche ist, sondern als Gemeinschaft selbständiger Kirchen theologisch-ekklesiologisch neutral ist. New Delhi (1961) brachte eine kurze Einheitsformel ins Spiel: „Alle an jedem Ort". Uppsala 1968 wählte dafür die Formel „konziliare Gemeinschaft". Eine andere Zielvorstellung formulierte der Lutherische Weltbund 1977 in Dar-es-Salam mit der Konzeption „versöhnte Verschiedenheit": Die konfessionellen Kirchen und Gemeinschaften sollen nicht in einer Einheitskirche aufgehen, sondern bestehen bleiben. Sofern ein Grundkonsens im Glauben besteht und anerkannt wird, sollen diese Verschiedenheiten jedoch ihren kirchentrennenden Charakter verlieren. Welche Struktur eine „verpflichtete ökumenische Gemeinschaft" haben soll, läßt diese Zielvorstellung bewußt offen. Eine Nähe zum Gedanken der „konziliaren Gemeinschaft" ist offenkundig. Ungeklärt bleibt bei der Zielvorstellung „versöhnte Gemeinschaft", welche Bedeutung Grunddifferenzen im Glaubens- und Kirchenverständnis noch haben. Auch katholische Autoren halten den Gedanken der „versöhnten Verschiedenheit" und der „konziliaren Gemeinschaft" mit dem römisch-katholischen Konzept des Ökumenismus für vereinbar, sofern das Papsttum anerkannt wird. Die katholische Formulierung, die dogmatisch festlegt, lautet Gemeinschaft „mit und unter dem Papst"; evangelische Sicht kann allenfalls eine Gemeinschaft „mit" dem Papst sich vorstellen, aber nicht „unter" dem Papst. Die Vollversammlung des ÖRK in Canberra hat die Zielvorstellung auf den Begriff „Koinonia: Gabe und Aufgabe" gebracht. Koinonia ist das griechische Wort für das lateinische Wort communio und für das deutsche Wort Gemeinschaft: Offen bleibt auch hier, welche Grundelemente für die Gewährung von Koinonia denn unverzichtbar, essentiell sind: Genügt schon die Übereinstimmung im Glauben? Wie steht es um die wechselseitige Anerkennung der Sakramente Taufe und Abendmahl? Bedarf es der gegenseitigen Anerkennung der Ämter und einer Koinonia auch im kirchlichen Recht?

Die verschiedenen Modelle und Zielvorstellungen lassen sich zuspitzen auf eine Alternative: „Konsens-Ökumene" oder „Ökumene in Gegensätzen". Die Einheitsvisionen haben heute an Reiz verloren. Ein Ende der Konsens-Ökumene ist nicht auszuschließen. Auf absehbare Zeit steht die Rezeption eines gemeinsamen Lehrkonsenses durch Katholiken, Orthodoxe und Protestanten nicht am Horizont. Die Rezeption der in den interkonfessionellen Dialogen formulierten einzelnen Lehrkonsense erweist sich als viel schwieriger als zunächst vorhergesehen und erwartet wurde. Eine Reduktion ökumenischer Zielvorstellungen ist zu diskutieren. Kann die Zielvorstellung einer sichtbaren Einheit der Kirche als einer „völlig verpflichtenden Gemeinschaft" weiterhin das einzige Einheitskonzept sein? Oder müßte man nicht das Ziel einer organisatorischen und vollständigen Einigung der konfessionell verschiedenen Kirchen überdenken? Kann nicht trotz nach wie vor vorhandener Differenzen und Gegensätze praktische Zusammenarbeit und Gemeinschaft in Gottesdienst, Frömmigkeit und Spiritualität gleichwohl praktiziert werden? Das *Lund-Prinzip* forderte 1952: „Christen und Kirchen sollen alle Dinge gemeinsam tun, die sie nicht aus Lehr-, Gewissens- oder Zweckmäßigkeitsgründen getrennt tun müssen."

Wie steht protestantisches Glaubens- und Kirchenverständnis insgesamt zur Ökumene? Nicht in Frage zu stellen ist die ökumenische Verpflichtung und Verantwortung des Protestantismus. Auch Protestanten bekennen sich zu der einen katholischen, heiligen, apostolischen Kirche des apostolischen Glaubensbekenntnisses. Eine anti-ökumenische Einstellung ist nicht protestantisch. Von ihr zu unterscheiden ist hingegen die Frage, welche Gestalt und Struktur die Einheit und Gemeinschaft der Kirchen zukünftig finden soll und muß. Bei der Beantwortung dieser Frage unterscheidet sich evangelisches Kirchenverständnis nach wie vor vom katholischen und orthodoxen Verständnis. Für Protestanten ist die sichtbare Einheit der Kirche nicht höchstes Ziel. Gemeinschaft im Glauben und Leben genügen; die organisatorische Einheit in Form einer „Weltkirche" ist nicht notwendig. So bekennt es Artikel 7 des Augsburgischen Bekenntnisses mit dem „satis est"; es genüge für die wahre Einigkeit der Kirche das Einverständnis in der rechten Predigt des Evangeliums und im schriftgemäßen Gebrauch der Sakramente. Die Einheitsvorstellungen „versöhnte Verschiedenheit" und „Ökumene in Gegensätzen" sind evangelischem Glauben und Kirchenverständnis gemäße Konzepte. Für sie sollte der Protestantismus in der ökumenischen Bewegung werben. Daneben sind eine pragmatische und praktische weltweite Zusammenarbeit der Kirchen und Dialoge zur Verständigung erforderlich und zu fördern. Protestantische Überzeugung sollte jedoch die eigene Stimme in der Ökumene wieder stärker zu Gehör bringen.

§ 10 ENDE ODER ZUKUNFT DES PROTESTANTISMUS?

Kritiker erwarten den Untergang des Protestantismus. Er sei historisch am Ende. Das Feuer des Protestantismus – erloschen, so lautet eine eingangs zitierte Schlagzeile. Die künftige Wiedervereinigung der Kirchen macht nach dieser Sicht die Reformation zum bloßen historischen Zwischenspiel. Sie habe ihre geschichtliche Zeit gehabt. Die Aufgabe des Protestantismus kann in der ökumenischen Bewegung die Befreiungstheologie übernehmen. Eine geschichtliche Mission im Blick auf die Zukunft der Christenheit hat danach der Protestantismus nicht mehr. Vieles im Protestantismus und in evangelischen Kirchen scheint erstarrt und nur noch Routine zu sein. Der Protestantismus sei reform- und innovationsunfähig. Neben der Ökumene scheint die Aufklärung mit ihrem kritischen Bewußtsein und der Säkularität der Gesellschaft den Protestantismus beerbt und überflüssig gemacht zu haben. Was folgt aus solcher Diagnose, wonach ökumenische Prozesse und eine aufgeklärte Gesellschaft das Ende des Protestantismus herbeiführen werden? Derartige Diagnosen und Analysen sind sicherlich sorgfältig zur Kenntnis zu nehmen und nicht zu verdrängen. Aber Diagnose ist nicht bereits Therapie. Die Stimmen der Prognostiker und Propheten vom Ende des Protestantismus sind zu hören; aber sie bestimmen nicht vorher, was zu tun ist, sondern sie fordern zur kritischen Selbstbesinnung, zum Neu-bedenken, zur Meta-noia heraus. Umbesinnung ist auf Zukunft ausgerichtet. Welche Möglichkeiten des Umgangs mit Zukunft gibt es überhaupt?

Es gibt drei Weisen der Ausrichtung auf Zukunft, die jenseits aller menschlicher Handlungs- und Gestaltungsmöglichkeiten liegen: *Vision, Prophetie, Eschatologie.* Der in diesen drei Gestaltungen enthaltene Zukunftsbezug entzieht sich unserer Vernunft und auch unserer Phantasie. „Die wahre Zukunft des

Menschen ist uns unbekannt" *(Georg Picht)*. *Visionen* schauen künftige Möglichkeiten in Bildern. Sie ereignen sich als Widerfahrnisse. *Prophetie* sagt der Gegenwart Heil oder Unheil, Gericht oder Gnade an, die auf Künftiges bezogen ist. Propheten argumentieren nicht rational, sondern verkünden mit letzter Autorität. Propheten können sich auch irren. Den falschen Propheten vom richtigen unterscheiden zu können, war schon im Alten Testament ein schwieriges Problem. *Eschatologie*, die Lehre von den letzten Dingen, schließlich verkündet eine alle Zeit überschreitende Hoffnung des Glaubens. Eschatologisch sind Glaubensaussagen, die sich auf die *absolute* Zukunft Gottes beziehen. Die Zukunft des Protestantismus ist weder Thema von Visionen noch von Prophetie noch gar von eschatologischer Hoffnung. Apokalyptische Vorstellungen vom Untergang des Protestantismus sind problematisch.

Georg Picht hat neben diesen schlechterdings außerhalb menschlichen Zukunftswissens liegenden Möglichkeiten von Zukunftsorientierung drei rationale Formen der Zukunftsorientierung benannt, nämlich *Prognose, Utopie, Planung*. Diese drei Formen gehören wiederum zusammen; sie sind denkende Antizipation von Zukunft. Wie sind diese drei Formen der Zukunftsbetrachtung auf den Protestantismus anzuwenden? Prognosen verwerten verfügbare Informationen, um künftige Entwicklungen vorherzusehen. Prognosen schreiben Trends fort, rechnen Möglichkeiten hoch. Prognose ist Diagnose der Zukunft. Sie kann in unterschiedlichen Annahmen verschiedene Möglichkeiten beschreiben. Prognosen gelten freilich nur unter gegebenen Voraussetzungen. Voraussetzungen können sich ändern oder lassen sich auch ändern. Prognosen betreffen im kirchlichen Bereich beispielsweise die künftige Zahl der Kirchenmitglieder, die Entwicklung der Kirchenaustrittszahlen, die Finanzentwicklung, die Zahl hauptamtlicher Mitarbeiter u.a. Solche Prognosen sind erforderlich, will man die Auswirkung gegenwärtiger Entscheidungen auf künftige Entwicklungen verantwortlich bedenken. Prognosen selbst sind freilich keine Zielvorstellungen. Solche Zielvorstellungen kann man Utopien nennen. Dabei geht es nicht um unrealistische Zielsetzungen, auch nicht um umfassende Visionen, um „Realutopien". Es besteht die Gefahr, daß man Utopien mit dem Bau von Luftschlössern verwechselt, bei dem bekanntlich weder die Kosten noch die Realisierbarkeit eine Rolle spielen. Konkrete, realistische Zukunftsvorstellungen sind nicht utopisch in diesem totalen Sinn, sondern sie sind utopisch nur in dem Sinne, daß sie noch nicht da sind. Eine Utopie ist auch kein Ideal. Ideale gelten zeitlos; Zielvorstellungen sind geschichtlich begründet und können sich deshalb ändern. Zwischen Prognose und Utopie, zwischen Diagnose der Gegenwart und Zielvorstellung soll Planung vermitteln. Planung geht pragmatisch vor. Sie prüft, wie und von wem Zielvorstellungen, die sich auf Prognosen gründen, verwirklicht und erreicht werden können. Zum Planen gehört deshalb das Vermögen, Planungen umzusetzen. Ohne Zuständigkeit, ohne Kompetenz und ohne Macht ist Planung erfolglos, unter Umständen noch nicht einmal das Papier wert, auf das sie geschrieben wird. Wer über die Zukunft des Protestantismus unter der Voraussetzung spricht, daß sie zu gestalten ist, muß die Realisierung mitbedenken. Daher ist es notwendig, pragmatisch Aspekte in die abschließenden Überlegungen einzubeziehen.

Auszugehen ist nochmals von der Ambivalenz, welche sich im Erscheinungsbild des Protestantismus zeigt. Man kann diese Ambivalenz unter die Spannung von Risiko und Chance, von Gefährdung und Herausforderung stellen.

10.1. *Gefährdungen des Protestantismus*

Der Blick auf historische Wandlungen des Protestantismus hat spezifische Versuchungen und Gefährdungen des Protestantismus aufgewiesen. Von der Reformation über altprotestantische Orthodoxie, den Pietismus, die Aufklärung bis hin zur Gegenwart hat der Protestantismus unterschiedliche Gestalten und Erscheinungsformen sich anzueignen vermocht. Die Entwicklung führt zur Vielgestaltigkeit, zur Pluriformität protestantischer Lebensformen. Sicheinlassen auf Kontextualität und geschichtliche Anpassungsfähigkeit sind Merkmale protestantischer Weltoffenheit. Solche Offenheit führte immer wieder auch zu fragwürdigen Anpassungen. Ein negatives historisches Beispiel der Zeitgeistverfallenheit war der Nationalprotestantismus. Keine Innovationsbereitschaft ist geschützt gegen eine Indienstnahme durch herrschende Ideologien. Da das Gegengewicht einer außerhalb des jeweiligen Staates und Landes liegenden kirchlichen Zentrale im Protestantismus fehlt – im Unterschied zum römischen Katholizismus mit Rom und dem Papst und der Kurie –, droht neben der Ideologieanfälligkeit auch eine Zersplitterung der Kräfte. Im Blick auf die Lehre des Protestantismus ist zu fragen, ob wegen des Fehlens eines institutionellen kirchlichen Lehramtes nicht Lehrchaos protestantisches Schicksal wird. Auch kann in der Tat die Betonung der persönlichen und individuellen Gestaltung der Lebensführung einen Prozeß der Subjektivierung und Individualisierung befördern, in dem die gemeinschaftsbildende Kraft schwindet und Beliebigkeit in Glaubensvorstellung und Lebensführung Platz gewinnt. Dieser Prozeß wird noch verstärkt, wenn Säkularisierung, Verweltlichung die protestantische Lebensanschauung und Ethik beerbt. Protestantischer Glaube löst sich dann in eine bloße Moral oder in einen aufgeklärten Lebensstil auf. Es ist nicht zu bestreiten, daß Situationsbezogenheit und Situationsabhängigkeit, Individualisierung und Säkularisierung Substanz und Gestalt des Protestantismus bedrohen. Die Alternative einer dogmatischen Engführung, der Rückzug auf den innerkirchlichen Bereich und die Selbstabschließung fordern freilich einen sehr hohen Preis. Das hat die Debatte um die Volkskirche und ihren Ersatz durch eine Bekenntniskirche oder Freiwilligkeitskirche gezeigt. Der innerevangelische und gesellschaftliche Pluralismus ist die Lebenswelt des Protestantismus. Eine organisatorische Schwäche des Protestantismus, vor allem auf den Ebenen oberhalb der Landeskirchen und in internationalen und ökumenischen Beziehungen, ist ebenfalls zu beobachten. Es gibt somit spezielle Risiken, denen der Protestantismus aufgrund seines Profils ausgesetzt ist. Institutionelle und geistige Schwächen können soziologische Auswirkungen haben, so wenn der Protestantismus mit einer nationalen Minderheit identisch wird: Polen ist ein Beispiel: Polen war grundsätzlich katholisch; die Lutheraner waren in Polen zumeist nach Deutschland ausgerichtet. Das polnische Luthertum steht bis heute im Verdacht, nicht wirklich polnisch zu sein. Auch die Gleichsetzung von Preußentum und Protestantismus in Deutschland ist historisch und soziologisch zu überprüfen. Ähnlich kritisch zu bedenken ist die Tendenz, protestantische Lebensführung mit einem „bürgerlichen" Christentum ineins zu sehen. Kurzum: Risiken, innere Gefährdungen und äußere Bedrohungen des Protestantismus bestehen. Die Möglichkeit von Verlusten und Schwächungen ist nicht auszuschließen. Risiken, das Eingehen von Wagnissen, eröffnen freilich auch Chancen, Gelegenheiten. Ohne Wagnis, ohne Bereitschaft zum Risiko gibt es keine Chance.

10.2. Herausforderungen und Aufgaben des Protestantismus

Der moderne Individualisierungsprozeß der Gesellschaft fordert den Protestantismus heraus, sein eigenes „evangelisches" Freiheitsverständnis nochmals zu überdenken. Der Vorgang der Individualisierung birgt jedoch nicht nur Risiken der Vereinsamung, der Auflösung von Gemeinschaftsbezügen, des Verlustes an Kommunikation und Mitmenschlichkeit in sich. Er eröffnet auch neue Chancen und Freiräume für Selbstbestimmung und Entfaltung. Die reformatorische Entdeckung des vom Evangelium befreiten Gewissens ermöglicht Mündigkeit und Selbstverantwortung des Christen. Mag man für das ausgehende 20. Jahrhundert von einem „Wertewandel" sprechen, beispielsweise von Pflichtwerten hin zu Selbstverwirklichungswerten, von materiellen hin zu postmateriellen Werten, so ist die Wertewandeldebatte sozialwissenschaftlich und gesamtgesellschaftlich zu diskutieren. Sie ist hier nur als Bezugspunkt zu erwähnen. Zu erwägen ist aber, daß ein Wertewandel der Deutung bedarf und mitnichten als solcher in sich eindeutig negativ oder eindeutig positiv ist. In einer freiheitlichen und pluralistischen Gesellschaft hängt es vielmehr davon ab, wie man mit dem Wandel gesellschaftlicher Vorstellungen und Verhaltensweisen produktiv umgeht. Rückbesinnung und schöpferische Wiederbelebung religiöser und kultureller Traditionen und Einsichten kann gelingen. Sie setzt freilich Engagement, Bereitschaft, sich einzusetzen, und Reflexion voraus. Dies gilt unter den Bedingungen der Gegenwart in besonderer Weise für die Selbstverständigung des Protestantismus. Außer der Erinnerung an das reformatorische Freiheitsverständnis ist dabei auch das evangelische Verständnis von *Wahrheit* wichtig. Wahrheit kann nur in Freiheit ergriffen und festgehalten werden. Zustimmung zu einer einmal als überzeugend erkannten Wahrheit fordert die eigene Entscheidung. Deshalb kann keine staatliche Macht beanspruchen, eine Wahrheitsordnung aufzurichten und durchzusetzen. Aufgabe des Staates ist der Schutz von Frieden und Freiheit, aber nicht die Überwachung und Garantie der Wahrheit. Evangelischer Freiheitsgedanke ist vom Ansatz her deswegen antitotalitär. Er legt Grund für die Achtung der Würde des Einzelnen, für die Anerkennung von Personalität und Individualität, für den Schutz der Grundfreiheiten. Es ist deshalb fragwürdig, wenn manche evangelische Theologen und Kirchen heute kollektivistische Überzeugungen und Haltungen bevorzugen, beispielsweise mit der These, die individuellen Menschenrechte müßten hinter den sozialen Rechten zurückstehen. Ohne Freiheit ist Wahrheit und Wahrhaftigkeit nicht lebensfähig. Die Wahrheit macht frei – so bezeugt es das Johannesevangelium. Gesellschaft und Politik verfügen nicht über den Besitz der freimachenden Wahrheit. Freimachende Wahrheit ist unverfügbar; sie ereignet sich in Geistes-Gegenwart. Auf diesen Gesichtspunkt wurde bei der Unterscheidung zwischen Glaube und Politik im Rahmen der Zweireichelehre hingewiesen. In einer Gesellschaft, die der Unwahrheit, der Manipulation und der Verschleierung viele neue Möglichkeiten bietet (z.B. durch die Massenmedien), ist protestantisches Bestehen auf Wahrheit und auf intellektuelle Redlichkeit Zeichen einer Lebenseinstellung, zu der das Vertrauen auf die evangelische Wahrheit ermächtigt. Damit verbindet sich die protestantische Grundforderung nach intellektueller Redlichkeit in Kirche und Theologie, das Eintreten für Glaubens-, Gewissens- und Meinungsfreiheit und Toleranz.

Zur Verbindung von Freiheit und Wahrheit in protestantischer Lebensanschauung und zur Notwendigkeit einer Unterscheidung von politischem Handeln und Glauben kommt die *Bejahung* der Welt und ein reformatorisches *Berufs*ethos hinzu. Die Lebensform des Protestantismus bejaht die Profanität der Welt und setzt Selbstverantwortung, Autonomie im ethischen Handeln frei. Weltfrömmigkeit und nüchterne Sachlichkeit kennzeichnen eine protestantische Lebensführung, die sich allerdings nicht auf ein bloßes rationales Kalkül, also auf bloße Vernünftigkeit reduziert. Gerade evangelischer Glaube weiß und vertraut, daß Lebensziel und Lebenssinn nicht der Einsicht der Vernunft sich verdanken, sondern der Gnade Gottes. Zur nüchternen Wahrnehmung von Realität gehört schließlich auch die Erfahrung des Bösen. Ein protestantisches Menschenbild ist realistisch, weil es Grenzen menschlicher Handlungs- und Gestaltungsmöglichkeiten in Folge von Tod und Leiden erkennt und die Kontingenz, das Unvorhergesehene, das Geschick nicht leugnet. Vertrauen auf Gottes Gnade, Hoffnung auf das ewige Leben und Einsatz für eine menschlichere Gestaltung des irdischen Lebens bedingen sich dabei gegenseitig. Protestantische Selbsteinschätzung und Selbstdeutung bringen die Selbsterkenntnis, daß der Mensch Sünder, das meint nicht nur ein unvollkommenes Wesen, sondern ein gottfernes Wesen ist, das Versuchungen und Anfechtungen ausgesetzt bleibt. Man mag solche Anthropologie auch biblischen oder christlichen Realismus nennen. Eine Anthropologie, welche optimistisch auf die Selbstvervollkommnung des Menschen baute und vertraute und die Macht des Bösen für prinzipiell überwindbar hielte, vergißt ihre reformatorischen Wurzeln. Für die Lebensführung ist die evangelische Botschaft von der Rechtfertigung des Sünders, des Gottlosen ebenfalls leitend. Die Rechtfertigung erfährt der Einzelne; sie wird im Gewissen erfahren. Deshalb hat die Orientierung am rechtfertigenden Handeln Gottes Auswirkungen auf ein evangelisches Verständnis von Mensch und Welt, auf protestantische Wirklichkeitsdeutung.

Die neuzeitliche Weltanschauung, welche die inneren Gefährdungen des Menschen und seiner Kultur weithin verleugnet und verdrängt, enthält insofern eine zentrale Herausforderung für evangelische Deutung von Wirklichkeit aus der Sicht des Glaubens. Bei aller intellektueller Redlichkeit und kritischer Reflexion, protestantisches Denken auch im Blick auf Gottesvorstellungen zur Geltung zu bringen, widerspricht eine grundsätzlich a-theistische, gott-lose Lebenseinstellung dem Protestantismus. Das Ringen um den Gottesgedanken und die Respektierung des Geheimnisses Gottes, der den Menschen im Geheimnis der Wirklichkeit und des eigenen Lebens begegnet, ist eine besondere geistige Verpflichtung protestantischen Denkens. Nicht eine Verchristlichung oder gar Verkirchlichung der Gesellschaft ist dabei Ziel, sondern die Suche nach „Zeichen der Transzendenz" in der modernen Welt. Das biblische Zeugnis leitet zu dieser Suche an; im dritten Glaubensartikel des apostolischen Glaubensbekenntnisses wird dem Wirken des Geistes Gottes vertraut, das zu einem gläubigen Realismus ermächtigt. „Gläubiger Realismus" ist eine

Chance protestantischer Weltdeutung gerade in der gegenwärtigen Lage. Nach dem Zusammenbruch der Ideologien im östlichen (und westlichen) Europa, angesichts noch wachsender Ungewißheiten und steigender Zukunftsangst, ist protestantische Lebensdeutung herausgefordert. Warum fällt dieser Beitrag nur so kärglich aus und warum wird er so wenig beachtet? Auf diese Frage gibt es unterschiedliche Antworten. Ein Aspekt sei wenigstens berührt.

10.3. Kirchliche Strukturreformen

Ernst Troeltsch sprach davon, daß die Kirchen als bergende Gehäuse des Glaubens oft wie Schalen sind, die den Kern verholzen. Zwischen Protestantismus als geistiger Kraft, als „Lebensform", und den Institutionen der Kirche besteht eine Spannung. *Eberhard Stammler* prägte in einem Buchtitel schon Ende der 50er Jahre die Formel von den „Protestanten ohne Kirche" (Stuttgart, 2. Aufl. 1960). Man kann die Formel auch umkehren „Kirche ohne Protestanten", und dies besagt dann, daß nur noch ein institutioneller Rahmen, ein Skelett besteht, aber die Menschen weithin fehlen. Die institutionelle Verfaßtheit und Struktur der evangelischen Kirchen ist in Deutschland in einer Krise. Steigende Kirchenaustrittszahlen, sinkendes Kirchensteueraufkommen, ein Bedeutungsverlust der Kirche im öffentlichen Leben, Kritik an der Kirche belegen dies. Verbreitet ist ein Unbehagen an kirchlichen Aktivitäten und öffentlichen Äußerungen. Das Erscheinungsbild evangelischer Landeskirchen und kirchlicher Organisation ist nicht durchgängig überzeugend. Das kann man beispielhaft veranschaulichen:
Die evangelische Kirche in Deutschland verfügte zu keiner Zeit über so viel Geld wie *vor* der deutschen Vereinigung 1989. Das ist eine Konsequenz des staatlichen Kirchensteuereinzugs. Der Reichtum und Wohlstand der deutschen Kirche eröffnet zwar viele Möglichkeiten, enthält aber eine große Versuchung. Eine materiell reiche Kirche kann versuchen, den Mangel an Ideen durch den Ausbau von Strukturen und die Ausweitung von Aktivitäten zu kompensieren. Seit Ende der 60er Jahre gibt es in Gesellschaft und Politik der Bundesrepublik eine Demokratisierungsbewegung, die auch die evangeli-

schen Kirchen erfaßt hat. Man forderte im Westen Deutschlands, in der EKD, auf allen Ebenen der Kirche mitbestimmen und mitentscheiden zu können; das Anliegen ist durchaus berechtigt und verständlich. Ein Anlaß war dabei auch die starke Stellung der Kirchengemeinden und der landeskirchlichen Organisation gegenüber den Vereins- und Verbandsaktivitäten des einstmals „freien Protestantismus". Jugend-, Frauen- und Männerarbeit waren in die Kirche „eingegliedert" worden. Kirchliche Verwaltung und administrative Einrichtungen wurden dadurch quantitativ erheblich vergrößert. Der Bedarf an Partizipation und Kontrolle stieg dadurch gleichfalls an. Der Anspruch auf „Demokratisierung" hatte jedoch zugleich eine Ausweitung von Bürokratie und Administration zur Folge. Neue Aufgaben der Koordination und der Vorbereitung von Sitzungen und Gremienarbeit vergrößerten den Stellenplan. Der Aufgabenkatalog kirchlicher Zentralverwaltungen wuchs. An Leitungs- und Fachberatungskompetenz wurden höhere Anforderungen gestellt. Hinzu kamen kompensatorische Forderungen nach Berücksichtigung von Minderheiten. Der Aufbau einer modernen Funktionskirche setzt also sprudelnde Geldquellen voraus. Die Frage der Finanzierbarkeit von Kirchenreformen auf Dauer wurde dabei nicht bedacht und nicht diskutiert. Auch ist die in gesellschaftlichen Anpassungsprozessen aufgebaute und ausgebaute Funktionskirche nicht im Horizont des Kirchenbilds der durchschnittlichen „normalen" Kirchenmitglieder. Die innerkirchliche Strukturentwicklung folgte der allgemeinen Entwicklung in Gesellschaft, Politik und Staat. Sie ist Abbild einer Dienstleistungsgesellschaft, einer nach-industriellen Gesellschaft, in der Soziales, Gesellschaftliches und Kulturelles professionell und administrativ verwaltet werden. Das Zusammenspiel von Demokratisierung und Bürokratisierung hat das ekklesiologische Selbstverständnis in evangelischen Kirchen geprägt und teilweise sogar verändert. Die Veränderung zeigt sich beispielsweise an der Betonung der sozialen Komponente kirchlichen Handelns oder in einem an innerkirchlichen Gruppen ausgerichteten Proporzdenken und -verfahren in kirchlichen Gremien und Ämtern. Es bildete sich unter der Hand eine Dienstleistungskirche, in der mit Hilfe einer Verteilung von Geld, Ämtern und Jobs der innerkirchliche Ausgleich hergestellt und der innerkirchliche Friede gewahrt und gesichert wird. Wenn jetzt im Staat nunmehr der Sozialstaat an Grenzen der Finanzierbarkeit stößt und die Verteilungskämpfe in der Gesellschaft sich verschärfen, so wirkt dies auch auf die Kirche zurück. Sparkommissionen fahnden nach Einsparungsmöglichkeiten. Dabei werden in der Regel nicht kirchliche Aufgabenkataloge thematisch überprüft, Zielvorstellungen kirchlichen Handelns erörtert und Evaluierungen von Leistungen vorgenommen, sondern es wird lediglich ausgehandelt. Man wagt nicht, das Sperrklinkengesetz in Frage zu stellen, wonach mehr immer geht, weniger aber nie. Und man gesteht sich nicht ein, daß die Insignien kirchlichen Wohlstandes in Gestalt von Gebäuden, Ausstattung, Stellen zwar noch vorhanden sind, aber die Grundlagen bereits unterhöhlt sind. Entbürokratisierung ist sicher in dieser Lage notwendig. Aber mit Formeln wie der Forderung nach einem Abbau von Hierarchien in der Kirchenorganisation, von „flacher" Organisation, „lean management" oder mit der Parole vom „downsizing", vom Verkleinern von Stäben und einem Verlagern von Aufgaben, werden die Probleme nur verringert oder zeitlich in die Zukunft verschoben, aber nicht gelöst. Zielvorstellungen und Ideen sind vielmehr gefragt. Manche Aktivität ist dahingehend zu überprüfen, ob sie nicht besser von freien Initiativen des Protestantismus wahrgenommen wird, als daß sie von kirchlichen Ämtern und Gremien verwaltet wird. Dies gilt beispielsweise in der Bildungs-, Jugend-, Studenten- und Frauenarbeit. Auch ist manche Professionalisierung in kirchlichen Arbeitsbereichen zu hinterfragen, und sind Chancen und Förderung ehrenamtlicher und nebenamtlicher Tätigkeit in der Kirche neu zu erörtern. Mit bloßem Besitzstandsdenken wird die evangelische Kirche in Sklerose versteinern und schließlich nur noch als Denkmal ihrer selbst weiterleben. Protestantisches Ethos fördert keinen kirchlichen Strukturkonservativismus. Es enthält ein Potential an Kirchenkritik, das nicht mit Ablehnung und Verächtlichmachen von Kirche schlechthin zu verwechseln ist. Stellenabbau und Sparmaßnahmen allein lösen freilich die Finanzkrise und das Orientierungsdefizit im Blick auf kirchliches Handeln nicht. Dazu bedarf es vielmehr der Zielvorstellungen, der Ideen, protestantischer Utopien und eines Zutrauens zur Reformfähigkeit des Kirchentums. Die Alternative zwischen Zukunft oder Ende des Protestantismus wird sich mithin daran entscheiden, wieweit der Protestantismus sich von der Eigengesetzlichkeit und den Eigeninteressen der Kirchenorganisation lösen und freihalten kann. Herausgefordert sind protestantische Leitvorstellungen und Konzeptionen für Lebensgestaltung und Lebensführung.

10.4. Die Krise des Pfarramtes

Ortsgemeinde und Pfarramt sind der Ort, an dem die Krise zeitlich zuerst offenbar wurde. Die Reformation erbte vom Mittelalter die Gliederung kirchlicher Organisation in Parochien, lokale Einzelgemeinden. Parochie hieß ursprünglich „Wohnen am fremden Ort". Die ersten Christen sahen das irdische Leben als Leben in der Fremde an (vgl. 1 Petrus 1,17). Die Kirchengemeinde bezeichnete sich selbst mit diesem Wort als eine nichtgesellschaftliche Gruppe. Mit der Christianisierung wird sodann aus der Fremde die Lokalgemeinde, das Kirchspiel. Durch den Parochialzwang, den Pfarrzwang wurde die Zuständigkeit des Ortspfarrers gesichert. Er hatte nämlich Anspruch auf die kirchlichen Gebühren und war der zuständige Seelsorger, der in Verkündigung, Unterricht, Sakramentsverwaltung und bei Kasualien zu beanspruchen war. Die katholische Kirche hat das Territorialprinzip der Parochien niemals so lückenlos vertreten wie die evangelischen Landeskirchen. Der Katholizismus kennt Exemtionen, Freistellungen, Klosterpfarreien u.ä. Der Parochialzwang war in evangelischen Gebieten zugleich ein Mittel obrigkeitlicher und innerkirchlicher Kontrolle. In einer mobilen Gesellschaft sind Territorialprinzip und parochiale Zuordnung längst lückenhaft geworden. Der innerkirchliche Pluralismus wird Anlaß zur Bildung von Personalgemeinden. Der Ortspfarrer hat zwar nach wie vor Bedeutung, aber er hat kein Seelsorge- und Zuständigkeitsmonopol mehr. Dem wird auch das innerkirchliche Verfassungsrecht noch mehr Rechnung tragen müssen, so daß die Kirchenzugehörigkeit nicht mehr ausschließlich über die Zugehörigkeit zu einer Ortsgemeinde, einer Parochie, vermittelt sein kann, sondern auch über freie Initiativen oder über gesamtkirchliche Partizipation. Problematisch ist nicht nur die parochiale Organisation und der Funktions- und Relevanzverlust der Ortsgemeinde. Dies ist auch nicht nur ein Finanzproblem – das ist es auch: Die in der DDR aufrechterhaltene Vorstellung einer flächendeckenden Versorgungskirche hat keine Zukunft. Es ist nicht realistisch, überall und an jedem Ort die Konzeption pastoraler Versorgung bezahlen zu können. Man wird Schwerpunkte bilden müssen. Dabei wird das Parochialsystem ein Grundraster bleiben. Dieses Grundraster bedarf einer Ergänzung durch personale Gruppen und funktionale Dienste.

Die Krise ist zudem vor allem auch eine Krise im Berufsbild des Pfarrers. Erscheinungsbild und Selbstbild des evangelischen Pfarrers sind undeutlich geworden. Durch die Einrichtung von Sonder- oder Funktionspfarrämtern haben sich die pastoralen Dienste aufgefächert. Der kirchliche und gesellschaftliche Pluralismus schlägt sich auch in unterschiedlichen pluralistischen Auffassungen vom Pfarrdienst nieder. Der Spielraum individueller Gestaltung hat sich ausgeweitet; der institutionelle Rahmen des kirchlichen Amtes verliert damit an Verbindlichkeit. Im Blick auf Amtsautorität, Berufskompetenz und persönliche Eignung besteht ein weites Spektrum von Selbst- und Fremddeutungen. Die Schwierigkeiten werden noch verstärkt durch Belastungen der Pfarrersehe und der Pfarrfamilien. Die Krise der Ehe geht nicht an den Pfarrhäusern vorbei, wie die Ehescheidungsziffern belegen. Das Pfarrhaus als symbolisches Integral von Person des Pfarrers, der Familie und der Gemeinde ist vom Kultur- und Gesellschaftswandel mit ergriffen. Dies alles wird einen Strukturwandel dringlich machen. Prognosen sind freilich unsicher. Zu vermuten ist, daß auch der steigende Anteil weiblicher Theologiestudierender sich auf die Pfarramtsführung auswirken wird. Nach evangelischem Verständnis kann die Ordination zum Predigtamt nicht männliches Privileg sein. Mit der Übernahme des Pfarramtes durch Frauen wird wohl auch der Stil der Amtsführung sich ändern. In erster Linie wird man von der Pfarrerin und vom Pfarrer als Repräsentanten menschlicher Begegnung seelsorgerliche und spirituelle Kompetenz, Einfühlungsvermögen und Dialogfähigkeit erwarten. Auch diakonische Kompetenz, das Vermögen zu helfen, wird wichtig, ebenso vielleicht auch die Fähigkeit der Gestaltung eines Gottesdienstes, also liturgische Kompetenz. Die Bedeutung der kerygmatischen Kompetenz, der Verkündigung, der „Predigtkunst", wird hingegen geringer zu veranschlagen sein, nicht zuletzt bedingt durch den Einfluß von Hörfunk und

Fernsehen. Auch die Neigung von Predigern, die Kanzelrede zu demagogischen oder populistischen Zwecken unter Berufung auf Gottes Wort zu usurpieren, kann kerygmatische Gehorsamsforderung ideologisch verzerren. Die bloße Redeform der Predigt ist überdies keine christliche Besonderheit: Die Umgangssprache etikettiert sogar politische Agitation mit dem Kennzeichen „Predigt".

Ein Wandel des Berufsbildes könnte zudem von der Finanzkrise beschleunigt werden. Nicht überall wird es möglich sein, wie bisher hauptamtliche Pfarrer zu bezahlen. Nicht überall ist es zudem möglich, Gemeinden einfach zusammenzulegen. Also wird man über nebenamtliche Pfarrer und über Teilzeitarbeit im Pfarrerberuf nachdenken müssen. Ist dem aber so, so wird man Pfarrern ebenfalls die Übernahme von anderen Teilzeitbeschäftigungen und Nebentätigkeiten kaum untersagen können. Dabei bricht die Frage auf, ob und wieweit solche anderen Beschäftigungen mit dem Auftrag der Verkündigung des Evangeliums vereinbar sind. Über die Zukunft des Pfarrerinnen- und Pfarrerberufs muß man sich aus inneren wie äußeren Gründen Gedanken machen. Was besagt dies für die Vor- und Ausbildung von Theologen?

10.5. Das Studium der Theologie

Theologie hat von Hause aus ein doppeltes Ziel: Sie soll zum einen der eigenen innerkirchlichen Urteils- und Lehrbildung dienen und sie hat zum anderen teil am Zeitgespräch und am kulturellen Dialog. Die Doppelaufgabe der Theologie kommt in theologischen Fakultäten an staatlichen Universitäten in Deutschland darin zum Ausdruck, daß die Theologie einen Bezug zur Kirche hat und daß sie ebenso dem Anspruch der Wissenschaft verpflichtet ist. Das institutionelle Verhältnis von evangelisch-theologischen Fakultäten zu den zuständigen evangelischen Landeskirchen ist in Staatskirchenverträgen geregelt. Von dieser institutionellen Bezogenheit der Theologie auf die Kirche soll hier nicht weiter die Rede sein. Hätte Theologie jedoch nur eine Aufgabe für die kirchliche Ausbildung, so müßte man in der Tat darüber nachdenken, ob sie in der Universität am rechten Ort ist. Da die Theologie aber auch einen universalen Anspruch auf Wahrheit zu vertreten hat und damit eine eigene Perspektive in die Suche nach Erkenntnis der Wahrheit einbringt, ist außer der „Kirchlichkeit" auch die Kulturbedeutung von Theologie zu sehen. Im Theologiestudium hat dies zur Folge, daß es nicht nur Pfarrerausbildung, sondern auch Lehrausbildung ist, und ferner, zumeist freilich nur in Teildisziplinen der Theologie, Beiträge zur interfakultativen Bildung anbietet. Zu denken ist an Lehrangebote in Ethik, historischer Theologie, griechischer und hebräischer Philologie, religionswissenschaftlichen Forschungen. Diese Erweiterung des Lehrangebots sollte bewußt betrieben werden; die Zusammenarbeit der Theologie mit anderen Wissenschaften ist noch vielfach ausbaufähig und förderungsbedürftig. Mit der Erweiterung der Ausbildungsangebote in theologischen Fakultäten wird und muß es zu Veränderungen der Theologie selbst kommen. Die Folgen sind bislang nur zu erahnen. So könnte beispielsweise die Homiletik an Bedeutung verlieren und mit ihr die ausufernde, speziell auf die Predigt ausgerichtete exegetische Kommentierung. Auch müßte man erwägen, ob theologische Qualifikationen nicht auch in Form von Kursveranstaltungen erworben werden könnten, statt nur als reguläres Studium. Der Wandel des Pfarrerinnen- und Pfarrerbildes hat jedenfalls Rückwirkungen auf das Theologiestudium. Für die theologischen Fakultäten kann es zur Existenzfrage werden, ob es gelingt, angesichts eines Rückgangs der Pfarramtsstudierenden gesamtkulturelle Aufgaben überzeugend aufzugreifen und auszufüllen. Dies wiederum hat Konsequenzen für die Reflexion auf das Erbe des Protestantismus. Denn eine gesamtkulturelle Bedeutung des Protestantismus wird wiederum am ehesten in der Hand von „Laien", von Protestanten im weltlichen Beruf liegen.

10.6. *Protestantische Wirklichkeit und protestantisches Prinzip*

Die Wirklichkeit des Protestantismus und der gegenwärtige Zustand evangelischer Kirchen geben Anlaß zu Besorgnis, Kritik und Umbesinnung. *Paul Tillich* setzte sich bereits in den 30er Jahren mit der Frage auseinander, ob das „Ende der protestantischen Ära" gekommen sei. Er unterscheidet jedoch zwischen Ideal und Realisierung. Die dialektische Theologie bekämpfte den Neuprotestantismus und wies einen allgemeinen Humanismus entschieden ab. Rekatholisierung und Anpassung an politisch-weltanschauliche Systeme greifen ebenfalls die Substanz des Protestantismus an. Träger protestantischer Überzeugung war das Gewissen des Einzelnen. Protestantisch ist die Lehre von der Rechtfertigung allein aus Gnaden, damit verbunden die Anerkennung der unbedingten Majestät Gottes und als Folge die Übernahme persönlicher Verantwortung. Der protestantische Individualismus scheint im 20. Jahrhundert „die Epoche der ›Desintegration der Massen‹ und des Kollektivismus" nicht überdauern zu können. Auch ist der Protestantismus eine höchst intellektualisierte Religion (so *Tillich*). Es fehlt ihm außerdem eine unabhängige Hierarchie. Die Versuchung der Anpassung an den Zeitgeist ist stark. Entstanden ist der Protestantismus jedoch aus prophetischer Kritik. Er legt Protest ein gegen alle Versuche, die christliche Botschaft „in einen Komplex religiöser Erfahrungen, sittlicher Forderungen und philosophischer Lehren aufzulösen". Prophetische Kritik kann freilich in bloßer Ablehnung stecken bleiben. Schon *Tillich* konstatierte: „Natürlich ist es unmöglich, eine Kirche zu bilden allein auf der Basis des Protestes". Kritik ist zwar notwendig. Sie gilt dämonischen Verzerrungen. Sie macht gegenüber allen Zeiterscheinungen das protestantische Prinzip geltend. Nach dem protestantischen Prinzip begreift der Mensch Gott als das Unbedingte und sich selbst als bedingtes und begrenztes Wesen. Man kann dieses Prinzip mit *Tillich* „Theonomie" nennen. Aber *Tillich* versteht den Protestantismus nicht nur als kritisches, sondern auch als gestaltendes Prinzip. Ohne Gestalt ist der Protestantismus ständig in der Gefahr, sich selbst zu profanieren. Daher ist entscheidend, ob der Protestantismus zu einer faßbaren Gestalt der Gnade werden kann, ohne sich selbst und die prophetische Kritik aufzugeben. Es kommt also auf Gestaltung an. Gestaltung fällt dem Protestantismus allerdings schwer: „Gestaltung ist die Macht, Form zu schaffen. Der Protestantismus ist Protest gegen die Form". *Tillich* fordert deshalb dazu auf, protestantisches Prinzip mit „katholischer" Substanz, nämlich sakramentalem Denken, zu verbinden. Seine Folgerung lautet: „Protestantische Gestaltung ist Gestaltung auf dem Boden der Wirklichkeit der Gnade und in Form des Wagnisses". Träger solcher Neugestaltung könnten nach ihm ein Orden oder Bund, also Eliten sein – heute würde man von Initiativgruppen reden.

Tillich sieht außerdem im Protestantismus vor allem eine Gestaltungsform des Christlichen: „Der Protestantismus braucht das ständige Korrektiv des Katholizismus und den immerwährenden Zustrom seiner sakralen Elemente, um am Leben zu bleiben".

Es gibt in Zukunft keinen Protestantismus ohne Protestanten. Der protestantische Mensch in seiner Ambivalenz ist der Repräsentant des protestantischen Prinzips. Die Distanzierung vom Protestantismus in der Mitte des 20. Jahrhunderts hat eine Ursache auch in der Vernachlässigung oder gar Diskreditierung der theologischen Anthropologie im Umfeld Karl Barths. Der Barthianismus lehrte einen unüberbrückbaren Gegensatz zwischen Gott und Mensch, zwischen göttlicher Offenbarung und menschlicher Erfahrung. Allein in Jesus Christus sei dieser Gegensatz überwunden. Damit gerät aber protestantisches Selbstverständnis mit seiner Orientierung an der freien selbstverantwortlichen Person, am Gewissen des Einzelnen unter Verdacht. Solche theologische Kritik konvergiert mit totalitären Neigungen im 20. Jahrhundert, welche die Entpersönlichung förderten, und sie kann sich verbinden mit einer Ablehnung des „bürgerlichen" Persönlichkeitsideals. Gegen diese Sicht ist daran zu erinnern, daß die reformatorische Definition des Menschen lautet, er sei das Wesen, das auf Gottes Gnade angewiesen und der Rechtfertigung bedürftig sei (das „hominem fide iustificari"), welche Gottes Handeln und Wort jedem Menschen persönlich zusagt. Der Glaube beansprucht persönlich. Er hat seinen Ort im Herzen. Müde Resignation ist nicht die angemessene menschliche Reaktion und Antwort auf die Zusage des Glaubens.

Protestantische Lebenshaltung bleibt stets Wagnis. Es gehört zur protestantischen Lebenshaltung, daß sie auch sich selbst gegenüber kritisch bleibt. Der protestantische Glaube ruht nicht auf einer letzten absoluten Gewißheit, auf einer definitiven Sicherheit. Er läßt dem Zweifel Raum und vertraut auf die Evidenz, die Überzeugungskraft des Evangeliums. Das schließt eine „protestantische Flucht nach rückwärts" aus; der Rückzug des Protestantismus aus den Ungewißheiten der Geschichte und den Unwägbarkeiten in die festen Burgen von Konfessionalität, evangelischem Erbe und kirchlicher Tradition wäre ein Widerspruch in sich selbst. Das Angewiesensein und -bleiben auf die Rechtfertigung Gottes und die Unabgeschlossenheit der Geschichte sind Widerhalt gegen eine Verfestigung des Protestantismus. Theologisch formuliert geht es um den Zusammenhang von Verheißung der Rechtfertigung und Eschatologie, Hoffnung auf Zukunft, der Unruhe in den Protestantismus bringt. Für protestantische Weltsicht ist die Geschichte offen, und es gibt daher Zukunftsaufgaben. Das protestantische Prinzip leitet zur Kritik der gegenwärtigen Wirklichkeit in Gesellschaft und Kirche an; protestantische Lebenseinstellung kann sich nicht mit dem Vorhandenen begnügen, so wie es ist. Der Protestantismus hat daher zugleich einen politischen Auftrag. Apokalyptische Untergangsbotschaften und Zukunftsangst sind nicht Inhalt dieses Auftrags.

Kritik für sich allein genommen genügt deshalb gerade nicht. Es bedarf der Gestaltung. Gestalten heißt verantworten. Protestantische Lebenshaltung delegiert nicht Verantwortung an andere, sondern übernimmt Selbstverantwortung. Selbstverantwortung und der Blick für Aufgaben sind Herausforderungen und Chancen des Protestantismus heute. Protestantische Existenz ist und bleibt ein Wagnis, wie es *Hans Hermann Walz* 1958 mit seinem Buchtitel „Das protestantische Wagnis" prägnant formulierte. Ohne Bereitschaft zum Wagnis und ohne Kraft zu Aufbruch und Veränderung gibt es keinen Protestantismus. Viele evangelische Christen lieben das Wort und die Sache des Protestantismus wenig, allein schon wegen der darin enthaltenen Ungewißheiten und in der Infragestellung von eingeschliffenen Konventionen und Selbstverständlichkeiten. „Die kirchlichen Kreise lieben das Wort Protestantismus nicht; für die Pietisten klingt es zu liberal, für die Konfessionalisten zu unionistisch. Und doch ist der Protestantismus eine Realität, deren freilich der Theologe nur schwer habhaft wird. Diese Realität liegt auf der Ebene, wo Geistliches und Geistiges mit psychischen und soziologischen, ökonomischen und politischen Faktoren einen Bund eingehen. Weil das ständig neu geschieht, ist das Resultat dieser Verbindungen schwer zu fassen. Konstant ist nur die Bewegung selbst, aus der auf einen gewissen Impuls geschlossen werden kann. Der protestantische Impuls liegt wohl in der Infragestellung des Fertigen und im Aufbruch dem Kommenden entgegen". (*Hans Hermann Walz*, Der politische Auftrag des Protestantismus, 1955). Dem Protestantismus ist zwar nicht verheißen, daß er „ewig" bleibt. Allein das Evangelium ist „ewig". (Verbum dei manet in aeternum.) Der Auftrag des Protestantismus besteht jedoch solange, als das Evangelium sich Gehör verschafft, Menschen dem Erbe und der Tradition des Protestantismus sich verpflichtet wissen und dadurch frei werden zu einer eigenverantwortlichen christlichen Lebensführung.

LITERATUR UND BELEGE

Literatur zum Thema Protestantismus insgesamt:

H.-J. BIRKNER, Protestantismus im Wandel, 1971.
F. W. GRAF / K. TANNER (Hg.), Protestantische Identität heute, 1992.
K. GUGGISBERG, Der freie Protestantismus, 1952.
A. RÖSSLER (Hg.), Protestantische Kirchen in Europa, 1993.
K. SCHOLDER / D. KLEINMANN, Protestantische Profile. Lebensbilder aus fünf Jahrhunderten, 1983.
H. SCHÜTTE, Protestantismus. Selbstverständnis. Ursprung. Eine katholische Besinnung, 1965.
E. STAMMLER, Protestanten ohne Kirche, 1960.
P. TILLICH, Der Protestantismus. Prinzip und Wirklichkeit, 1950.
E. TROELTSCH, Die Bedeutung des Protestantismus für die Entstehung der modernen Welt, 1911, Neudruck 1963.
F. WAGNER, Zur gegenwärtigen Lage des Protestantismus, 1995.
H.-H. WALZ, Das protestantische Wagnis, 1958.
DERS., Der politische Auftrag des Protestantismus in Europa, 1955.

§ 1 Ursprung und Begriff des Protestantismus

Das Zitat von W. LÜCK, Lebensform Protestantismus, 1992, 9.

Zum Begriff Fortschritt:

Vgl. HWPh 2, 1972, 1032-1059 (J. Ritter).

R.W. MEYER (Hg.), Das Problem des Fortschritts heute, 1969.
H. BLUMENBERG, Die Legitimität der Neuzeit, 1966.
M. HORKHEIMER / Th. W. ADORNO, Dialektik der Aufklärung, 1947, 7ff.

Zum Verhältnis Altprotestantismus und Neuprotestantismus:

Zur Bedeutung des Neuprotestantismus: E. TROELTSCH, Die Bedeutung des Protestantismus für die Entstehung der modernen Welt, 1911.
R.H. GRÜTZMACHER, Alt- und Neuprotestantismus, 1920.
G. EBELING, Luther und der Anbruch der Neuzeit, in: ZThK 69, 1972, 185-213.
W. ELERT, Der Kampf um das Christentum, 1921.
E. HIRSCH, Die Umformung des christlichen Denkens in der Neuzeit, 1938.
DERS., Geschichte der neueren evangelischen Theologie im Zusammenhang mit den allgemeinen Bewegungen des europäischen Denkens, Band 1-5, 1960.
K. HOLL, Luther, Ges. Aufs. I, Tübingen 1948. 7. Auflage, v.a. 468-543: Die Kulturbedeutung der Reformation.
W. v. LOEWENICH, Luther und der Neuprotestantismus, 1963.
W. TRILLHAAS, Perspektiven und Gestalten des neuzeitlichen Christentums, 1975.
R. ZIEGERT (Hg.), Protestantismus als Kultur, 1991.
V. DREHSEN, Art. Neuprotestantismus, in: TRE 24, 1994, 363-383.

Zum Fundamentalismus:

M. E. MARTY / R. S. APPLEBY, Herausforderung Fundamentalismus. Radikale Christen, Moslems und Juden im Kampf gegen die Moderne, 1996.

§ 2 Die Bibel im Protestantismus

Zum Schriftprinzip:

W. PANNENBERG, Die Krise des Schriftprinzips, in: Grundfragen systematischer Theologie, 1967, 11-21.

E. KÄSEMANN (Hg.), Das Neue Testament als Kanon, 1970.

J. F. G. GOETERS, Die Rolle der Bibel für die reformatorische Theologie und Predigt, in: R. ZIEGERT (Hg.), Die Zukunft des Schriftprinzips, in: Die Bibel im Gespräch, Band 2, 1994, 13-29.

Votum des Theologischen Ausschusses der Arnoldshainer Konferenz „Das Buch Gottes. Elf Zugänge zur Bibel", 1992.

H.H. SCHMID / J. MEHLHAUSEN (Hg.), Sola Scriptura, Das reformatorische Schriftprinzip in der säkularen Welt, 1991.

Das HEGEL Zitat: „Auch der Teufel zitiert die Bibel, aber das macht eben noch nicht den Theologen", aus: Vorlesungen über die Philosophie der Religion, ed. W. JAESCHKE, 1984, 185 App.

Die Zitate von LESSING: Gesammelte Werke, ed. Paul RILLA, 1956, Bd. 7, 813; Zu den zufälligen Geschichtswahrheiten: „Beweis des Geistes und der Kraft" (Werke ed. Rilla, Bd. 8, 5-12).

Die Zitate von D. F. STRAUß, Die christliche Glaubenslehre, Bd. I, 1840, X, VI.

Nachweise zu den Lutherzitaten: Die Schrift sei „per sese certissima, facillima, apertissima, sui ipsius interpres, omnium omnia probans, iudicans et illuminans" (WA 7,96ff.) – „Solam scripturam regnare" (WA 7,96 ff. Assertio omnium articulorum, 1520).

Die Autorität der Bibel wird der Autorität des Papstes entgegengestellt in: Von dem Papsttum zu Rom, gegen Alfeld: WA 6,411 f: Alles Tun und Lassen in der Kirche sei „nach unserem gläubigen Verstand der Schrift zu richten."

Die 13. These gegen Eck: WA 2, 208; Zu claritas externa und claritas interna, Luther, „De servo arbitrio", WA 18, 609; 701; „Tolle Christum e scripturis, quid amplius in illis invenies": WA 18, 606, 29. Die Schrift, „Daß eine christliche Versammlung oder Gemeinde Macht oder Recht habe, alle Lehre zu urteilen und Lehrer zu beurteilen, ein- oder abzusetzen, Grund und Ursach aus der Schrift" (WA 11, 408-415).

Zur Schrift als Heilsbrunnen: Die Vorrede der Konkordienformel „Von dem summarischen Begriff, Grund, Regel und Richtschnur". Zum Katechismus als „Laienbibel": Luther WA 30 I, 27; 41, 275; die Konkordienformel: Lutherische Bekenntnisschriften, 769,7.
Die Bekenntnisschriften der evangelisch-lutherischen Kirche gibt es außer in der offiziellen Ausgabe: „Die Bekenntnisschriften der evangelisch-lutherischen Kirche", 11. Aufl., 1992 auch in einer gekürzten Ausgabe für die Gemeinde als Taschenbuch, bearbeitet von H. G. PÖHLMANN, „Unser Glaube", 1986.
Zum Schriftverständnis des Pietismus: J. WALLMANN, Vom Katechismuschristentum zum Bibelchristentum. Zum Bibelverständnis im Pietismus, in: R. ZIEGERT, Die Zukunft des Schriftprinzips, 1994, 30-56.

§ 3 Protestantische Freiheit

Zum Freiheitsverständnis:

G.F. W. HEGEL, Vorlesungen über die Philosophie der Geschichte, Zit. nach E. HIRSCH, Die Umformung des christlichen Denkens in der Neuzeit, 1938, 298-300.
Zu Thomas Mann: K. ALAND, Martin Luther in der modernen Literatur. Ein kritischer Dokumentarbericht, 1973, 295ff.
M. SCHELER, Von zwei deutschen Krankheiten, Schriften zur Soziologie und Weltanschauungslehre, Ges. Werke Bd. 6, ²1963, 204-219.
H. MARCUSE, Studie über Autorität und Familie, in: Ideen zu einer kritischen Theorie der Gesellschaft, 1969.
Kritisch dazu: E. JÜNGEL, Zur Freiheit eines Christenmenschen. Eine Erinnerung an Luthers Schrift, 1978.
M. LUTHER, „Von der Freiheit eines Christenmenschen", 1520 (WA 7,3-38)
G. MARON, Luther und die Freiheitsmodelle seiner Zeit, in: Die ganze Christenheit auf Erden, Martin Luther und seine ökumenische Bedeutung, 1993, 58-65.
K.-H. z. MÜHLEN, Martin Luther, Freiheit und Lebensgestaltung, Ausgewählte Texte, 1983.

C. TAYLOR, Der Irrtum der negativen Freiheit, in: DERS., Negative Freiheit? Zur Kritik des neuzeitlichen Individualismus, 1988, 118-144.
Vgl. die Kontroverse zwischen W. HUBER, Ökumenische Situation und protestantisches Prinzip, in: ZThK 89, 1992, 98-120; F.-W. GRAF, Ist bürgerlich-protestantische Freiheit ökumenisch verallgemeinerbar? Zum Streit um das protestantische Verständnis von Freiheit, in: ZThK 89, 1992, 121-139.
R. FRIELING, Befreiungstheologien, Bensheimer Hefte 63, 1986.

Zum Gewissen:

Luther erklärte in Worms vor Kaiser und Reich: „Capta conscientia in verbo Dei, cum contra conscientiam agere neque tutum neque integrum sit". (WA 7,838,1 ff). „Das Gewissen ist befreit geworden" (WA 8, 575, 27f.). „Das Gesetz macht ein blödes Gewissen" (WA 10 III, 207). „Ohne fröhliches Gewissen ... kann niemand selig werden" (WA 2, 714,25-26). Zum schlechten Gewissen (WA 19, 211,26), Zum bösen Gewissen (WA 38, 113,7-8). „Wie das Gewissen ist, so ist Gott" (WA 14, 468,14). Das Gewissen als Ort der Gotteserfahrung (WA 24, 231,14-17). Zum Herz: „Der Glaube fordert das Herz, nicht den Verstand": WA 4, 356,13-14. Zur Freiheit des Gewissens nach Luthers Schrift „De votis monasticis", 1520: WA 8, 606; 575,27f. Christus als Befreier des Gewissens: WA 8, 575, 27ff.

Zu Glaube und Liebe:

WA 12, 133,2-3; 17 II, 98,5.
Der Artikel von der Rechtfertigung ist ein Meister: WA 39 I, 209,20-22.
„Die Predigt von der Vergebung der Sünden durch den Namen Christi, das ist das Evangelium", WA 2, 466,12-13.

§ 4 Protestantismus und Kirche

Zu Kirche:

Das Zitat von H.-H. WALZ, Das protestantische Wagnis, 1958, 43.

F. D. E. SCHLEIERMACHER, Der christliche Glaube, 2. Ausg. 1830, § 24.

M. LUTHER: Kirche sei ein „blindes, undeutliches Wort": „Von Konzilien und Kirchen", 15 (WA 50, 624-626).

Die Kirche als creatura evangelii: WA 2, 430,6ff.; WA 42, 334,12: „Ecclesia enim est filia, nata ex verbo, non est mater verbi", WA 7, 721,12ff.: „tota vita et substantia ecclesiae est in verbo Dei". WA 18, 652,32: „latent sancti, abscondita est ecclesia".

Zu den notae ecclesiae: WA 46, 502, 12-14; WA 50, 629; 34ff.; WA 12, 191,16-18.

Zum Papst als Antichrist: Luthers Schmalkaldische Artikel, „Articulus Papae"; Luther, „Wider die Bulle des Antichristen" (WA 6, 614-629); „Adversus execrabilem bullam Antichristi" (WA 6, 597-612);

Vom Papsttum zu Rom, 1520, WA 6, 285-324.

Literatur: W. HÄRLE, Art. Kirche, in: TRE 18, 1989, 277-317.

H. KUNST (Hg.), Martin Luther und die Kirche, 1971 (Luthertexte).

U. KÜHN, Kirche, Handbuch Systematische Theologie, Bd. 10, 1980.

W.-D. MARSCH, Institution im Übergang. Evangelische Kirche zwischen Tradition und Reform, 1970.

Zu Luthers Amtsverständnis: An den christlichen Adel deutscher Nation von des christlichen Standes Besserung, WA 6, 407ff. – WA 41, 210, 14-25.

Zur Laienfrage:

G. GROHS / G. CZELL (Hg.), Kirche in der Welt – Kirche der Laien? 1990 (das Zitat von den „viehischen Seelen" ebd. bei S. SPRENDEL, 132).

Das Themenheft der Theologia Practica 26, 1991, 84ff. Ist die Emanzipation der Laien in den protestantischen Kirchen gescheitert?

Das Zitat von den Kirchen als „Schalen, welche allmählich den Kern verholzen, den sie schützten", bei E. TROELTSCH, Ges. Schriften II, Zur religiösen Lage, Religionsphilosophie und Ethik, 1913, 175.

Zum Konfessionalismus im 19. Jahrhundert:

H. FAGERBERG, Bekenntnis, Kirche und Amt in der deutschen konfessionellen Theologie des 19. Jahrhunderts, 1952.

H. Fischer, Art. Konfessionalismus, in: TRE 19, 1990, 426-431.

Zur Kirche als Sünderin:

WA 40 II, 560, 10; WA 34 I, 267,7: „Non est tam magna peccatrix ut christiana ecclesia".

§ 5 Protestantismus und Bildung

Zur Bildung:

K.-E. NIPKOW, Bildung als Lebensbegleitung und Erneuerung. Kirchliche Bildungsverantwortung in Gemeinde, Schule, Gesellschaft, 1990.

H. PESTALOZZI, Abendstunden eines Einsiedlers, 1780, zit. nach Art. Bildung, in: HWPh I, 923.

M. SCHELER, Die Wissensformen und die Gesellschaft, ²1960, 200-201.

I. KANT, Mutmaßlicher Anfang der Menschengeschichte, 1786, Akad. Ausg. VIII, 115.

Art. Kultur, in: TRE 20, 1990, 177-209.

F-W GRAF, Art. Kulturprotestantismus, in: TRE 20, 1990, 230-243.

Der Katechismus als Laienbibel nach Luther: WA 30 I, 128,29-30; 30 I, 132,15-16.

Luthers Bildungsschriften: „An die Ratsherren aller Städte deutschen Landes, daß sie christliche Schulen aufrichten und halten sollen", 1524 (WA 15, 27-53).

„Eine Predigt, daß man Kinder zur Schule halten soll", 1530 (WA 30 II, 517-588).

H. M. MÜLLER, Kulturprotestantismus. Beiträge zu einer Gestalt des modernen Christentums, 1992.

Zu Familie und Ehe:

Zur Ehe bei Luther als „Spital der Siechen" WA 34 I, 73,3; 2, 168,3; 12, 114,12.
Ehe ist (Schöpfungs)Ordnung, Gottes Werk und Ordnung WA 30 I, 160,5; WA 36, 503,11.
Zur Ehe als Stand im Großen Katechismus: WA 30 I, 162,5; 30 II, 75,15.
Zur Lehre von den drei Ständen WA 26, 504,30; 31 I, 400,1; 408,36; WA 50, 652,18.
M. LUTHER: Vom ehelichen Leben 1522 (Welche Personen verboten sind zu ehelichen) (WA 10 II, 265-304).
Zu Ehe und Familie insgesamt:
Art. Ehe TRE 9, 1982, 308-365.
S. KEIL, Art. Familie, in: TRE 11, 1983, 1-23.

§ 6 Protestantismus und Politik

Zu Politik:

H. GOLLWITZER, Vorüberlegungen zu einer Geschichte des politischen Protestantismus nach dem konfessionellen Zeitalter, 1981.
Das Zitat von W. H. RIEHL, Land und Leute, 1854, 296.

Luthers Schriften zum politischen Leben:

„Von weltlicher Obrigkeit, wie weit man ihr Gehorsam schuldig sei", 1523 (WA 11, 245-280).
„Ob Kriegsleute auch in seligem Stand sein können", 1526 (WA 19, 623-662).
Zur Wurzener Fehde, 1542 (WA 9, 10, 32-37 (Nr. 3733)): Sendbrief an Kurfürst Johann Friedrich und Herzog Moritz von Sachsen, 1542.

Zur Unterscheidung der zwei Reiche:

H. KUNST, Evangelischer Glaube und politische Verantwortung. Martin Luther als politischer Berater seiner Landesherren und seine Teilnahme an den Fragen des öffentlichen Lebens, 1976.
G. EBELING, Umgang mit Luther, 1983.
M. HONECKER, Art. Politik und Christentum, in: TRE 27, 1996, 6-22 (Literatur).
DERS., Sozialethik zwischen Tradition und Vernunft, 1977, 175ff.
N. HASSELMANN (Hg.), Gottes Wirken in seiner Welt, 2 Bände, 1980.

Zum Nationalprotestantismus und zu Nation:

A. ADAM, Nationalkirche und Volkskirche im deutschen Protestantismus, 1938.
H. ZILLEßEN, Volk – Nation – Vaterland, 1970.
K.-W. DAHM, Pfarrer und Politik. Soziale Positionen und politische Mentalität des deutschen evangelischen Pfarrerstandes zwischen 1918 und 1933, 1965.
Die Erklärungen der Deutschen Christen sind zitiert nach: A. BURGSMÜLLER / R. WETH (Hg.), Die Barmer Theologische Erklärung, ⁵1993, 36f.

Zu Dibelius Obrigkeitsschrift:

Violettbuch zur Obrigkeitsschrift von Bischof Dibelius, 1960.

Zur 5. Barmer These:

Für Recht und Frieden sorgen. Auftrag der Kirche und Aufgabe des Staates nach Barmen V. Theologisches Votum der EKU – Bereich Bundesrepublik Deutschland und Berlin West, 1980.
Die Denkschrift der EKD „Evangelische Kirche und freiheitliche Demokratie. Der Staat des Grundgesetzes als Angebot und Aufgabe", 1985.

Das Zitat von R. NIEBUHR, Die Kinder des Lichts und die Kinder der Finsternis, 1997, 8.

§ 7 Protestantismus und Wirtschaft

Zur Wirtschaft:

M. LUTHER, Von Kaufshandlung und Wucher, 1529 (WA 15, 293-322).
H.-J. PRIEN, Luthers Wirtschaftsethik, 1992.
G. BRAKELMANN / T. JÄHNICHEN, Die protestantischen Wurzeln der Sozialen Marktwirtschaft, 1994.
In der Stunde Null. Die Denkschrift des Freiburger Bonhoeffer-Kreises, 1979.
M. WEBER, Die protestantische Ethik und der Geist des Kapitalismus, Gesammelte Aufsätze zur Religionssoziologie, 3 Bände, 1920/1.
W. LOCHER, Die Zwinglische Reformation im Rahmen der europäischen Kirchengeschichte, 1979.
Gemeinwohl und Eigennutz. Wirtschaftliches Handeln in Verantwortung für die Zukunft. Eine Denkschrift der EKD, 1991.
K. W. DAHM, Zwischen Götzenkritik und Gestaltungsauftrag. Die evangelische Sozialethik auf dem Weg in das neue Jahrtausend, in: Jahrbuch für christliche Sozialwissenschaften 32, 1991, 133-154.
Luther: „Soll ein Christ geben, so muß er zuvor haben; was nichts hat, das gibt nichts" (WA 51, 384,4). Geld und Gut gehören zum weltlichen Regiment, WA 32, 307,19.

§ 8 Protestantismus in der Gesellschaft

Zur Gesellschaft:

Das Zitat von Luther „Fides occidit rationem" WA 40 I, 362,6.

Zum Bürgertum:

P. EICHER, Bürgerliche Religion. Eine theologische Kritik, 1983.

D. SCHELLONG, Bürgertum und christliche Religion, Anpassungsprobleme der Theologie seit Schleiermacher, ThExh NF 187, 1975.

B. MOELLER / W. CONZE, Art. Bürgertum, in: TRE 7, 1981, 338-354.

Zur Säkularisierung

M. HECKEL, Säkularisierung, Gesammelte Schriften II, 1989, 773-911.

Zur Volkskirche:

W. HÜFFMEIER (Hg.), Modell Volkskirche, 1995.
W. HUBER, Kirche. Zu den vier Gestalten von Kirche, 1979, 44ff.

Zum Verbandsprotestantismus:

J. C. KAISER, Art. Kirchliche Vereine und Verbände, in: EKL Bd. 2, ^{3}1989, 1267-1272.
K. SCHUSTER, Art. Vereinswesen. Evangelisches, in: RGG^3 V, 1315-1322.
W. FLEISCHMANN-BISTEN, Protestanten auf dem Wege. Geschichte des evangelischen Bundes, 1986.

Zur Öffentlichkeit:

M. HONECKER, Art. Öffentlichkeit, in: TRE 25, 1995, 18-26.
DERS., Art. Kirche. Ethisch, in: TRE 18, 317-334.
DERS., Art. Kirche und Welt, in: TRE 18, 405-421.
R. SENNETT, Verfall und Ende des öffentlichen Lebens. Die Tyrannei der Intimität, 1983.
Das Zitat von H.H. WALZ zu den Synoden findet sich in: Das protestantische Wagnis, 1958, 132.

Zur Zivilgesellschaft:

E. GELLNER, Bedingungen der Freiheit, Die Zivilgesellschaft und ihre Rivalen, 1995.

§ 9 Protestantismus in der Ökumene

Zum katholischen Lutherbild:

Vgl. G. MARON, Das katholische Lutherbild im Wandel, in: DERS., Die ganze Christenheit auf Erden. Martin Luther und seine ökumenische Bedeutung, 1993, 136-141; ders. Auf dem Wege zu einem ökumenischen Lutherbild. Katholische Veröffentlichungen zum Lutherjahr 1983, ebd., 142-173.
J. E. VERCRUYSE, Luther in der römisch-katholischen Theologie und Kirche, Lutherjahrbuch 63, 1996, 103-128.
Das Zitat von Papst JOHANNES PAUL II. nach: Materialdienst des Konfessionskundlichen Instituts, 47, 1996, 83.

Zu Europa:

B. BRENNER (Hg.), Europa und der Protestantismus, 1993.

Zur Konfessionskunde:

R. FRIELING, Der Weg des ökumenischen Gedankens, 1992.
H. MEYER, Ökumenische Zielvorstellungen, Ökumenische Studienhefte 4, 1996.

§ 10 Ende oder Zukunft des Protestantismus?

Zur Zukunftsperspektive:

G. PICHT, Prognose, Utopie, Planung, 1967.
R. v. THADDEN, Das Feuer der Reformation – ausgebrannt? Gedanken über die Zukunft des Protestantismus, in: Pastoraltheologie 79, 1990, 2-10.

Zur Strukturreform der evangelischen Landeskirchen exemplarisch: G. RAU, Demokratisierung und Bürokratisierung. Zwei Programmbegriffe der Kirchenreform nach 1960, in: G. RAU / H.R. REUTER / K. SCHLAICH, Das Recht der Kirche, Bd. 2, Zur Geschichte des Kirchenrechts, 1995, 377-407.

Die Zitate und Überlegungen von P. Tillich sind entnommen: Der Protestantismus als Kritik und Gestaltung, 1962, ebenso: Ges. Werke „Der Protestantismus als Kritik und Gestaltung", Bd. 7.

W. DANTINE, Über den protestantischen Menschen. Kritik und Erwartung, 1959.

Zur Formel „hominem fide iustificari" Luther WA 39 I, 176,34f.

Die 6. Barmer These lautet. „Siehe, ich bin bei euch alle Tage bis an der Welt Ende" (Matthäus 28,20). „Gottes Wort ist nicht gebunden" (2. Timotheus 2,9).

„Der Auftrag der Kirche, in welchem ihre Freiheit gründet, besteht darin, an Christi Statt und also im Dienst seines eigenen Wortes und Werkes durch Predigt und Sakrament die Botschaft von der freien Gnade Gottes auszurichten an alles Volk.

Wir verwerfen die falsche Lehre, als könne die Kirche in menschlicher Selbstherrlichkeit das Wort und Werk des Herrn in den Dienst irgendwelcher eigenmächtig gewählter Wünsche, Zwecke und Pläne stellen."

PERSONENREGISTER

ALBRECHT, Markgraf von Brandenburg- Ansbach 166
ALFELD, August von 71, 228
ALTHAUS, Paul 128
ARISTOTELES 59, 117
AUGUSTIN 13, 33, 48, 55, 60, 72, 105, 118, 119

BACH, Johann Sebastian 110
BARTH, Karl 27, **102-103**, 93, 129, 131, 161, 223
BECK, U. 104
BELLARMINO, Roberto 71
BIRKNER, H. J. 102
BLUMENBERG, H. **167-168**
BOHNE, Gerhard 94
BONAPARTE, Napoleon 126, 127, 139
BONHOEFFER, Dietrich 27
BOONKAMM, Heinrich 121
BRAKELMANN, Günter 156
BRUNNER, Emil 27, 93
BRUNSTÄD, Friedrich **153**
BULTMANN, Rudolf 28, 41
BURCKHARDT, Jakob 15, 95

CAJETAN, Gaetano 33
CALVIN, Johannes 22, 110, 144, 185
CASSIRER, Ernst 96
CICERO 94

COCHLÄUS, Johannes 193
COMTE, Auguste 14
CONDORCET, Marie Jean Antoine 14
CRANACH, Künstlerfamilie 110

DARWIN, Charles Galton 15, 42
DENIFLE, Heinrich 193
DIBELIUS, Otto **131**, 234
DILTHEY, Wilhelm 95
DOMBOIS, Hans 183
DUCHROW, Ulrich 141
DÜRER, Albrecht 110

ECK, Johannes 33, 71, 228
ECKHART, Meister 91
ELERT, Werner 25
EMSER, Hieronymus 32
ENGELS, Friedrich 140
ERASMUS von Rotterdam 34, 58

FEUERBACH, Ludwig 167
FICHTE, Johann Gottlieb 127, 128
FLIEDNER, Theodor 180
FRANCKE, August Hermann 23
FREUD, Sigmund 96
FRIEDRICH WILHELM III., preußischer König 22

FRIELING, Reinhard 200

GEORG DER BÄRTIGE, Herzog von Sachsen 118
GOETHE, Johann Wofgang von 51
GOGARTEN, Friedrich 27, 93
GOLLWITZER, Helmut 137, 141
GRÄSSER, Erich 49
GRAF, Friedrich-Wilhelm 62
GREGOR VII. 58
GRISAR, Hartmann 193
GRÜNEWALD 110
GUARDINI, Romano 167

HACKER, Paul 194
HARNACK, Adolf von 103, 109, 152, 192
HECKEL, Martin 166, 169
HEGEL, Georg Wilhelm Friedrich 10, 15, 42, **50-51**, 63, 107, 113, **163-164**, 167, 228
HERDER, Johann Gottfried von 23, 92, 95, 102, 126
HESSEN, Johannes 194
HIRSCH, Emanuel 115, 128
HITLER, Adolf 117, 128
HITZE, Franz 180
HOBBES, Thomas 131, 162
HOLBEIN, Künstlerfamilie 110
HOLL, Karl 25, 63
HOLLAZ, David 30, 36
HUBER, Wolfgang 62, **183**, 230
HUMBOLDT, Wilhelm Freiherr von 92
HUME, David 27

HUS, Jan 32
HUTTEN, Ulrich von 58

JÄHNICHEN, Traugott 156
JOHANN FRIEDRICH I., Kurfürst von Sachsen 124, 233
JOHANNES PAUL II. 108, 195
JOSEPH II, Kaiser von Österreich-Ungarn 166
JÜNGEL, Eberhard 57, 199

KÄSEMANN, Ernst 42
KANT, Immanuel 14, 23, 27, **28**, 53, 90, 95, 102, 132, 160, 163, 165, 170
KARL DER GROSSE 197
KARLSTADT, eigentlich Andreas Rudolf Bodenstein 99
KIERKEGAARD, Sören 15
KLIEFOTH, Theodor 85
KONSTANTIN DER GROSSE, römischer Kaiser 184
KRAFFT, Adam 110
KUTTER, Hermann 116

LENIN, Wladimir Iljitsch 117, 140
LEO X. 18, 55
LEO XIII 150
LESSING, Gotthold Ephraim 23, **39-40**, 126
LIST, Friedrich 108
LOCKE, John 131, 133
LOGAU, Friedrich Freiherr von 23
LÖHE, Wilhelm 85
LOHMANN, Theodor 151
LORTZ, Joseph **193-195**

LUDWIG XIV., französischer König 187
LUTHER, Martin 17, **18-20**, 22, **30-35**, 37, 39, **41**, 46, 47, 48, **50-55**, **55-59**, 60, 61, **62- 65**, **65-67**, **70-74**,**75-77**, 86, 89, **97-101**, **105-106**, 110, **118-124**, 126, 130, **143-144**, 161, 170, 179, **193-196**, 202

MACCHIAVELLI, NiccolÚ 117, 122
MANN, Thomas **51- 52**
MANNS, Peter 194
MARCUSE, Herbert **53**
MARON, Gottfried 58
MARX, Karl 61, 96, 117, **140**, 143, 163, **164**, 167
MATTHES, Joachim 168
MELANCHTHON, Philipp 22, 72-73, 77, 84, **202**
MESSNER, Johannes 96
MONTESQUIEU, Charles de Secondat 132
MORITZ, Herzog und Kurfürst von Sachsen 124, 233
MOSTERT, Walter 36
MÜNTZER, Thomas 58

NAUMANN, Freidrich 115, 152
NIEBUHR, Reinhold 137
NIEMÖLLER, Martin 199
NIETZSCHE, Friedrich 15
NIPKOW, K. H. 90

OCKHAM, Wilhelm von 32
ORIGENES 48

PAUL VI. 75
PAULUS 39, 41, 43-44, 46, 48, 55, 60, 77, 79, 100, 118, 176
PANNENBERG, Wolfhart 40
PESTALOZZI, Johann Heinrich 92
PICHT, Georg 93, **209**
PLATON 55
PLESSNER, Helmut 127, 130
PUFENDORF, Samuel Freiherr von 95

RADE, Martin 24, 115
RAGAZ, Leonhard 116
REAGAN, Ronald 160
REIMARUS, Hermann Samuel 39
RENAN, Ernest 126
RICH, Arthur **157-158**
RIEHL, Wilhelm Heinrich von 114
RIEMENSCHNEIDER, Tilman 110
ROBESPIERRE, Maximilien de 133
ROTHE, Richard 28, 167
ROUSSEAU, Jean-Jacques 61, 96, 131, 163

SCHELER, Max **52- 53**
SCHLEIERMACHER, Friedrich Daniel Ernst 23, 28, 53, 69, **102-104**, 107, 109, 115, 127, 172
SCHMOLLER, Gustav von 151
SCHOPENHAUER, Arthur 96
SCHWEITZER, Albert 49, 96
SEMLER, Johann Salomo 39
SENNET, R. 189

SHAW, George Bernard 91
SIMMEL, Georg 96
SMITH, Adam **139-141**, 145, **146-149**
SOHM, Rudolph 87
SPENER, Philipp Jakob 14, 23, 35, 179
SPENGLER, Lazarus 100
SPENGLER, Oswald 96
SPINOZA, Baruch 39
STAHL, Friedrich Julius 113, 115
STAMMLER, Eberhard 215
STÖCKER, Adolf 115, 150, 151, 152
STRAUSS, David Friedrich 26, 42, 44

TAYLOR, Charles **61-62**
TERTULLIAN 94
TILLICH, Paul 96, 116, 131, **221-223**
TODT, Rudolf 151
TROELTSCH, Ernst 11, **23-26**, 83-84, 103, 109, 110, 116, 131, 152, 167, 168, 215

URLSPERGER, J. A. 179

VILMAR, August Friedrich Christian 85

WAGNER, Adolph 151
WALZ, Hans Hermann 68, 186, **224**
WEBER, Ludwig 151, 152
WEBER, Max 11, 25, **142**, 152, 167, 170
WESLEY, John 116
WICHERN, Johann Heinrich **150**, 173, 180

WILHELM II, Kaiser von Deutschland 151
WILLEBRANDS, Jan 195
WILSON, Woodrow 127
WINDTHORST, L. 180
WÖLLNER, Johann Christoph 21
WÜNSCH, Georg 152
WYCLIF, John 32

ZINZENDORF, Nikolaus Ludwig Graf von 23
ZWINGLI, Ulrich 22, 72, 110, 114

SACHREGISTER

Abendmahl 73, 201
Ablaßthesen 32, 75
Affekte 59, 64, 171
Allegorese 48
Allgemeines Priestertum
  34f, 47, 56, 77, 81ff, 85,
  101, 172, 203, 221
Altes Testament 40, 43
Altprotestantismus 23, 44
Amtsverständnis (geistliches
  Amt) 77f, 80, 83, 85,
  201
Anthropologie 64, 136f,
  171f, 213ff
Apostolikum 38
Atheismus 9, 36
Aufklärung 10, 14, 23, 39ff,
  84, 91, 95, 102, 131,
  160f, 165, 170, 192, 208
Aufruhr 100
Augsburgisches Bekenntnis
  19, 72, 74, 78, 86, 201
Autonomie 26, 59
Autorität 24

Barmer Theologische Erklärung 87f, 128f, 133,
  138
Bauernkrieg 123
Befreiungstheologie (s.
  Theologie der Befreiung)

Bekenntnis, Bekenntnisschriften 35, 85f, 177,
  201, 202
Beruf, Berufsethos 26, 66,
  101, 136f, 142, 213
Bibel 30, 31, 33, 35, 45,
  47, 48, 110
Bibelauslegung 30f, 40, 41,
  44f
Bibelkritik 25, 30f, 39f
Biblizismus 45
Bildung 90, 91, 92f, 94,
  97f, 99, 101, 102, 103,
  108f, 162
Billigkeit 144
Bischof, Bischofsamt 79,
  184
Böses 10, 119, 213
Buchstabe und Geist 48
Bürgertum, bürgerlich 53,
  132, 160f, 188f, 211
Bürokratisierung 216f

Calvinismus 24f, 142f, 167
Catechismus Romanus 98
Choral 110
Christenheit, innerliche und
  äußerliche 71
Christenheit, Christentum
  197f
Christentum, undogmatisches 87, 182

243

Christus (als Maßstab) 47, 64

Darmstädter Wort des Bruderrates 129
Demokratie 131ff, 135, 137, 189, 215f
Denkschriften 190f
Deutsche Christen 87, 93, 128, 173
Diakonie 74, 150f, 173, 180
Dialektische Theologie 27, 93, 153, 164, 221
Dienstleistungskirche 216
Dogma 86
Dogmenkritik 9, 24
Dreiständelehre 106f, 161

Ehe 104ff, 219f
Eherecht 106
Ehrenamt 82
Eigengesetzlichkeit 26, 139, 153
Eigentum 144
Einheit der Kirchen 200f, 204f
Elterngebot 105
Emanzipation 65
Entbürokratisierung, kirchliche 217
Entmythologisierung 28, 41f
Enthusiasten 59
Entwicklungsländer 158
Erziehung 90f
Eschatologie 44, 95, 208
Ethik 27, 36
Ethos des Protestantismus 13, 66, 213, 217
Europa 196f, 198f

Evangelischer Bund 22, 115, 181
Evangelisch-Sozialer Kongreß 151f
Evangelium 17, 35, 37, 45, 56, 67, 70, 129, 225

Fakultäten, theologische 120f
Familie 104ff, 163
Fortschritt 13, 26, 51, 167
Fortschrittskrise 15f, 96, 135, 170
Frauenordination 80, 219
Freiheit 18, 50ff, 55, 57, 58f, 60, 61f, 65, 104, 137, 150, 177, 199, 212f
Freiheit, negative 57
Freikirche 174f
Frühkatholizismus 79
Fundamentalismus 12, 29, 36
Funktionskirche 216

Gerechtigkeit 137, 145, 155
Geschichtsdeutung 14
Gesellschaft, zivile 160, 163, 164f, 214
Gesetz 65
Gesetz und Evangelium 48, 56, 63, 122
Gewalt, geistliche und weltliche 19
Gewissen 47ff, 62ff, 87, 120f, 137, 200, 222
Gewissensfreiheit 62f, 190f, 200
Glaube 56, 57, 62, 64, 66, 74, 98, 122, 171, 178, 213, 223
Glaubensbekenntnis 9

Glaube und Liebe 18, 66
Gleichheit 149
Gottesdienstreform 34
Gottes Wort / Menschenwort 48, 73
Gute Werke 56, 66

Handeln Gottes / Handeln des Menschen (opus dei und opus hominis) 35, 57
Hauswirtschaft 145
Heidelberger Katechismus 98
Heiliger Geist 39
Heimat 129
Hermeneutik 42
Hierarchie 80, 106
Humanität 102

Idealismuskritik 93
Ideologie 211
Innerlichkeit 51, 52f, 56, 57f, 66
ius divinum 74, 76, 88

Kanon 40f, 42, 45, 176
Kanonisches Recht 106, 143
Kapitalismus 24f, 139ff
Kapitalismuskritik 54, 140f, 156
Katechismus 19, 35, 47, 68f, 97f, 105
Katholizismus 69, 114, 198f, 218
Kennzeichen der Kirche 69, 73
Ketzerrecht 120
Kindererziehung 108
Kirche 33, 68ff, 168f, 183f, 193f, 207

Kirche der Armen 54
Kirche des Volkes 54
Kirche und Staat 121
Kirchenaustritt 82
Kirchenleitung 74
Kirchenmitgliedschaft 178f
Kirchenrecht 87f
Kirchenverständnis 70, 71, 72f, 74, 78, 83, 84, 85, 89
Klarheit der Schrift 34
Kloster 99
Koinonia 206
Kommunitarismus 61, 160f
Konfessionalismus 84ff, 224
Konkordienbuch 19
Konsistorium 106, 185
Konzil 18f, 77, 80, 184
Kreisauer Kreis 154
Kreuz 124
Krieg 124
Krise 13, 93, 211, 215
Kultur 7, 90, 94, 95f, 97, 101, 102, 109ff, 163
Kulturkampf 22
Kulturprotestantismus 90, 94, 103, 109ff, 151, 161, 165
Kunst 110f

Laie 35, 81ff, 155, 200
Laienbibel 19, 47, 97
Laienkompetenz 47
Laienpriestertum (s. Allgemeines Priestertum)
Landeskirche 130, 211
Landeskirchliches Kirchenregiment 124
Lebensfragen, moderne 36, 43, 98

Lehramt 38
Lehrzucht 178
Leuenberger Konkordie 201
Liberalismus 139
liberium arbitrium 58
Libido (Lust) 105
Liebe (vgl. auch Glaube und Liebe) 57, 66, 154
Lima-Erklärung 201
Lundprinzip 12, 206
Luthertum 124f

Macht Gottes 59
Marktwirtschaft 139ff, 146ff
Marxismus-Leninismus 140f
Mensch, Kriterien des Menschengerechten (vgl. auch Anthropologie) 158
Mensch, äußerlicher / innerlicher 52, 55
Menschenrechte 132f, 136, 213
Merkantilismus 145
Methodismus 116
Mission 179f, 1982
Modernisierung 12, 96, 167
Mönchtum, Mönchsgelübde 64, 105f
Mystik 91f

Nation, Nationalismus 125, 126ff, 173
Nationalprotestantismus 115f, 125ff, 127f, 130
Naturrecht 95, 134
Neuprotestantismus 23, 25f, 27, 44, 90, 94, 102f, 149, 151, 161, 165ff, 221
Nicaenum 9, 38

Notae ecclesiae (s. Kennzeichen der Kirche)

Obrigkeit, weltliche 99, 105, 118ff, 131
Offenbarung 36
Öffentlichkeit 174, 188ff
Ökumene 9, 183, 192ff, 199, 200, 202, 204f, 208
Ökumenischer Rat der Kirchen 205
Orden 183
Ordination (vgl. auch Frauenordination) 78, 219
Ordnung 107
Ordo-Liberalismus 154
Orthodoxie, altprotestantische 23, 36, 161
Orthodoxe Kirchen 198f

Papst 18f, 55, 71, 75f, 114, 123, 178, 193, 206
Parochie 183, 218ff
Patriarchalismus 107, 222
Perfektibilität 14
Person und Amt 119
Pfarrer, Pfarramt, Pfarrhaus 109, 218ff
Pietismus 14, 22f, 35, 99, 179, 183, 224
Planung 210
Pluralismus 44, 111, 175ff, 211
Politik 113, 116f, 124, 213
politischer Katholizismus 114, 150
politischer Protestantismus 113ff, 132ff, 150ff, 190f, 199f
politische Verantwortung 122

Präadamiten 92
Predigeramt 78, 100, 220
Prognose 209
Protestantismus / Protestanten 21f, 47, 49, 51, 107, 111, 130, 137, 162, 190, 203, 207, 208, 213, 223
protestantische Ethik (s. Ethik, Ethos)
protestantisches Prinzip 222f
Protestatio 17

Quäker 115
Quietismus 53

Rationalität, s. Vernunft
Rationalismus 28, 193
Rechtfertigung 17, 21, 43, 65, 66f, 89, 202, 214, 222f
Rechtskirche 87
Rechtsstaat 132ff
Reformation 17ff, 20, 24, 31, 33, 46, 50, 66, 82, 110, 143f, 162, 194, 202, 208, 214
Religion 27, 50
Religionsunterricht 103, 112
Religiöser Sozialismus 116, 152
Revolution 126ff, 133
Rezeption 203

Sakramente 18, 33
Säkularität, Säkularisierung 165ff, 168, 211
Satisfaktionslehre 26
Schmalkaldische Artikel 19, 31, 68, 77, 202

Schöpfungsglaube, Schöpfungsvorstellung 42, 102, 106, 137, 148
Schöpfungsordnung 68
Schriftauslegung (s. Bibelauslegung)
Schriftkritik (s. Bibelkritik)
Schriftprinzip, Schriftverständnis 21, 30, 37, 40, 46f, 193f
Schriftpositivismus 40
Schulen, evangelische 101, 112
Selbstinteresse 147
Selbstverantwortung 65, 81
Social Gospel 116
Solidarität 158
Sozialismus (s. auch religiöser Sozialismus) 125, 140, 150, 155, 186
Sozialprotestantismus 149ff, 156
Sozialwort der Kirchen 159
Spiritualisten 20
Staat 121, 122f, 127, 131ff, 136, 164, 169, 200, 213
Staatskirche 124, 136
Staatsräson 117
Stadtkultur 162
Status confessionis 157, 186
Strukturreformen, kirchliche 215f
Studium, theologisches (s. Theologiestudium)
Subjektivität 50
Sünde 24, 60, 89, 122, 123, 137, 164
Synode 184f, 186f

Täuferbewegung 20
Taufe 37, 73, 174, 178

Theodizee 10
Testimonium spiritus sancti internum 39
Teufel 64
Theologie der Befreiung 53, 54f, 62, 172
Theologie der Demokratie 137
Theologie der Krise 93
Theologie der Kultur 96
Theologie des Volkes 172
Theologiestudium 220f
Toleranz 24, 130, 169
Tradition 38, 43, 76
Tridentinisches Konzil 18, 38, 105, 202

Unfehlbarkeit 36f, 75f, 86, 195, 202
Union 22, 84f, 172
Utopie 117, 137, 156, 209, 217

Vatikanisches Konzil I 38, 79, 85, 86, 202
Vatikanisches Konzil II 54, 80, 81, 172, 195, 200
Verantwortung, christliche 81, 94, 200, 206f, 225
Verantwortung, politische 122
Verbalinspiration 26, 36f
Verbandsprotestantismus 179ff, 216f
Verfassungspatriotismus 136
Vernunft 63, 101, 111, 120f, 169f, 171, 188
Vernunftskritik 23
Vertragstheorien 131
Volk 125ff, 173f
Volkskirche 172ff, 174f, 177, 211
Volkssprache 130

Wahrheit 212f
Wahrhaftigkeit 48
Weihe 78
Weltbild, biblisches 42
Weltfrömmigkeit 109f, 165f, 213
Weltprotestantismus 115
Weltwirtschaft 158f
Wesen des Protestantismus (s. auch protestantisches Prinzip) 10f, 23, 49, 65, 67, 76
Wettbewerb 146ff
Willensfreiheit 60
Wirtschaftsethos, -ethik 142f, 152, 158
Wirtschaftsordnung 142, 149, 155, 157f
Wissenschaft 102
Wort Gottes 30, 41, 86
Wucher 143

Zentralverwaltungswirtschaft 141
Zivilgesellschaft 160, 191
Zivilreligion 164
Zinsverbot 143f
Zölibat 105
Zwei Regimente, zwei Reiche 159, 101, 118ff, 134ff, 165ff, 213